SA

RUS

Marc Porée et Alexis Massery

OUVRAGE PUBLIÉ AVEC LE CONCOURS DU
CENTRE NATIONAL DU LIVRE

LES CONTEMPORAINS • SEUIL

Photo page précédente : Salman Rushdie, Londres, 10 janvier 1996, (photo Richard Dumas).

ISBN 2-02-021517-9

1

Rushdies imaginaires

Je suis un Brésilien.
SALMAN RUSHDIE

L'énigme de l'arrivée

Huit semaines. À peine huit semaines séparent la naissance de Salman Rushdie de l'indépendance de l'Inde, le 15 août 1947 : « Je suis arrivé le premier, ce qui a donné lieu à une plaisanterie familiale – le départ des Britanniques a été occasionné par mon entrée en scène » (*Patries imaginaires*, p. 38). Il est des boutades qui conditionnent un destin. Devenue plus tard le germe d'un roman, *Les Enfants de Minuit*, elle confère au futur écrivain son exceptionnalité. L'Inde c'est moi, pourra-t-il fièrement proclamer. Elle lui prête aussi le pouvoir d'agir comme par magie sur les événements et les hommes – surtout quand ils sont anglais et qu'à cette occasion se règlent de vieilles querelles liées à leur présence séculaire en Inde. Désormais, foi de romancier, l'émancipation des uns, synonyme de retrait des autres, passera par la conquête à rebours de la langue anglaise. La naissance de Salman Rushdie, comme celle de son Enfant de Minuit fictif, Saleem Sinai, aura été marquée au sceau des Grandes Espérances, tant collectives qu'individuelles. Elle coïncide avec la renaissance paradoxale d'un continent plusieurs fois millénaire, souvent présenté comme l'un des berceaux de l'humanité, et elle répond à l'attente d'une communauté nationale, impatiente de se libérer de la lourde tutelle britannique. Premier de sa génération, Salman Rushdie n'aura pas à user de contorsions pour faire passer ses petites affaires de famille pour des épisodes de l'histoire mondiale : son sort se trouve d'emblée enchaîné à celui d'un sous-continent menacé d'éclatement dès sa constitution en pays moderne.

Dans l'Inde mythique, hybride et multiple, la naissance est rarement chose simple. Une première fois, Salman Rushdie vient au monde au sein d'une famille musulmane. Une enfance peu représentative, se plaît-il à rappeler, puisque « aisée, urbaine, musulmane, dans une Inde pauvre, rurale et hindoue [1] ». Si ses parents étaient croyants, aucun n'était intolérant ou doctrinaire. Salman Rushdie raconte combien la religion était « discrète » chez lui : il évoque son ayah chrétienne et le sapin de Noël dressé à son attention, la prière du vendredi à laquelle il se rendait en compagnie de son père. Les repas étaient souvent l'occasion d'échanges où tous les sujets, y compris la religion, étaient abordés sans tabous. Très tôt habitué à la liberté d'expression, le jeune Salman aura « appris à embrasser les livres et le pain ». Chez lui, quand on faisait tomber un livre ou un chapati, on ne devait pas seulement ramasser l'objet tombé, on devait aussi l'embrasser afin de demander pardon pour cette marque d'irrespect. Fort maladroit, Salman Rushdie aura donc embrassé un grand nombre de « tranches » et pas mal de livres dans sa jeunesse. « Nous embrassions les dictionnaires et les atlas... les romans d'Enid Blyton et des bandes dessinées de Superman. Si j'avais laissé tomber un annuaire téléphonique, je l'aurais probablement embrassé aussi » (*Patries imaginaires*, p. 441). À son enfance indienne, dans une Bombay dont l'image « en Cinémascope et en Technicolor » (p. 20) se dissipera au fil du temps, Salman Rushdie garde un attachement intact : elle a nourri son œuvre, source inépuisable de personnages, de thèmes, de sensations et d'ambiances.

Envoyé par ses parents en Angleterre pour y être scolarisé, Salman Rushdie quitte l'Inde à l'âge de treize ans et demi. De ce jour date sa nouvelle identité : « Quand des individus se détachent de leur pays natal, on les appelle des migrants... Je suis peut-être quelqu'un de cette sorte » (*La Honte*, p. 99). Songeant à l'Angleterre de carte postale, mythique et rêvée, qu'il s'imagine trouver là-bas, il partage avec tous les migrants du monde une espérance : elle est ce qu'ils comptent de *« mieux » (ibid.).* Et si, comme le prétend le romancier, on voit encore l'espoir briller dans les yeux de ces émigrés sur les photographies jaunies, la même flamme subsiste sur les clichés sépia de Salman enfant. Incorrigible optimiste, Salman Rushdie a toujours parié sur les vertus de la translation, autrement dit de la traduction, qu'il refuse d'assimiler classiquement à une forme de trahison. Dynamique, sa conception de l'immigration revêt des accents prométhéens, voire messianiques :

> Le résultat des migrations de masse, affirme-t-il avec fierté, a été la création de types radicalement nouveaux d'êtres humains : des gens qui s'enracinent dans des idées plutôt que dans des lieux, dans des souvenirs autant que dans des choses matérielles, des gens qui ont dû se définir – parce que les autres les définissent ainsi – par leur différence ; des gens qui au plus profond d'eux-mêmes abritent d'étranges fusions, des unions sans précédent entre ce qu'ils étaient et l'endroit où ils se trouvent (p. 138).

« Être émigré, conclut-il, c'est appartenir à la seule espèce d'êtres humains libérés des chaînes du nationalisme (sans parler de son horrible frère le patriotisme). C'est une liberté lourde à porter » (*Patries imaginaires*, p. 138). Gage de tolérance, parce qu'en en franchissant les frontières, y compris métaphoriquement, on apprend le Doute, promesse de démocratie, la rupture qu'implique l'émigration est semblable au levain qui fait lever la pâte d'une humanité nouvelle. Mais lucide aussi, Salman Rushdie n'oublie pas que l'absence de bagages est peut-être aussi ce qu'il y a de *« pire »* chez les émigrés : « Je parle de valises invisibles, pas de réelles en carton contenant quelques souvenirs vides de sens : nous sommes détachés de bien plus que d'un pays » (*La Honte*, p. 99).

À l'occasion de son départ, Salman Rushdie franchit bien plus que la distance qui sépare une grande ville, Bombay, d'une autre, Londres. Son périple le fait passer « de l'indianité à l'anglicité ». Autant dire une « distance incommensurable » (*Les Versets sataniques*, p. 41), qui provoque les affres d'une seconde naissance, d'une autre arrivée énigmatique. Obligation lui est faite, comme à tous les immigrés, d'« inventer la terre sous ses pieds » (*Patries imaginaires*, p. 165), de faire naître son nouveau monde par un pur acte de volonté. Entre une Angleterre dont il découvre qu'elle ne correspond en rien à l'image idyllique qu'il s'en faisait et une Inde avec laquelle il entretient des rapports de plus en plus espacés, n'y séjournant jamais plus de six mois en continu, Salman Rushdie cherche ses marques. Le dépaysement le guette dans « ses » deux pays, le vieux et le neuf. Plus grave, ses parents ayant dû fuir les persécutions religieuses, c'est à Karachi qu'il doit les retrouver à partir de 1964, dans un pays totalement inconnu de lui, que l'histoire a « inventé » de toutes pièces.

À treize ans et demi, Salman Rushdie a le même âge que Chamcha, le plus anglophile des personnages des *Versets sataniques*, et, pour être fictif, l'épisode romancé du pensionnat anglais ravive sûrement de cuisants souvenirs :

> Un jour, peu de temps après qu'il eut commencé l'école, il descendit au petit déjeuner et trouva un hareng fumé dans son assiette. Il resta assis là, sans savoir par quel bout le prendre. Puis il mordit dedans, et eut la bouche pleine d'arêtes. Et après les avoir retirées, une autre bouchée, d'autres arêtes. [...] L'Angleterre était un hareng fumé d'un goût particulier et plein d'arêtes, et personne ne lui dirait jamais comment s'y prendre pour la manger. [...] « Je vais leur montrer, se promit-il. Vous allez voir si je n'en suis pas capable. » Le hareng mangé fut sa première victoire, son premier pas dans la conquête de l'Angleterre.
> Guillaume le Conquérant, dit-on, commença par manger une pleine bouchée de sable anglais (*Les Versets sataniques*, p. 56-57).

Comme Chamcha, Salman Rushdie a ressenti ces petites humiliations qui renforcent la rage d'intégration, cette volonté farouche d'être ce que jamais le père ne fut, à savoir un « Anglais commilfaut » (*Les Versets sataniques*, p. 56). Et si Salman Rushdie obtient l'assimilation tant désirée, il la doit moins au soi-disant esprit de tolérance de la société anglaise qu'à sa classe sociale, à sa peau « curieusement claire » et à son accent très « anglais » (*Patries imaginaires*, p. 29). À l'image de Chamcha, il s'avancera masqué, se réjouissant *in petto* du bon tour joué aux Anglais :

> [...] à ce moment-là il commença à agir, à trouver des masques que ces garçons reconnaîtraient, des masques de visage pâle, des masques de clown, jusqu'à ce qu'il leur fasse croire qu'il était *O. K., qu'il était quelqu'un-comme-nous*. Il les trompa comme un être humain astucieux peut persuader des gorilles de l'accepter dans leur tribu, de le cajoler et de le caresser et de lui fourrer des bananes dans la bouche (*Les Versets sataniques*, p. 56).

Il ne faut pas chercher plus loin l'origine de cette volonté forcenée qui est celle du romancier de séduire, d'éblouir, de donner le change, au besoin par l'esbroufe. Le même soupçon de « mise en scène » pèse sur le malheureux Chamcha, une fois celui-ci métamorphosé en bouc : « Écoute, c'est pas un tour ? J'veux dire, c'est pas du maquillage ou du théâtre ? [...] On pense que tu es, tu vois – Génial – [...] Magique, tu vois. Extrême » (p. 258). Toute en virtuosité, l'œuvre romanesque regorge d'acteurs, de clowns, de magiciens, de sorcières, de charmeurs de serpents, de contorsionnistes et autres jongleurs défiant les lois de la gravité, emportés par le rythme étourdissant d'une parade de cirque[2]. L'illusion est au cœur de son art – et l'illusionnisme en constitue l'un des péchés mignons. Pourtant, même trop sûre de ses effets et consciente de ses procédés, l'écriture flamboyante ne peut dissimuler l'incertitude qui habite l'écrivain émigré.

À quinze ans, Salman Rushdie perd brusquement la foi.

> À ce moment-là, j'étais en collège en Angleterre. Cet instant d'éveil eut lieu en fait pendant un cours de latin, et, ensuite, pour mettre mon nouvel athéisme à l'épreuve, je m'achetai un sandwich au jambon, plutôt insipide, et je goûtai pour la première fois la viande de porc interdite. Aucun coup de tonnerre ne tomba pour me foudroyer. Je me souviens d'avoir ressenti que ma survie confirmait la justesse de ma nouvelle position. Cependant, je regrettai un peu la perte du paradis. Le paradis de l'islam, en tout cas comme je le concevais, avait beaucoup d'attrait pour le jeune adolescent que j'étais. J'espérais qu'on me fournirait, pour mon plaisir personnel, quatre belles femmes-esprits, des houris, que n'aurait touchées ni un homme ni un djinn. Les joies du jardin parfumé ; cela semblait honteux de devoir les abandonner (*Patries imaginaires*, p. 402).

À compter de ce jour, Salman Rushdie s'est considéré comme un laïque, entraîné vers les grandes traditions de la gauche intellectuelle : en politique le socialisme ; en art, le modernisme et ses descendants. Depuis, il écrit « peut-être pour remplir avec d'autres rêves cet espace vide réservé à Dieu » (p. 402), et sans jamais ressentir le besoin de « transformer en totem [son] manque de foi et partir en guerre pour lui » (p. 444). Après des études d'histoire à Cambridge, de 1966 à 1968, Salman Rushdie travaille comme acteur à l'Oval House, troupe de théâtre expérimental. À l'occasion d'un bref séjour au Pakistan, il connaît ses premiers démêlés avec l'absurdité de la censure, qui s'en prend à sa mise en scène d'une pièce d'Edward Albee, *Zoo Story*. Il doit ainsi supprimer le passage qui fait de Dieu une reine de couleur portant kimono et s'épilant les sourcils. Suivront « dix années de ratages, d'insuffisances et de publicité pour des gâteaux à la crème, des colorants pour cheveux, et le *Daily Mirror* » (p. 10) avant le succès littéraire.

Situations

Au moment où son talent d'écrivain parvient à maturité, dans les années 80, l'Angleterre se trouve dans une phase critique de sa période postcoloniale. « C'est une crise de toute la culture, de la totalité du sentiment que la société a d'elle-même. Et le racisme n'est que la partie la plus visible de cette crise, la partie émergée de l'iceberg qui fait sombrer les navires » (p. 144). Sous un titre provocateur, Salman Rushdie signe, en 1982, un article intitulé « Le Nouvel Empire à l'intérieur de la Grande-Bretagne ». Il y dénonce avec force la montée des préjugés raciaux dans un pays revenu au temps des « Deux Nations » stigmatisées par Benjamin Disraëli, où la division est cette fois raciale : « Deux mondes entièrement différents, et celui dans lequel vous habitez est déterminé par la couleur de votre peau » (p. 149). Le ton est polémique et sans concession : dans les rues du Nouvel Empire, on agresse et on tabasse des femmes et des enfants de couleur qui rentrent de l'école. Coupable d'avoir fait venir à grand renfort de publicité mensongère ces populations étrangères sur son sol, la « perfide Albion » mérite plus que jamais son nom. L'abîme creusé entre les perceptions blanche et noire de la vie quotidienne est si profond, les images fabriquées pour la domination et la soumission tellement enracinées dans la mentalité collective anglaise, qu'il revient aux intellectuels comme Salman Rushdie de partir en guerre contre le monde « réel » – du moins la version qu'en donnent les hommes et les femmes politiques. À la pointe du combat contre Margaret Thatcher, le romancier mène la lutte au nom de l'imagination : « Les écrivains et les hommes politiques sont des rivaux naturels, Les deux groupes essaient de faire le monde à leur image ; ils luttent pour le même territoire. Et le roman est une façon de nier la version officielle de la vérité qui est celle des hommes politiques » (p. 24). Abandonner aux politiques l'élaboration des images du monde, serait « l'abdication la plus grande et la plus abjecte de l'histoire » (p. 111).

En 1984, Salman Rushdie récidive. Alors que l'Angleterre refuse toujours de se réveiller de son rêve de puissance impériale, il critique les conclusions d'un essai de George Orwell, *Dans la baleine*, paru en 1940. L'auteur de *1984* y prônait une philosophie quiétiste et conseillait au romancier d'entrer dans la baleine pour « s'abandonner à la marche du monde... simplement l'accepter, l'endurer, en prendre acte » (p. 106). Salman Rushdie de commenter avec ironie : « Et on nous dit que le fatalisme est une des caractéristiques de la pensée indienne ! » (p. 106). Il s'insurge : une pareille conception de la littérature affranchie de la politique – « qui est tour à tour farce et tragédie et quelquefois (voir le Pakistan de Zia) les deux à la fois » (p. 112) – exclurait la comédie, la satire, le dénigrement. C'est l'honneur de la littérature, de Swift à Soljenitsyne, de critiquer, d'affronter, de châtier les idéologies aux idées courtes.

Pour autant, le romancier n'éprouve aucune envie de se laisser clouer pour le reste de ses jours « à l'arbre de la littérature politique » (p. 111). La vérité, « c'est qu'il n'y a pas de baleine », pas de lieu où abriter cette coupable passivité. Salman Rushdie appelle les citoyens du monde à une plus grande responsabilité : « Au-dehors de la baleine gronde l'orage incessant, la querelle continuelle, la dialectique de l'histoire. [...] Si nous pouvions cesser de nous voir comme des fœtus métaphoriques, et y substituer l'image d'un nouveau-né, nous aurions au moins fait une petite avancée intellectuelle. Éventuellement, nous apprendrons même à faire nos premiers pas » (p. 111).

Le syndrome minoritaire qui poursuit le romancier depuis sa naissance lui apparaît à présent sous des dehors plus positifs. « Pendant toute ma vie, j'ai appartenu à un groupe minoritaire – comme membre d'une famille musulmane à Bombay, puis comme membre d'une famille « mohajir » – immigrée – au Pakistan, et aujourd'hui en tant que Britannique d'origine asiatique » (p. 13). Son identité inclassable – « écrivain indo-pakistanais-résident-britannique... on voit à quelle folie on arrive quand on cherche à enfermer les écrivains dans des passeports » (p. 84) – le rend inassimilable. Singulier, il n'en est pas pour autant unique. La condition migrante comme le destin minoritaire n'existent qu'en partage. Écrire, pour Salman Rushdie, c'est forcément rejoindre des communautés de minoritaires « dans lesquelles on est pris, bon gré mal gré, du fait qu'on écrit[3] ». L'écrivain minoritaire se veut un flux à la rencontre d'autres flux – les enfants de Minuit ou les Palestiniens, dont il explore le devenir lors d'un entretien avec Edward Said. Il cherche avant tout à créer un langage et des formes littéraires « dans lesquels l'expérience des peuples autrefois colonisés et toujours défavorisés pourrait trouver une pleine expression » (p. 419). Pour donner voix aux sans-voix, il faut trouver une langue. Souvent incompris, ce plaidoyer « pour une littérature mineure[4] » est assorti de réserves. La littérature ne saurait se réduire à « déposer » certains thèmes pour les « réserver » à quelques groupes (p. 25). Salman Rushdie récuse tout ce qui pourrait ressembler à une confortable mentalité de ghetto. Écrire, ce serait plutôt, confie-t-il dès 1982, prendre des risques : « Les vrais risques sont pris par l'artiste dans son œuvre, quand il la pousse aux limites du possible, afin d'augmenter la quantité de ce qu'il est possible de penser. Les livres deviennent bons quand ils vont jusqu'à la limite extrême et qu'ils risquent de basculer au-delà – quand ils mettent l'artiste en danger à cause de ce qu'il a ou n'a pas osé sur le plan *artistique* » (p. 25).

Être un écrivain indien dans la société britannique, c'est affronter quotidiennement des problèmes de définition à l'intérieur de la culture occidentale. Salman Rushdie s'interroge : « Comment allons-nous vivre dans le monde ? Que signifie être "indien" en dehors de l'Inde ? Comment peut-on préserver une culture sans l'ossifier ? » (p. 28). Exiger le droit aux racines « des deux côtés » est son premier réflexe :

> Nous ne voulons pas être exclus d'aucune partie de notre héritage ; héritage qui comprend à la fois le droit d'un enfant indien né à Bradford d'être traité comme membre à part entière de la société britannique, et le droit pour n'importe quel membre de cette communauté post-diaspora de puiser dans ses racines pour son art, comme l'a toujours fait la communauté internationale des écrivains déplacés (p. 26).

Fort de son destin de minoritaire, il revendique comme ancêtres « les huguenots, les Irlandais, les juifs ; le passé auquel nous appartenons est un passé anglais, l'histoire de l'immigration en Grande-Bretagne. Swift, Conrad, Marx sont autant nos ancêtres littéraires que Tagore ou Ram Mohan Roy » (p. 31). L'écrivain ne vit pas dans l'illusion d'avoir totalement rompu avec sa culture d'origine. Il s'expose à deux mondes dont il connaît la part d'aliénation respective. Voulant cependant devenir libre, il s'invente comme un individu dont l'histoire ne se résume pas dans le passage brutal d'une culture à l'autre. Si l'on en croit Olivier Mongin, ce serait le propre du roman britannique issu de l'immigration que d'échapper à l'oscillation entre l'Histoire et un individu sans histoire qui caractérise la fiction française contemporaine. Dans les littératures anglophones (expression que Salman Rushdie préfère à celle de littérature du Commonwealth), on sait « raconter une histoire qui prend corps au *confluent* de deux cultures. Et c'est précisément cet échange des cultures, des expériences et des convictions qui dynamise l'Histoire et le roman avec lui[5] ».

À la fois à l'intérieur et à l'extérieur de la société occidentale, les écrivains indiens exilés sont en mesure d'écrire à partir d'une double perspective, d'offrir une image « stéréoscopique » (p. 30) de la réalité, faute d'une vision totale. Car écrire, pour Salman Rushdie, revient à trouver des angles d'attaque. À ce titre, l'éloignement libère plus qu'il ne culpabilise.

Récusant le sentiment de honte partagé par certains émigrés, qui se font l'effet de ressembler à des hommes et à des femmes d'après la chute, il assume sa condition : « Nous sommes des hindous qui avons traversé les eaux noires ; nous sommes des musulmans qui mangeons du porc. Et le résultat – comme l'indique l'utilisation que je fais de la notion chrétienne de chute –, c'est que nous appartenons en partie à l'Occident » (p. 26). La perte du milieu naturel libère pour de nouveaux départs, tout en permettant des rapports plus approfondis avec le monde. Parce qu'ils ont compris que la réalité est « un objet fabriqué », qu'elle n'existe pas avant qu'on l'ait faite (bien ou mal), les écrivains de l'émigration excellent à défaire cette même réalité, en s'enracinant dans « la capacité à imaginer et à ré-imaginer le monde » (p. 310), en se faisant citoyens de patries imaginaires. Pourtant, la nostalgie est toujours là, qui hante l'écrivain, le fait se retourner, au risque de le changer en statue de sel. Chacun de ses séjours à Bombay l'accentue, dans une ville construite par des étrangers sur une terre conquise et qu'il lui appartient de reconquérir à son tour tant il s'y sent étranger. Son moi perdu, son passé perdu dans les brumes du temps perdu, il s'efforce de les retrouver dans une perspective d'abord proustienne, avant de renoncer. Conscient de ne pouvoir reconquérir la vérité, il trouvera finalement plus exaltante la partialité de ses souvenirs, de ses « Indes de l'esprit » (p. 20).

En 1987, quarante ans après l'Indépendance, Salman Rushdie est retourné en Inde filmer un documentaire, *The Riddle of Midnight* (L'Énigme de Minuit), pour se demander ce que sa génération, celle des enfants de Minuit, est devenue. Du dirigeant de l'extrême droite hindoue à l'homme d'affaires jaïn, de la femme écrasée par la vie à Bombay à l'artisan musulman de Delhi, il dessine des parcours et suggère la diversité du pays. Le regard qu'il porte sur son ancienne patrie reste sans complaisance, malgré un certain pincement au cœur devant son ancienne maison (dont il garde encore sous les yeux la photographie en noir et blanc). Quarante ans après, l'Inde se déchire dans des luttes intestines et a tourné le dos aux promesses de l'Indépendance. Cette confrontation de son imaginaire, des rêves de l'Inde, du souvenir qui l'habite avec la réalité du pays est empreinte d'un certain pessimisme contre lequel il veut se battre.

Aujourd'hui encore, l'Inde continue de soumettre Salman Rushdie à la tentation du retour, car, malgré ses protestations répétées, il ne peut se résoudre à rompre les liens. « Pour moi, l'image qui définit le mieux l'Inde, c'est celle de la foule et, par sa nature même, une foule est surabondante, hétérogène, et renferme de nombreuses choses à la fois » (p. 44). Quel recours s'offre à l'écrivain-Antée, désormais privé de la possibilité de reprendre pied sur le grouillant sous-continent dont il tirait une bonne part de ses forces créatrices? Habités par les déflagrations et l'imminence des apocalypses, irradiés par l'Histoire, les récits de Salman Rushdie semblent avoir réfléchi à l'avance à la condition tragique de la solitude, à la prison de l'exil forcé imposée à ceux qui voulaient échapper à toute frontière. Prophétique, il a anticipé la proximité des destructions, des autodafés et des anéantissements – mais l'espoir se veut toujours plus fort :

> Émigrer, c'est évidemment perdre une langue et un foyer, être défini par les autres, devenir un homme invisible ou, pire, une cible ; c'est vivre des changements profonds et des déchirements dans son âme même. Mais l'émigré n'est pas seulement transformé par son acte ; il transforme aussi son nouveau monde (p. 231).

L'itinéraire d'un romancier

Salman Rushdie est un grand lecteur. Depuis l'enfance jusqu'à ces dernières années de réclusion, il parcourt la littérature mondiale avec le regard du voyageur sans attaches particulières, si ce n'est celles du goût : « classique » ou « populaire », anglaise, américaine, russe, française, somalienne, sud-africaine, la liste des traditions qu'il aborde et absorbe est sans limites. Des bandes dessinées par exemple, il retient l'excentricité des personnages doués de pouvoirs hors du commun, comme le sera Saleem Sinai dans *Les Enfants de Minuit*, et le romancier se souvient

> [...] que l'exception était la plus grande et la plus héroïque des valeurs ; qu'on devait aimer le plus ceux qui étaient différents de la foule ; et que ce caractère d'exception était un trésor si grand et si facilement mal compris qu'il fallait le cacher, dans la vie de tous les jours, sous ce que les bandes dessinées appelaient « une identité secrète ». Superman n'aurait pu survivre sans Clark Kent aux manières douces (p. 452).

Les années étudiantes d'apprentissage confirment son goût éclectique, pour l'image comme pour le texte, pour les livres comme pour la musique : « Buñuel, Godard, Ray, Wajda, Welles, Bergman, Kurosawa, Jancsò, Antonioni, Dylan, Lennon, Jagger, Laing, Marcuse et, inévitablement, le bonhomme à deux têtes connu des lecteurs de Grass sous le nom de Marxengels » (p. 305). Dans les articles des *Patries imaginaires* se dessine un itinéraire intellectuel, plus ou moins conscient, toujours assumé, marqué par la recherche délibérée des influences et la nécessité de se donner des parents en écriture. Toute lecture contient, pour Salman Rushdie, une vocation, un conseil adressé au romancier potentiel qui cherche sa voie. Parmi ces livres figure en première place *Le Tambour*, de Günter Grass, où il entend pour la première fois une voix qui le pousse à écrire, qui l'encourage à se frotter à la démesure de « mille et une choses » (p. 306). Les œuvres artistiques sont comme des « passeports » (p. 305) qui lui permettent de voyager et le conduisent à accepter la condition d'écrivain qu'il porte en lui. Parmi ces ouvrages, Salman Rushdie cite *Le Film : sa forme, son sens*, recueil d'écrits théoriques d'Eisenstein. On peut penser qu'il lui a permis de comprendre les rapports entre la littérature et le cinéma : tout texte, comme tout film, procède à un « montage », et Salman Rushdie s'inspirera des analyses du cinéaste soviétique dans *Les Enfants de Minuit* et *Les Versets sataniques* tout particulièrement. Il mentionne la série de poèmes cruels de Ted Hughes intitulée *Crow*, les *Fictions* de Borges : à la suite de l'écrivain argentin, il cultive un goût du paradoxe nourri de la conscience des rapports privilégiés entre logique et littérature. Le *Tristram Shandy* de Sterne figure dans la courte liste des textes importants, ce roman fondateur du genre de l'autobiographie fictive qu'il pratiquera dans *Les Enfants de Minuit* : tous les principes de la narration « métafictionnelle » y figurent déjà avant l'ère postmoderne. C'est enfin le *Rhinocéros* d'Ionesco qu'évoque Salman Rushdie, comme si la fable politique avait très tôt marqué son imaginaire. À cette liste, il faudrait ajouter *Cent Ans de solitude* de Gabriel García Márquez, qui le conforte dans la perception du réalisme magique comme forme littéraire révolutionnaire. À partir de son deuxième roman, il en méditera les leçons :

> *El realismo mágico*, le réalisme magique, au moins chez García Márquez, est un développement issu du surréalisme qui exprime une conscience authentiquement du « tiers monde ». Il traite de ce que Naipaul a appelé les sociétés « à moitié faites », dans lesquelles l'ancien invraisemblable lutte contre le nouveau qui fait peur, dans lesquelles la corruption publique et les angoisses privées sont d'une certaine façon plus visibles et plus extrêmes qu'elles ne l'ont jamais été dans le soi-disant « Nord », où des siècles de richesse et de pou-

voir ont formé des couches épaisses par-dessus ce qui se passe réellement. [...] Il n'écrit pas sur une terre intermédiaire, mais sur celle que nous habitons. Macondo existe. C'est cela sa magie (p. 334).

La réalité de l'imagination, la dimension politique inséparable de toute activité littéraire trouvent dans cette tradition l'expression la plus complète dont rêvait Salman Rushdie. Toujours il sera attiré par ces romans protéiformes, encyclopédiques, par leurs auteurs capables de transporter une ville entière dans leurs pérégrinations littéraires : le Dublin de Joyce, le Dantzig de Grass, la Prague de Kundera, à quoi l'on pourrait rajouter, depuis *Les Versets sataniques*, le Londres de Salman Rushdie. « Comment des écrivains peuvent-ils ne pas tomber amoureux d'un monde cartographié par les récits ? » (p. 256) s'interroge-t-il, à la suite des grands romanciers de la littérature américaine : Herman Melville souvent cité, Thomas Pynchon dont *L'Arc-en-ciel de la gravité* est le grand roman de l'errance, avant, précisément, *Les Versets sataniques*.

L'activité d'essayiste importe à Salman Rushdie : elle lui permet d'exprimer ses goûts, d'analyser ses lectures, de se faire *passeur* aussi. Cette occupation a deux facettes : la parution régulière, dans la presse anglaise, indienne à l'occasion (comme pour le compte rendu de l'autobiographie de Benazir Bhutto), permet en égrenant les lectures et les commentaires de rester en prise sur l'actualité intellectuelle. Salman Rushdie a toujours affectionné le rôle d'écrivain public, participant longtemps, par exemple, à un jeu littéraire télévisé. Repris en un volume, ces essais livrent une autre image, plus cohérente, plus exhaustive, donnent à lire la constitution d'un imaginaire et comme un manifeste du roman.

À l'image du célèbre début du roman d'Italo Calvino, *Si par une nuit d'hiver un voyageur...* toute littérature, semble penser Salman Rushdie, doit d'abord s'adresser à « moi ». L'intensité d'un Raymond Carver, la force des « nouvelles descriptions du monde » d'un Nuruddin Farah ou d'un Richard Kapuściński, les réactions d'un Philip Roth blessé par des accusations d'antisémitisme sont susceptibles de l'aider à comprendre le monde autant que la littérature. En outre, politique sans être engagée, elle doit être à même de construire ou de transformer le monde, d'en refuser toutes les simplifications. Il accuse ainsi V. S. Naipaul de caricaturer le monde musulman dans son récit de voyage *Crépuscule de l'Islam*. Percer la surface des choses ou de l'écriture pour y déceler d'autres univers, telle est la marque du grand écrivain. Et Salman Rushdie n'est pas tendre envers les romanciers comme Julian Barnes, qui ne parviennent pas toujours à allier légèreté et profondeur : « C'est le paradoxe de la littérature que les deux sont nécessaires pour le voyage, le poids et la légèreté, et que, comme les amoureux et les animaux, on ne peut se permettre de laisser la moitié du couple hors de l'arche » (p. 266). Jamais uniquement cérébrale, la littérature doit s'adresser à l'âme, procéder du cœur. À John Le Carré et à Umberto Eco, il reproche de n'être qu'intellectuels, alors qu'un Calvino, en dépit de sa virtuosité, sait constamment surprendre le lecteur et lui rappelle la force des passions humaines :

> Pourquoi en fin de compte devrions-nous prêter attention à Calvino, un jongleur de mots, un conteur [...] la raison pour laquelle Calvino est un écrivain tellement indispensable, c'est précisément parce qu'il nous dit, joyeusement, méchamment, qu'il y a dans le monde des choses qui méritent d'être aimées ou détestées ; et que de telles choses existent aussi chez les gens. Je n'imagine pas avoir à mes côtés de meilleur écrivain pendant que l'Italie explose, que la Grande-Bretagne brûle et que le monde s'achève (p. 288).

La version française des *Patries imaginaires* se conclut sur le texte de la conférence du Herbert Read Memorial rédigée par Salman Rushdie et lue en son nom par Harold Pinter à Londres. L'événement se passait un an après la *fatwa* du 14 février 1989, imposée à un passionné de la vie publique, à un libertaire de l'imagination, à un amoureux des transgressions. Le romancier concluait en évoquant une pièce, dans la maison du monde, où l'on entend murmurer des voix *« qui parlent de tout, de toutes les façons possibles »*. Cette petite pièce qui ne paie pas de mine, c'est celle de la littérature dont tout le monde a besoin – « lecteurs, écrivains, citoyens, généraux, hommes de Dieu ». « Dans le monde, partout où l'on a fermé la petite pièce de la littérature, tôt ou tard, les murs se sont effondrés » (p. 455).

2

Grimus : au commencement était l'anagramme

Grimus (1977) est le premier roman publié par Salman Rushdie. Auparavant, ses éditeurs lui avaient refusé un manuscrit, et il en abandonne deux autres entre 1969 et 1981. Pendant cette période, il gagne sa vie en occupant un emploi de publicitaire à mi-temps. La rédaction de textes, slogans et scénarios le familiarise avec les subtilités (et l'infinie souplesse) de l'anglais ; il découvre la langue de la publicité, riche en détournements de toute sorte, épouse les « mythologies » de l'époque et partage son goût pour la modernité. La fascination de Salman Rushdie pour les manifestations de la nouveauté découle sans doute pour une part de son premier métier. Mais l'appel du roman, qui se dit précisément *novel* en anglais, est le plus fort : seul ce dernier permet de reformuler le langage, la forme et les idées, de manière à « voir le monde de façon nouvelle » (*Patries imaginaires*, p. 418). Le milieu des créatifs, leur culte de l'éphémère et du frivole exaspèrent Salman Rushdie, qui n'a qu'une hâte, aborder aux rivages de la création. Ce qu'il fait en se jetant à corps perdu dans l'écriture d'un roman ambitieux dont l'échec commercial ne fera que le renforcer dans sa vocation d'écrivain.

Avec le recul, *Grimus* apparaît surtout comme un laboratoire expérimental, sorte de matrice du futur roman rushdien, contenant en germe nombre de ses foisonnantes « obsessions » – le mot revient sans cesse dans le livre. Il dessine, en pointillé, une cartographie du possible, indique des virtualités qui ne s'accompliront pas toutes. Surtout, il marque un bond dans l'imaginaire, la traversée du miroir, l'appropriation audacieuse et sans complexe des ressources conjuguées de la *fantasy* et de la science-fiction. Le genre en est incertain, d'inspiration mi-futuriste, mi-archaïque ; Salman Rushdie semble hésiter entre plusieurs modes, déjà attiré par le roman encyclopédique, refusant de choisir et d'exclure. Entre conte philosophique et fable anthropologique, récit initiatique et roman d'aventures, facétie de fort en thème et allégorie sérieuse, ce premier roman se cherche. Un étonnant « bricolage » fait se mêler en un creuset aussi improbable que fantaisiste des mythes de création empruntés aux traditions les plus diverses : persane, scandinave, germanique et gréco-romaine. Il fallait toute la témérité de la jeunesse pour croire que pareil mélange serait soluble dans la fiction.

Utopiques [1]

Dès l'épigraphe eliotienne, Grimus s'appuie sur la fragilité humaine par excellence, sur la difficulté à accepter sans réserves « l'impérieuse prérogative du réel [2] » :

> Va, va, va, dit l'oiseau : le genre humain
> Ne peut pas supporter trop de réalité [3].

Ainsi fonctionnent les rêves d'évasion, les philosophies idéalistes, ou bien encore l'imagination utopique. *Grimus* revendique l'inscription dans cette longue tradition. Lorsque s'ouvre le roman, l'histoire a commencé depuis des milliers d'années. Remonter vers ce lointain amont du texte, c'est reconstituer les éléments d'une abracadabrante intrigue. Salman Rushdie imagine, quelque part dans le système solaire, une planète sans vie, appelée Thera (anagramme de *Earth*/Terre, mais aussi de *Heart*/Cœur), peuplée depuis la nuit des temps par la race des Gorfs, sorte d'énormes grenouilles de pierre (*frog*, anagramme de Gorf). Immobiles, mais doués d'intelligence, ils organisent des concours d'anagrammes pour passer le temps. Jusqu'au jour où l'un d'eux conçoit l'idée de transformer dans un sens non orthodoxe le principe de leur univers : « Je pense, donc cela est » (p. 66). La nouvelle Dimension créée (dont l'anagramme est « Endimions ») multiplie à l'infini le champ des possibles, symbolisés par la « Rose de pierre ». Sa possession autorise les voyages interdimensionnels et donne lieu aux pires dévoiements lorsqu'elle finit par tomber entre les mains de Grimus, mystérieux personnage aux allures de réfugié d'Europe centrale. Elle va lui permettre de réaliser son « grand dessein » : proposer aux hommes et aux femmes lassés de la vie terrestre sa version du pacte faustien. Le choix d'un flacon jaune (pour l'immortalité) plutôt que bleu (pour la mort) leur assure la vie éternelle sur une île paradisiaque de la Méditerranée, de forme phallique. Près de huit siècles plus tard, s'y échoue Flapping

Eagle en quête de sa sœur, originaire comme lui d'une tribu d'Indiens d'Amérique.

Avec l'île de Calf, Salman Rushdie s'installe dans un espace pleinement utopique. On songe bien sûr à Thomas More, dont l'*Utopia*, comme l'île de Salman Rushdie, est Nulle Part. Elle a vocation à figurer une « *Twilight Zone* » où la finitude et la mortalité n'auraient plus droit de cité. Suspendre le temps, inverser la chute, au besoin par l'ascension d'une montagne perdue dans les nuages, y a-t-il désir d'évasion plus transparent ? C'est l'« être pour la mort » de l'homme qui se trouve battu en brèche, le temps d'une parenthèse fictionnelle. Mais nul ne s'affranchit impunément des lois de la biologie. La littérature regorge d'exemples d'immortalité humaine imparfaite, de la Pythie au « Tithonus » cher à Lord Tennyson, en passant par les Struldbrugs de Jonathan Swift, dont l'immortalité se paie au prix fort : le naufrage d'une vieillesse sans fin qui les accable et les fait se répandre en récriminations. Pour leur part, les habitants de l'île de Calf sont las de leur « éternel présent ». L'ennui et le ressassement infini des souvenirs les guettent. Le suicide, dans les premiers temps de l'installation dans l'île, la visite au bordel par la suite, tiennent lieu d'unique échappatoire. Dans un roman où la sexualité joue un rôle non négligeable, Salman Rushdie fait des femmes, séparées, prostituées ou adultères, les agents de la stase et du *statu quo*, cherchant à éviter à leurs compagnons les périls du flux. Au milieu de la Mare Nostrum, Calf affirme sa forte empreinte matricielle, conforme au destin de toute île, dans laquelle les psychanalystes se plaisent à voir l'image mythique de la femme, de la vierge, de la mère. Quoi de plus naturel, pour l'orphelin Flapping Eagle, qu'un retour à la mère ? Mais la grossesse d'Irina Cherkassova, suspendue depuis des siècles, en dit long sur l'atmosphère de stérilité ambiante, emblématique de la perversion de l'utopie en son contraire dystopique. À la dernière page du journal qu'il tient, Jones s'écrie : « Les débuts sont toujours meilleurs que les fins. Alors, tout était possible. À présent, plus rien ne l'est » (p. 218). Raison d'être du projet initial, l'infini des possibles s'est réduit comme une peau de chagrin, à mesure qu'a crû la volonté de puissance de Grimus.

Dans le champ confiné d'un système s'est introduit un élément extérieur en la personne de Flapping Eagle. Sa revendication – vieillir et mourir pour renouer avec son destin humain – subvertit le principe néguentropique qui préside aux destinées de l'île. Programmé de longue date, l'impact mortifère dont Flapping Eagle est porteur, tel un virus, vient parachever, dans l'esprit de son promoteur et à l'insu de son exécutant, son grand œuvre. La mort « phénicienne » que s'administre Grimus, par le truchement de Flapping Eagle, si elle vise à assurer sa renaissance, renvoie surtout en une transparente allusion au contrôle absolu exercé par le créateur – tout créateur – sur sa création. De même l'Élixir de vie, « arme merveilleuse, car à double tranchant, ôtant d'un coup toute possibilité de reproduction en stérilisant les récipiendaires et neutralisant par la même occasion le besoin de se reproduire en conférant l'immortalité » (p. 232), n'est pas sans rappeler de funestes manipulations génétiques ou autres, empruntées à l'histoire tragique du XXe siècle.

Sous couvert d'une fable d'apparence ésotérique autour d'un ailleurs insituable, Salman Rushdie a voulu s'adresser au lecteur de 1975, lui parler de sa condition, de ses désirs et de ses craintes, de son présent ou de son avenir. Il le fait d'une manière presque classique pour une fin de siècle : anticipant sur les peurs du deuxième millénaire, il exploite la peur de l'apocalypse nucléaire, suggérée par le pouvoir de destruction prêté à la Rose de pierre :

> Il se demandait ce qu'il trouvait le plus inquiétant chez Grimus. Il opta pour la puérilité de son soi-disant Grand Dessein, l'exécution de ses moindres caprices et les étranges rituels infantiles qu'il imaginait pour se divertir, à l'instar de ce qu'il appelait sa « Danse ». Grimus : un bébé à la bombe. Ou plutôt, tout un arsenal camouflé de bombes. Sur un piédestal (p. 234).

La démarche s'inscrirait-elle alors dans un courant de contestation post-soixante-huitarde de la technologie et des errements auxquels elle conduit? Grimus incarne trop imparfaitement une figure de « Prométhée moderne perverti [4] » pour justifier pareille hypothèse. De plus, la Bombe est moins redoutée que secrètement désirée pour sa charge explosive. Particulièrement abondantes dans l'œuvre de Salman Rushdie, les images de déflagration et de fission témoignent de son désir de faire voler en éclats ce qu'il est convenu d'appeler le réel. Souvent polémique, volontiers satirique, l'écrivain transplanté aime à parler le langage des armes et se plaît à définir son esthétique à la manière d'un terroriste :

> La non-réalité est la seule arme avec laquelle on peut écraser la réalité, pour pouvoir la reconstruire ensuite. (Autrefois, j'ai tra-

vaillé dans un immeuble de bureaux où une âme anonyme et troublée entreprit de détruire les toilettes. Cela semblait une destruction folle et sans motif jusqu'au jour où sur le mur, près d'un w.-c. cassé, on a pu lire, gribouillé à la main : « Si on ne peut pas changer la chasse d'eau des w.-c., il faut la détruire ») (*Patries imaginaires*, p. 136).

C'est que le migrant n'éprouve que méfiance et hostilité envers la réalité : « Ayant déjà vécu de plusieurs façons, il en comprend la nature illusoire. Pour voir les choses clairement, il faut traverser une frontière » (p. 138).

Anagrammes

La compulsion anagrammatique à laquelle s'adonnent les Gorfs, et, à travers eux, Salman Rushdie, autoproclamé « Magister Anagrammari », paraît puérile. Est-elle gratuite ? Dans le contexte lettré d'une fiction savante, parfois laborieusement borgesienne, les anagrammes figurent en bonne place aux côtés des charades, rébus, devinettes et autres calembours (plus ou moins heureux) qui constellent le texte. À l'évidence, le jeu sur les mots et les lettres auquel se livre Salman Rushdie relève d'une conception ludique de la littérature, singulièrement artificieuse. L'organisation générale du roman serait celle d'un puzzle, auquel il manquerait toujours une pièce : l'immortalité, par laquelle Grimus a rêvé de rémunérer le défaut de la race humaine, rendue « incomplète par la vieillesse et la mort » (*Grimus*, p. 229) ; de son côté, maillon manquant de la chaîne, Flapping Eagle, qui refuse de prendre la place laissée vacante par Grimus, laissera à jamais une case vide. Et c'est par ce « trou » inopinément ouvert dans la création que se videra, *in fine*, la substance de l'île.

Dans cette optique, le simple déplacement ou remplacement d'une lettre par une autre suffit à déclencher des modifications en série, souvent d'une ampleur considérable. À preuve, les erreurs d'interprétation imputables à la confusion entre deux concepts de la mythologie germanique de l'*Edda* : le *ragnarok* (destin fatal des dieux, au sens strict, à l'origine de l'expression wagnérienne de « crépuscule des dieux ») et le *ragnarak*, signifiant la chute, la destruction totale : « Quelque chose de bien plus définitif que le crépuscule. Vous voyez combien une lettre peut déformer toute une mythologie » (p. 230). De même, Salman Rushdie joue avec le nom de la montagne Kâf, soutien de la terre et siège de l'oiseau fabuleux Simurg[5]. Dans une note en bas de page, la seule de tout le roman, Salman Rushdie s'excuse d'avoir délibérément pratiqué l'amalgame entre les deux lettres arabes K *(Kêf)* et Q *(Qâf)*. Pareille confusion, confie-t-il, est de nature à lui valoir l'hostilité des spécialistes de linguistique arabe, voire la vindicte des « puristes ». Il fait en outre angliciser par ses personnages le terme incriminé :

> « La montagne s'appelle Montagne Kâf. Mais puisque ni Deggle ni moi-même ne maîtrisons l'arrêt glottal ou la voyelle plate arabe, j'ai bien peur que nous n'ayons abâtardi le nom en Calf (Veau). Le veau gras ? Le veau d'or ? La réponse viendra avec le temps. » (p. 211).

Son esprit de dérision prend ici pour cible une montagne sacrée qui passait pour figurer l'extrémité du monde (occupant l'espace actuel du Caucase) et renfermer, tel l'Olympe, le palais des dieux. À l'occasion d'une *traduction*, le passage d'une culture religieuse à une culture séculière est abordé : Salman Rushdie en fera une constante de son œuvre. Reste la fascination exercée sur lui par la lettre K, d'inspiration kafkaïenne (l'intrigue du roman reprend implicitement celle du *Procès*). C'est ainsi que, dans l'univers de *Grimus*, Chaos se lit « Os de K ».

Il est une autre fonction de l'anagramme, plus stratégique : celle de masque textuel. Il faut attendre la page 197 pour apprendre que Grimus doit se lire Simurg, du nom de l'oiseau Simurg, griffon fabuleux ; issu de la mythologie aryenne, il est adopté par la cosmologie zoroastrienne (donc iranienne) où il sert de génie tutélaire à Zal et à Rustam (classé à ce titre parmi les animaux gardiens, telle la louve de Romulus et Remus). Mais il doit surtout sa célébrité à l'usage qu'en fit Farîd-ud-Dîn 'Attar, poète persan du XIIe siècle[6], dans *Le Langage des oiseaux*, dont un extrait figure parmi les épigraphes de *Grimus*. L'oiseau symbolise l'objet de la quête, au sein d'un récit initiatique à forte consonance allégorique. Les oiseaux connus et inconnus, conduits par la huppe messagère d'amour auprès de la reine de Saba, sont à la recherche de leur souverain roi – pour découvrir, au terme de leurs épreuves, qu'ils sont eux-mêmes l'oiseau Simurg :

> Alors dans le reflet de leur visage, ces trente oiseaux (sî murg) mondains contemplèrent la face du Simurg spirituel. Ils se hâtèrent de regarder ce Simurg et ils s'assurèrent enfin qu'ils étaient véritablement le Simurg et que le Simurg était réellement les

trente oiseaux (sî murg, les trente oiseaux, c.-à.-d. « eux-mêmes »)... Eux et le Simurg ne formaient en réalité qu'un seul être. Ce seul être était Simurg et Simurg était cet être[7].

Représentatif du génie d''Attar en quête de ce qui peut conduire l'homme à briser les limites de son individualité en s'universalisant dans l'océan du divin, l'ouvrage relève du soufisme. Au terme du cheminement, c'est « le mystère de son propre soi-même[8] » qui est ainsi révélé à l'individu anéanti. Mais, en reprenant à son compte l'*itinerarium mentis ad Deum* des soufis, vécu sur le mode de l'ascension, Salman Rushdie en dénature la dimension spirituelle. Seul importe à ses yeux le jeu sur les signifiants : « Le poème, note-t-il, repose sur un calembour persan : si vous décomposez Simurg en deux parties – Si et murg –, cela donne trente oiseaux[9]. » Ce sont « les mots sous les mots » qui retiennent toute son attention, à la manière d'un Saussure, dans ses *Cahiers d'anagrammes*.

Sous les mots, l'histoire

Fiction rusée s'il en est, *Grimus* excelle à jouer à cache-cache avec son substrat historique contemporain, qu'il feint de reléguer à bonne distance, quand il n'affecte pas de l'ensevelir sous un fatras épico-mythique. Les *obiter dicta* rushdiens sont précieux, révélant leur secret à l'issue de savants décryptages, d'obstinés mouvements de décomposition-recomposition. L'enquête sur les noms et prénoms des personnages fait apparaître, au cœur de l'île, un continent englouti, rappelé au souvenir de ses habitants. Avec Flapping Eagle, c'est la civilisation amérindienne qui refait surface, après sa destruction consécutive à la découverte de l'Amérique. Quant à Jones (l'un des noms les plus courants de la langue anglaise), il se prénomme Virgil Beauvoir Chanakya, en hommage au poète de la fondation et de la gloire de Rome, à la compagne de Jean-Paul Sartre et au penseur politique, brahmane hérétique, qui fut le conseiller de l'empereur Chandragupta Maurya au IVe siècle.

Risquons l'extrapolation. Derrière Grimus, il y a plus que l'identité d'un « homme oiseau », féru de mytho-ornithologie et amateur de culture orientale. Ancien prisonnier de guerre, il parle avec un fort accent slave, a troqué son nom imprononçable pour celui de Grimus, est originaire d'Europe centrale. C'est un métis, à moitié sémite, qui a été enfermé dans des camps, où il a perdu toute dignité. Est-il un rescapé des stalags ? Est-il, comme son double Flapping Eagle, « né d'entre les morts » ? Serait-il un *Lazare parmi nous*, réchappé de l'holocauste[10] ? Salman Rushdie laisse son lecteur libre de l'imaginer. Une seule chose est sûre : Grimus a été meurtri par la « grande hache de l'Histoire » dont parle Georges Perec – même si l'on peut regretter que le sujet soit à peine effleuré et que les révélations sur son passé interviennent trop tard pour véritablement imprégner la conscience du lecteur et peser sur sa perception du récit.

À la manière d'un Perec encore, les déplacements de lettres reflètent sous leur surface ludique une modélisation de l'histoire la plus noire. À la folie lipogrammatique de l'auteur de *La Disparition*, devenue selon certains exégètes métaphore littéraire de la Shoah, semble correspondre pour Grimus une compulsion anagrammatique qui évoque la condition d'une humanité déplacée par les secousses multiples du XXe siècle. On sera sensible au désir et au besoin, communs à Perec et à Salman Rushdie, de s'inventer par les livres une parenté de substitution : le premier en a été cruellement privé par la guerre ; le second, coupé de ses racines, aspire à faire souche dans un cercle familial élargi à l'histoire et à la géographie de la littérature mondiale.

Entre anagramme et grammaire, il n'y a qu'un pas, allégrement franchi par Salman Rushdie, qui ne s'embarrasse pas de rigueur philologique. Le mot-valise d'inspiration carrollienne qu'il propose à la page 65 de son roman – « anagrammaire » – introduit une dimension philosophique. Avant l'entrée en scène des humains, le tableau du monde gorfique est régi par un mode d'organisation unique. L'« anagrammaire » gorfique inclut tous les modes d'ordonnancement du réel, du ludique à l'ontologique :

> La passion anagrammatique va du simple réagencement de lettres au niveau exalté du Jeu Divin de l'Ordre. Le Jeu s'étend bien au-delà du puzzle ; les immenses facultés mentales des Gorfs font qu'il leur est possible de modifier anagrammatiquement leur environnement, et même leur propre constitution physique (p. 64).

À l'image de l'épistémê classique dont Michel Foucault reconstitue l'archéologie à partir de la grammaire générale[11], l'ordre du discours du chef des gorfs informe l'ordre des choses, à l'abri de toute historicité. Tenant lieu de science et d'art, le « Jeu Divin » représente l'absolu de la pensée, de la loi et de l'ordre. Il n'est pas sans ressembler à ce mode de construction et d'explication unique du réel imposé par les idéologues, les archevêques et les mollahs, que Salman Rushdie désignera plus tard sous le nom de « Récit Unique ». Imperméable à l'Histoire, cette *Weltanschauung* est de celles, « rigides, à œillères, absolutistes », que conteste le romancier, comme le Gorf hérétique par qui le scandale est arrivé, lui préférant la sienne, « fluide, incertaine, métamorphique [...] facétieuse, iconoclaste [...] chimérique [...] plus vulnérable aussi » (*Patries imaginaires*, p. 438)[12].

Miroirs

Si la montagne mythique de Kâf surmontant l'île a vocation à « modéliser la structure et le fonctionnement de l'esprit humain » (*Grimus*, p. 232), l'île a tout autant valeur de miroir. À l'image de l'île de Robinson Crusoe, telle que William Golding la revisite dans son *Pincher Martin*, l'île figure un espace mental, l'espace de la conscience. Cette île a été comprise par la conscience occidentale comme le lieu où édifier, au prix d'hallucinations parfois, une terre en petit, un concentré de cosmos, un « cogito à l'abri des lames[13] ». L'île miraculeuse, refuge inespéré, devient ce socle de vérité première sur lequel édifier tout un système, toute une philosophie de la terre ferme. Y a-t-il meilleur endroit pour rêver le recommencement radical ? L'île sur laquelle aborde Flapping Eagle est, dans un premier temps, roc d'accroche, et à ce titre miraculeuse invention de naufragé. En renaissant à la conscience de soi, il reste sujet naufragé : ses rêves de reconstruction – de nidification dans son cas – se fracassent presque au contact des périls que cachent, derrière le rivage providentiel, le cœur et le sommet de l'île. Le socle des vérités premières s'avère un leurre, et, comme le veut souvent le destin des îles en littérature, « la méditation solitaire finit par s'écheveler dans l'incertitude, le doute, la folie[14] ». Cette folie prend le visage de la schize, du dédoublement du moi en instances hostiles, occupées à se livrer bataille. Le « duellisme » de Salman Rushdie fait ici ses premières armes, à la faveur des incessants combats livrés par Flapping Eagle contre ses mauvais démons, puis contre Grimus. Les séquences se font oniriques, hallucinatoires, à mesure que les phrases, en longues et délirantes coulées de mots, plongent dans les abîmes de la psyché clivée. Exploitant la veine fantastique du double, et son potentiel *agonique*, le roman met en scène la lutte du Je et du Il, ce qui l'amène à glisser du « Je-Eagle » au « Il-Grimus », avant l'ultime duel dans l'arène de la conscience : « Il y a encore un Je. Un Je en moi qui n'est pas lui. Nous sommes en guerre au nom de la Rose » (p. 243). Flapping Eagle, « Moi-Eagle-Grimus » à deux voix, ne retrouvera son individualité que pour la perdre dans la mort. La rébellion du sosie, retournant contre l'« autre » ses propres armes, consomme l'échec de la stratégie de Grimus : alors qu'il cherchait à se protéger, il s'expose ; en voulant se refaire, il est refait par son double...

L'Indien errant

Il est une autre et double défaite de la pensée, accomplie par l'intérieur de l'île : le double péril d'une excessive adaptabilité de Flapping Eagle à la vie sociale de Calf, imputable à son caractère « caméléon » qui l'expose à la perte de son identité, ou, à l'inverse, un rejet par la communauté. Dans les deux cas, l'insularisation vaudrait aliénation. Parabole sur les difficultés, voire l'impossibilité de l'assimilation, *Grimus* dévoile peu à peu son contenu politique latent. Très tôt, étranger en son pays même, Flapping Eagle est en butte à l'intolérance des siens. Né sous le signe indien, il est l'intouchable, traînant dans son sillage un parfum de mort qui lui aliène la communauté des hommes, mortels comme immortels. Il incarne surtout la malédiction qui s'attache aux marques de la différence : Indien de Phœnix, Flapping Eagle a le visage pâle, comme Salman Rushdie, Indien de Bombay[15]. Il aspire à se socialiser : « Cela lui procurerait du plaisir, peut-être ; pour une fois, cela l'unirait à d'autres êtres humains, ce qui le changerait agréablement de son isolement habituel » (p. 45). Grande sera sa désillusion :

> Ainsi donc, il touchait au terme de ces siècles d'errance, de toute cette éternité de Mathusalem, au cours de laquelle il n'avait fait que suivre aveuglément son doigt se déplaçant le long d'une carte. Il aurait dû en éprouver du soulagement, mais il ne ressentait que de la tension (p. 101).

Élément allogène, nouveau migrant parmi les immigrants de l'île déjà sédentarisés – on est toujours le migrant de quelqu'un, lit-on entre les lignes –, il est le premier d'une longue série de déplacés rushdiens. C'est ainsi que, de l'autre côté d'une vitre, il observe une vieille femme en train de consulter un album de photographies jaunies par le temps :

> C'est là la condition naturelle de l'exilé – plonger loin ses racines dans la mémoire. Flapping Eagle comprit qu'il lui faudrait apprendre ces passés, apprendre à les faire siens, pour que la communauté l'adopte. Il entra dans K en quête d'histoire (p. 107)[16].

La scène, empreinte d'illusion, compte parmi les plus émouvantes du roman ; elle trouve son contrepoint lorsque, depuis l'intérieur d'une autre maison *(home)* inaccessible, le visage revêche d'un fermier croise le sien, chargé d'incompréhension. Dans les deux cas, une vitre s'interpose, transparent symbole de l'obstacle infranchissable. De même, les troubles mentaux dont sont victimes les habitants de Kâf renvoient à une pathologie moins ésotérique qu'il n'y paraît. On croit voir, derrière l'« effet Grimus », la résultante des profonds désordres psychiques subis par les personnes déplacées et/ou exilées. La pathologie du déracinement, façon commode de résumer *Grimus* ? Peut-être. Annonçant *Les Enfants de Minuit*, et surtout *La Honte*, *Grimus* manifeste de la part de Salman Rushdie les premiers symptômes d'une obsession pour le discours de la médecine : l'effondrement d'un système immunitaire annonce l'échec prévisible d'autres mécanismes de défense :

> Souvent, elles se fixent sur une époque de leur vie, à laquelle elles reviennent sans cesse par la pensée. Les personnes déplacées sont comme ça, vous savez. Toujours à feindre des racines. Enfin, si la fausse façade est suffisamment épaisse, cela sert toujours. À se protéger (p. 81-82).

Pareille prophylaxie, précaire et toute de simulation, vaut pour tous les immigrants du monde, conférant à *Grimus* son statut de parabole universelle sur l'exil. Figure de l'objet inassimilable, le parcours de Flapping Eagle, homme sans qualités, sans identité, illustre les épreuves de la greffe au sein d'une communauté établie. Au travers d'un Amérindien hermaphrodite débarquant au pays des immortels frappés de stérilité, Salman Rushdie nous parle des Indiens transplantés en Occident. Faussement candide, il s'interroge sur l'ambivalence de leur condition et de leur destin : « L'Aigle a une signification pour le moins intéressante dans la mythologie amérindienne. Ne suis-je pas fondé à affirmer qu'il est un symbole de Destruction ? » (p. 247).

L'écriture en représentation

Lorsque l'intrigue met en lumière, même indirectement, le thème du double, c'est l'écriture tout entière qui est représentée. Salman Rushdie jette avec *Grimus* les premières bases d'une réflexion sur l'art du roman, menée en parallèle à la conduite du récit, de manière méta-fictionnelle. Un apologue, enchâssé et lui-même de structure emboîtante, fera office de miroir. Le conte met en scène l'Ange de la Mort – c'est le nom que Grimus donne à Flapping Eagle à la fin du roman. Alors que Dieu lui a confié le soin de recueillir les âmes des morts, il s'aperçoit qu'il est modifié de l'intérieur par chacun des morts qu'il avale, jusqu'au jour où il demande à Dieu à être relevé de ses fonctions. Mais Dieu est fatigué de jouer à être Dieu : il veut mourir et supplie l'Ange de l'avaler. L'Ange s'exécute, mais l'effort accompli pour l'engloutir lui coûte la vie. Il découvre que la mort ne peut mourir, car... il n'y a plus personne pour l'avaler ! L'apologue excède le rôle prophétique qui lui est assigné pour alimenter un débat sur la *mimesis* :

> J'ai détesté cette histoire, dit Elfrida. Elle est trop nette, trop parfaite. Je n'aime pas les histoires aussi denses. Les histoires devraient ressembler à la vie, effilochées sur les bords, pleines de détails laissés en suspens et de vies juxtaposées par accident, au lieu de se conformer à un grand dessein. La vie, en général, n'a guère de sens – si bien que raconter des histoires dont le moindre détail serait signifiant peut passer pour une déformation de la vie. C'en est d'ailleurs presque criminel pour une histoire de déformer la vie, car, en retour, cela peut nous amener à déformer notre propre perception de la vie (p. 142-143).

Suit le point de vue opposé :

> Ma chère, tu attaches bien trop d'importance à mon histoire. Ce n'est qu'une histoire, après tout. Les histoires ne sont pas très importantes. Alors, pourquoi ne nous procureraient-elles pas un petit plaisir innocent, en étant bien construites ? Si j'avais le choix, je choisirais toujours la forme plutôt que l'absence de forme [17].

Comment mieux isoler les deux pôles de la fiction rushdienne, de toute fiction à dire vrai ? Entre la fascination éprouvée pour la « Grande Forme » (d'inspiration joycienne) à même d'exorciser l'incohérence du chaos et le pouvoir d'attraction du

« sans forme », du « discontinu », jugés plus « réalistes », il y a place pour de fécondes hésitations, de non moins fertiles mariages.

Produit hybride, issu du croisement entre une imagination grand-guignolesque et une volonté de conceptualisation maniaque, *Grimus* se veut terrain de rencontre pour les littératures de l'Orient et de l'Occident : aux côtés de la tradition persane, manière indirecte pour Salman Rushdie de revendiquer son identité d'« oriental », toute la littérature européenne se trouve convoquée, de Dante à Kafka, en passant par Coleridge, Tchekov, T. S. Eliot, etc. Mais faute d'une véritable compénétration, cette fascination pour l'intertextualité accentue, plus qu'elle ne résorbe, l'aliénation culturelle du jeune écrivain. Autre faiblesse du roman philosophique : les arguments échangés, les idées débattues, le sont sous forme d'alternatives théoriques tranchées, de mises en parallèle systématiques, sans place laissée à l'émotion. Toujours désireux de jongler avec les idées, Salman Rushdie apprendra à les animer, de manière moins cérébrale. Pour l'heure, texte d'un grand savoir, *Grimus* n'est pas, malgré ses plaisanteries et ses jeux de mots, un texte de *plaisir*. L'écriture bien peu transgressive semble paralysée par l'enjeu affiché : réussir son entrée en littérature, en gravissant les plus hauts sommets. Ce qui manque le plus à *Grimus,* c'est une voix. « La voix du dedans » des monologues intérieurs joyciens n'apparaît que rarement, dans les séquences oniriques. Le grain de voix du narrateur est trop impersonnel pour capter l'attention. Salman Rushdie fait néanmoins une « prodigieuse découverte » (p. 189). Parmi les deux ou trois choses que l'écriture de *Grimus* lui aura apprises, figure en bonne place le postulat central de toute son œuvre, de toute sa vie : les certitudes sont détestables : « Elles limitent votre champ de vision. Le doute est essentiel à la largesse d'esprit » (p. 159).

3

Les Enfants de Minuit : une version de l'Inde

> Comme des millions de gens, je suis un bâtard de l'histoire. Peut-être le sommes-nous tous, Noirs, Bruns et Blancs, s'infiltrant l'un dans l'autre, comme le dit l'un de mes personnages, *ainsi que des saveurs quand on cuisine.*
>
> *Patries imaginaires*, p. 420.

Grimus était un essai, *Les Enfants de Minuit* (1981) est un commencement. Après les tâtonnements théoriques de la première œuvre, le retour (imaginaire) vers l'Inde et ses foisonnements anime l'écriture de Salman Rushdie d'une énergie qui lui faisait jusqu'ici défaut. La critique ne s'y trompe pas : le livre est récompensé du *Booker Prize* (puis du *Booker* des *Bookers*), équivalent du prix Goncourt. Elle met en avant, systématiquement, la nouvelle place que Salman Rushdie donne à l'Inde dans la littérature, oubliant peut-être à l'occasion que le sous-continent n'avait pas attendu *Les Enfants de Minuit* pour faire entendre sa voix. En outre, des écrivains anglophones comme R.K. Narayan, Mulk Raj Anand ou Raja Rao, avaient déjà commencé à façonner la forme romanesque.

La littérature anglaise avait souvent parlé de l'Inde. Les romans anglo-indiens de la fin du XIXe siècle et du début du XXe siècle, les récits de Rudyard Kipling ou de E. M. Foster présentaient une image de ce pays, parfois déformée par des présupposés – même s'il faudrait nuancer ce jugement. Dans les années 1980, l'Angleterre manifeste une certaine nostalgie pour l'Inde et l'époque de l'Empire *(Raj)* : les adaptations télévisées de romans à succès (Paul Scott, *Le Joyau de la couronne*, ou M. M. Kaye, *The Far Pavillions*), les films *(Gandhi)* participent de ce regain d'intérêt qui n'est pas exempt d'idéologie. Salman Rushdie, entre autres, les dénoncera avec virulence dans divers articles (repris dans *Patries imaginaires*).

L'originalité de la position du romancier ne procède pas d'un mouvement similaire de retour en arrière sur l'époque coloniale – le « postcolonialisme » dont on a pu le créditer vise à comprendre le présent à la lumière de l'Histoire, à renverser les schémas du passé et non à les restaurer. *Les Enfants de Minuit* articule les positions anglaise et indienne de façon critique, et s'interroge sur la nature des rapports entre le sous-continent et l'ancienne métropole. Le narrateur, enfant de l'Indépendance, soumet l'Inde, son Histoire, sa géographie, son imaginaire à une vision fantasmatique. Le roman s'ouvre sur une situation qui se veut inaugurale : la naissance simultanée de l'Inde indépendante et de Saleem Sinai, le narrateur. Une désillusion se fait cependant jour, et menace l'unité de l'individu, du pays, du roman.

Certains écrivains indiens sont marqués par ce livre, même s'il leur faut s'en détacher. C'est le cas d'Amitav Ghosh dont le premier roman, *Les Feux de Bengale*, est encore très influencé par *Les Enfants de Minuit* ; avec son deuxième roman, *Lignes d'ombre*, il trouve une voix plus personnelle, une écriture de la mémoire et de l'Histoire qui n'est plus directement tributaire de Salman Rushdie. Hanif Kureishi, scénariste de certains films de Stephen Frears (*My Beautiful Laundrette*, *Sammy et Rosie s'envoient en l'air*), auteur du *Bouddha des banlieues*, présente les conflits qui déchirent l'Angleterre multiculturelle et les difficultés de la double appartenance. Vikram Seth donne une autre anatomie de l'Inde dans son dernier roman, *Un garçon convenable*. On peut penser que *Les Enfants de Minuit* a ouvert la route à une nouvelle vague de romanciers indiens anglophones qui, même s'ils ne se réclament pas de ce livre ou de son auteur, ont acquis un public maintenant fidèle. C'est en tout cas le roman d'une génération.

Les parfums de l'Inde

Salman Rushdie se tourne vers son passé, vers l'Inde. Il les contemple de l'extérieur, depuis l'Angleterre, depuis un présent qui en place la représentation à distance et en filtre les divers aspects. Parce qu'il cherche à saisir l'unité du pays, qui n'est qu'un fantasme, parce qu'il veut en assumer la totalité, tâche ambitieuse et illusoire, Salman Rushdie se démarque d'écrivains indiens comme R.K. Narayan. Pour ce dernier, la description du quotidien seule importe, et la question de l'Inde ne se pose jamais car le pays est toujours présent. Salman Rushdie au contraire veut en comprendre le sens par l'Histoire comme par l'écriture, car il en est éloigné, car il s'en éloigne toujours, dans le temps comme dans l'espace.

L'Inde offre à Salman Rushdie son pouvoir d'évocation, la magie de son nom, véhiculée depuis le Moyen Âge par les récits de voyageurs ou par *Les Mille et Une Nuits*. On y voit les palais de la vieille Delhi, la grande mosquée du vendredi, construite par l'empereur Shahjahan, les jardins de Shalimar à Lahore. Mais ce n'est pas l'Inde des touristes : cette espèce est l'objet de l'ironie mordante de Salman Rushdie, parce que les visiteurs ne savent pas observer le recueillement nécessaire à la contemplation du Taj Mahal :

> Quand [la princesse Mumtaz Mahal] mourut, [Shah Jehan] fit construire le mausolée, immortalisé par les cartes postales et les boîtes de chocolat, dont les corridors extérieurs empestent l'urine, dont les murs sont couverts de graffiti et dont les guides montrent aux visiteurs l'extraordinaire écho bien que des pancartes en trois langues demandent le silence (p. 84).

Les touristes se plaignent de tout, et notamment de la cuisine : « Un des touristes me dit que l'Inde était vraiment un pays merveilleux, avec des traditions remarquables, et que ce serait parfait si on n'était pas continuellement obligé de manger la cuisine indienne » (p. 605).

C'est une autre Inde que Salman Rushdie veut faire entrer dans la littérature en langue anglaise. Une Inde qui est géographiquement diverse, centrée sur Bombay dont Salman Rushdie donne l'histoire, sur Delhi dont il décrit les quartiers les plus anciens. Le roman s'ouvre au Cachemire, le lieu d'origine, rêvé, la scène privilégiée du cinéma indien où se déroulent toutes les lunes de miel devant ses lacs et montagnes ; le Pakistan ou le Bangladesh y jouent également un rôle important. La forme même du pays, complète quoique défigurée par la Partition, se dessine dans la piscine de la maison de Methwold comme sur le visage de Saleem Sinai, indiquée par l'instituteur Zagallo, qui se prétend d'origine latino-américaine :

> « Silence ! Fils de babouins ! Cet objet ici » – un coup sur mon nez – « c'est cela la géographie houmainé ! »
> « Comment monsieur où monsieur quoi monsieur ? »
> Zagallo rit maintenant.
> « Vous né voyez pas ? demande-t-il en pouffant. Dans lé visage dé cé singe affreux, vous né voyez pas la clarté dé l'Inde ?
> – Oui monsieur faites-nous voir monsieur non monsieur !
> – Ici, la péninsule du Deccan qui pend ! » Et moi souffrant Ouillemon nez !
> « Monsieur si c'est la carte de l'Inde monsieur qu'est-ce que c'est les taches ? » C'est Keith-la-glande qui s'enhardit. Des ricanements, les

rires bébêtes de mes petits camarades. Et Zagallo répond à la question sans difficulté : « Ces tachés, s'écrie-t-il, c'est le Pakistan ! Ces tachés de naissance sur l'oreillé droité, c'est le Pakistan oriental ; et ces tachés horriblés sur la joue gauche, l'occidental ! Souvénez-vous, pétits imbéciles ! Le Pakistan est ouné taché sur le visagé dé l'Inde ! »
« Ho ! ho ! ho ! ho ! » La classe rigole. « Une plaisanterie de maître, monsieur ! »
Mais, maintenant, mon nez en a assez ; organisant sa lente révolte contre le serrement du pouce-et-de-l'index, il libère une arme à lui une énorme coulée de morve brillante émerge de ma narine gauche et, plouf, tombe dans la paume de M. Zagallo. Le gros Perce Fishwala hurle, « R'gardez ça, m'sieur ! c'qui lui coule du nez, monsieur ! Est-ce que c'est Ceylan ? » (p. 337-338).

Comme Kipling, c'est avant tout l'Inde du Nord que Salman Rushdie décrit, une Inde en partie musulmane. Cette Inde est historiquement marquée, car le temps est le véritable héros du livre ; le narrateur s'efforce d'en tromper l'absurdité et de résister à l'irrémédiable décomposition qu'il amène. Dans cette histoire de l'Inde que *Les Enfants de Minuit* essaie en partie de mettre en scène, on voit apparaître Gandhi ou Nehru, Morarji Desai ou Indira Gandhi, Mountbatten. Mais on n'y apprend pas l'histoire de l'Inde : la montée du parti du Congrès et les mouvements qui mènent à l'Indépendance sont presque absents, la Partition peu décrite ; les erreurs dans la chronologie y sont revendiquées par un narrateur pressé par le temps, comme s'il s'agissait, ironiquement, de refuser toute glorification de l'ère postcoloniale.

Cette Inde est enfin politiquement orientée. L'accession à l'Indépendance du pays est simultanée avec la naissance du héros-narrateur, Saleem Sinai. Les mutilations que subit son corps sont liées aux diverses amputations subies par le pays : l'Etat d'urgence imposé par Indira Gandhi, qui clôt le livre, est par exemple directement à l'origine de l'émasculation du narrateur.

On voit et on entend dans le roman les rues bigarrées de l'Inde, pavoisées pour l'Indépendance, les couleurs nationales partout déployées, les feux d'artifice, les bruits de foules, le désordre de Bombay :

Notre Bombay : elle ressemble à une main, mais en fait c'est une bouche, toujours ouverte, toujours affamée, avalant la nourriture et le talent venant de toute l'Inde. Une sangsue charmeuse ne produisant que des films, des sahariennes, du poisson... (p. 184).

Grande Mosquée, Delhi.

Les saveurs et les odeurs, les parfums (imprégnés, comme les mets, par les passions), la légère acidité du *chutney*, condiment qui sert à relever le goût des plats comme de la narration, la complexité même de ces odeurs, dont Saleem construit la théorie en les classant par couleurs, font la matière, aussi, du roman. On y sent les fumets des *birianis*, l'odeur âcre des *biris*, on y goûte l'amertume du thé trop infusé. Car l'écriture s'est donné pour tâche de les livrer au lecteur qui doit sentir, qui doit goûter, qui doit toucher et voir : « Oui, vous devez tout avoir : même si c'est pompeux, mélodramatique comme les films de Bombay, vous devez vous en imprégner, vous devez *voir* ! » (p. 639). Dans la diversité de l'Inde qu'il s'agit de mettre en scène, Salman Rushdie a choisi : cette culture est la sienne, plus musulmane qu'hindoue (en dépit de nombreuses références à la mythologie hindoue, à Ganesh l'« idole à trompe », à Hanuman, le singe guerrier, à Shiva bien sûr, le double de Saleem), plus populaire que savante, plus hybride enfin que spécifiquement indienne. Les langues de l'Inde participent encore de cette diversité ; elles divisent :

> La langue nous divisait : le Kerala était pour ceux qui parlaient malayalam, la seule langue sur terre à porter un nom palindromique ; dans le Karnataka, vous étiez supposé parler le karanese ; et l'État amputé de Madras – connu aujourd'hui sous le nom de Tamil Nadu – renfermait les *aficionados* du tamil (p. 277).

Mais au sein du « congrès des enfants de Minuit » qui rassemble, d'une extrémité à l'autre de l'Inde, les enfants nés au même moment que la nouvelle nation, la multiplicité des langues devrait amener, en principe, la nouveauté :

> Les enfants, malgré leurs dons merveilleusement discrets et variés, restaient, à mon point de vue, un monstre à plusieurs têtes, parlant des milliers de langues de babel ; ils étaient l'essence même de la multiplicité et je ne vois pas comment les diviser maintenant (p. 333-334).

Et ce n'est pas le moindre paradoxe que l'anglais, la langue coloniale, serve à exprimer cette multiplicité…

L'Inde de Salman Rushdie, ce n'est pas lui faire injure, malgré la vocation exhaustive et encyclopédique du roman, est aussi une Inde partielle et partiale, reconstruite, imagée, imaginée. Ce pays représente pour le narrateur, pour l'écrivain peut-être, un fantasme d'unité, de diversité dans l'unité, ce

Scène de rue, Bombay, 1964.

rêve d'une nation millénaire qui renaît, capable de générer de nouveaux mythes, comme un amour rêvé. C'est aussi l'amour perdu, d'une Inde qui s'échappe, qui a raté sa chance, qui n'a pas su distinguer le chemin peu fréquenté[1]. L'Inde c'est la mère ultime, dans ce roman parcouru par les figures maternelles ; la seule vraie mère, contrairement à Amina Aziz, à Vanita, à la Veuve, c'est « Mother Ganga[2] », c'est « Mother India[3] ». Elle seule aurait pu empêcher la désintégration de Saleem, la perte de l'espoir, mais elle ne l'a pas su, victime qu'elle était de toutes les violences.

Saleem, avant qu'il soit trop tard, avant que les craquements et les fêlures le détruisent complètement, en est réduit à conserver ces morceaux d'Inde, à les mettre en bocaux, comme du *chutney*, pour le palais des lecteurs à venir :

> Des mélanges spéciaux : je les ai mis de côté. Valeur symbolique des conserves au vinaigre : les six cents millions d'œufs qui ont donné naissance à toute la population de l'Inde tiendraient dans un seul bocal de conserve ; six cents millions de spermatozoïdes tiendraient dans une cuiller. Chaque bocal de conserve (pardonnez-moi si j'utilise un style un peu fleuri) contient donc la plus exaltante des possibilités : la chutnification du temps ! D'ailleurs j'ai conservé des chapitres. Cette nuit, en vissant le couvercle sur un bocal portant en légende *Formule spéciale n° 33 : Abracadabra*, j'ai atteint la fin de ma longue autobiographie ; en mots et en conserve, j'ai immortalisé mes souvenirs, même si des déformations sont inévitables dans les deux méthodes. Nous devons vivre, j'en ai peur, avec l'ombre de l'imperfection (p. 665-666).

Histoires

Le corps de Saleem, qui s'identifie au corps de l'Inde, porte dans sa chair les marques du temps, de l'évolution du pays comme du personnage, des souffrances qu'ils endurent. Sur ce corps se lit une histoire de l'Inde. On en découvre au moins soixante-trois ans, qui mènent de la période précédant immédiatement l'Indépendance à l'Etat d'urgence *(Emergency)* instauré par Indira Gandhi. Elle est placée sous le double signe des violences et de l'espoir. Violences coloniales par exemple que Salman Rushdie n'occulte nullement : le massacre de Jallianwalah est décrit, non pas avec sensationnalisme, mais, comme certaine bataille de Waterloo, du point de vue du grand-père, couché, le nez par terre, sous les cadavres qui s'amoncellent :

Au moment où le général Dyer donne un ordre, l'éternuement monte dans le nez de mon grand-père. « Aaaaatchoum ! » Il éternue, il est entraîné en avant, perd l'équilibre, suit son nez et par là même sauve sa vie. Son « porte-médecine » vole grand ouvert ; les bouteilles, le liniment et les seringues atterrissent dans la poussière. Il joue des pieds et des mains au milieu des gens pour essayer de sauver ses affaires avant qu'elles soient écrasées. Il y a un bruit, comme des dents qui claquent en hiver, et quelqu'un lui tombe dessus. Quelque chose de rouge coule sur sa chemise. Il y a des cris et des pleurs et l'étrange claquement de dents continue. De plus en plus de gens semblent trébucher et tomber sur mon grand-père. Il a peur pour son dos. La fermeture de sa sacoche lui entre dans la poitrine et lui fait un bleu si profond et si mystérieux qu'il le gardera jusqu'à sa mort, bien des années plus tard, sur la colline de Sankara Acharya ou Takht-e-Suleiman. Il a le nez écrasé contre une bouteille de pilules rouges. Le claquement de dents s'arrête et il est remplacé par le bruit de la foule et celui des oiseaux. On n'entend pas la circulation. Les cinquante hommes du général Dyer s'en vont. Ils ont tiré au total mille six cent cinquante balles sur une foule désarmée. Parmi elles, mille cinq cent seize atteignent leur cible, tuant ou blessant quelques personnes. « Vous avez bien tiré, dit Dyer à ses hommes. Nous avons fait du bon boulot » (p. 51).

L'écriture de l'histoire privilégie toujours, dans *Les Enfants de Minuit*, le point de vue, la perspective individuelle. L'aveuglement du grand-père, physiquement et intellectuellement marqué, est aussi celui de Saleem, personnage « historique », qui veut investir le récit de son autorité. Les principaux événements politiques, la guerre du Pakistan, la mort de Gandhi, la mort de Nehru se lisent dans le roman ; par divers procédés, divers coups de force, ils sont toujours réinterprétés à la lumière de la saga familiale, subordonnés à celle-ci. Ainsi, un complément de temps peut suffire à embrayer l'histoire de Saleem sur celle de la nation et à conforter l'illusion d'un lien étroit entre les deux ordres : « Une dernière chose : *après la mort de mon grand-père*, le Premier ministre Jawaharlal Nehru tomba malade et ne retrouva jamais la santé. Cette maladie fatale le tua finalement le 27 mai 1964 » (p. 404 ; nous soulignons). Saleem en vient tout naturellement à s'accuser : « La mort de Nehru : puis-je écarter la conclusion que cela aussi fut ma faute ? » (p. 405).

Saleem caresse le rêve d'une Inde nouvelle que fit naître l'Indépendance. Le compte à rebours qui y mène, ce tic-tac légué à l'histoire par Mountbatten, égrène les minutes qui séparent l'Inde des retrouvailles avec son destin, mais annonce aussi, comme une bombe, les déflagrations à venir. L'Indépendance, la nouvelle naissance de l'Inde, représente ce moment zéro où tout est soudain possible, où la liberté devient absolue dans un monde affranchi de la puissance coloniale. *Les Enfants de Minuit* lie étroitement l'imagination et la politique, le merveilleux et le réalisme dans une forme littéraire. Edward Said explique ainsi que ce roman est

> [...] fondé sur l'imagination libératrice de l'Indépendance, dont toutes les anomalies et contradictions s'affrontent et se résolvent. L'effort conscient de l'auteur pour pénétrer le discours de l'Europe et de l'Occident, pour s'y mêler, le transformer, le forcer à accepter des histoires marginalisées, refoulées ou oubliées est central dans l'œuvre de Salman Rushdie[4].

Mais il est impossible de s'affranchir du poids formidable du passé. Le grand-père, déjà, « essayait de retrouver un ancien moi » (p. 15). Saleem découvre à chaque étape de sa narration qu'il n'était pas maître de son destin et que celui-ci n'autorise aucune véritable évolution, aucun choix important : « On n'échappe pas à son passé. Ce que vous avez été est à jamais ce que vous êtes » (p. 536-537). L'équilibre temporel presque parfait entre le récit des années précédant la naissance (trente-deux ans) et l'âge du narrateur au moment de l'écriture (trente et un ans) permet encore de relier étroitement le passé au présent. Tout le passé que Saleem tente de reconstituer avant sa destruction totale imprègne le roman par ses parfums :

> [...] venu du fond des âges, un curieux mélange d'odeurs m'arrive, plein d'inquiétudes, l'odeur des choses cachées qui se mêle au parfum des amours naissantes, à la violente puanteur de la curiosité et de la force de ma grand-mère... (p. 75).

Il est des parfums plus pénibles, plus douloureux aussi, qui se dégagent de la fin du roman. La mutilation méthodique du pays, au moyen de la stérilisation forcée, la destruction du narrateur qu'on ampute de tout espoir (« l'esperectomie, l'ablation de l'espoir » p. 635), culminent dans une évocation grinçante – comme l'est souvent le comique de Salman Rushdie – de testicules qu'on fait frire :

> Ce que Saleem sentit dans la soirée du 18 janvier 1977 : quelque chose en train de frire dans un poêlon, des choses sans nom assaisonnées au safran coriandre cumin et fenugrec... l'odeur lourde et inévitable de ce-qui-a-été-excisé cuisant à feu très, très doux (p. 639).

L'histoire de l'Inde s'écrit bien vite, dès le début du livre, à la première personne : la coïncidence entre l'Histoire et l'ascendance, entre l'évolution du pays et la généalogie de Saleem, semble faire de cette évocation du sous-continent un roman familial. Malgré les modes de connexion, malgré les correspondances et les récits d'événements réels, c'est l'histoire personnelle qui domine, jusqu'à l'obsession.

À l'origine de cette saga familiale une substitution a lieu, opérée par la nourrice Mary Pereira, qui décide de faire de l'enfant de la bourgeoisie un paria, et de l'enfant du peuple un privilégié. Cette dualité marque *Les Enfants de Minuit*, puisqu'elle oppose Saleem à Shiva, qui avait aussi le droit à la reconnaissance de la Nation : Saleem le bon, Shiva le mauvais, Saleem sous les feux de la rampe et de l'histoire, Shiva incarnant les forces de l'obscurité. Le manichéisme de la situation préside aux événements et aux conflits, définit le cours de l'évolution de Saleem et, en conséquence, celui de l'Inde[5]. Toute parenté en devient problématique, et Saleem ne cesse de s'inventer des pères plus ou moins absents, avec une facilité déconcertante.

> (Enfant d'une union secrète, j'ai eu plus de mères que la plupart des mères n'ont d'enfants ; donner naissance à des parents a été un de mes étranges talents – une forme de fertilité inversée qui échappe au contrôle de la contraception et à la Veuve elle-même.) (p. 353-354).

Il se donne surtout des mères : Vanita, sa « vraie » mère qui meurt en couches, Amina Sinai, sa mère d'adoption, Mary Pereira dont il dit qu'elle est aussi sa mère, l'Inde dont il se veut le fils, Padma qui incarne l'esprit du pays. Sa passion pour la généalogie, pour l'invention des parents, le conduit à inverser le thème de la reconnaissance du fils par son père : ce roman familial prend la forme d'un roman des « parents trouvés » et rappelle le grand thème mythologique indien des parentés réversibles.

Saleem développe un complexe d'Œdipe qui le marque jusqu'à la fin. Il commence par supprimer son père, Ahmed Sinai, en insistant sur l'impuissance qui le frappe, en soulignant sa disparition progressive : « Mon père avait succombé à l'abstraction » (p. 296). Sa mère devient disponible, ce qui permet à Saleem d'exercer son voyeurisme de façon débridée, se cachant dans un panier à linge sale, dans le coffre d'une voiture alors que celle-ci retrouve son amant, s'introduisant, comme à son habitude, dans sa conscience, se promenant ainsi avec elle.

Cette intimité recherchée avec la mère a pour équivalent l'amour incestueux qu'il porte à sa sœur Jamila, surnommée « Singe de cuivre » : « Saleem, la langue déliée par la lune et la brise lourde de désir, oublia toute notion de pureté et avoua son amour à sa sœur bouche bée » (p. 472). Malgré une parenté compliquée, Saleem comprend à la réaction de Jamila la complexité des liens familiaux : « Ni la honte ni l'horreur n'avaient leur place ici, et pourtant il vit les deux émotions sur le front de sa sœur, il les sentit sur sa peau, et, ce qui était pire, il les sentit en lui et sur lui » *(ibid.)*. Il en subira à la fin le châtiment, infligé par les armées castratrices de la Veuve. La famille, elle, sera anéantie.

La nécessité de s'inventer des généalogies vise également à donner une cohérence et un sens à l'absurdité de la position de Saleem dans le monde et dans l'Histoire. Les enfants de Minuit comme Saleem ont nombre de parents :

> Parmi les parents de Minuit : l'échec de l'arrangement de l'envoyé ministériel ; la détermination de M. A. Jinnah, qui était mourant et qui voulait voir le Pakistan de son vivant, et qui aurait fait n'importe quoi pour en assurer le succès – ce même Jinnah que mon père, ratant comme d'habitude une occasion exceptionnelle, avait refusé de rencontrer ; et Mountbatten avec sa hâte extraordinaire et sa femme mangeuse-de-blanc-de-poulet ; et encore – le Fort Rouge et le Vieux Fort, des singes, des vautours laissant tomber des mains, et des travestis blancs, des rebouteux et Shri Ramram Seth qui faisait trop de prophéties. Et le rêve de mon père de réorganiser le Coran a aussi sa place ; et l'incendie d'un entrepôt qui fera de lui un propriétaire ; et la partie d'Ahmed qu'Amina n'arrivait pas à aimer. Pour comprendre une seule existence, il nous faut avaler le monde entier. C'est moi qui vous le dis (p. 157-158).

Ces ascendances fictives, qui ne sont pas sans rappeler celles de l'Irlandais Barry Lyndon, permettent à Saleem comme au héros de Thackeray de résister à l'envahisseur. Dissimuler au lecteur pendant le premier quart du livre la réalité de son engendrement, s'inventer une ascendance (comme le fait déjà le « père musulman » de Saleem, Ahmed Sinai), faire remonter sa famille à des prestigieux ancêtres (Methwold, son « père anglais », porte le nom du fondateur de Bombay), c'est aussi réécrire l'histoire personnelle à la lumière du passé colonial.

Saleem pratique donc la contrefaçon, le mensonge délibéré de façon compulsive. Face à sa perte d'influence sur le monde, à la pauvreté de son pouvoir à gouverner le cours des événe-

Ganesh, Ganesha (ou Ganapati), dieu à tête d'éléphant, fils de Shiva et de Pârvatî, protecteur des écrivains.

ments, il se mue en interprète échevelé, sollicite les événements historiques pour les intégrer à son propre récit. Il veut occuper le devant de la scène, se placer au cœur de l'Inde, en devenir le nombril : son désir d'être au centre des événements, qu'il partage avec sa sœur, avec Indira Gandhi, avec le poète Nadir qui y voyait le moyen de les changer en littérature, est sans cesse réaffirmé et déjoué, revendiqué et refusé. Sa position, apparemment assurée par le destin, est toujours remise en cause ; sa lecture de l'histoire en est affectée. Les doutes qui s'introduisent, les connexions de plus en plus instables, la paranoïa qui s'instaure font de cet historien un narrateur bien peu fiable. La défiance du lecteur, qui détecte ses mensonges, s'en trouve renforcée.

Salman Rushdie reconsidère ainsi le rapport de l'Histoire et de la fiction : l'intrusion du réel dans le fictif – ou l'irruption du fictif dans le réel si l'on préfère – amène à s'interroger sur la valeur de l'Histoire, et renforce la place des récits. Que, contrairement à ce que Saleem écrit, les élections de 1957 aient eu lieu avant le dixième anniversaire du narrateur, que la mort de Gandhi soit chronologiquement mal située, désigne l'incertitude qui gouverne narration et lecture, mémoire et vérité. Saleem lui-même invite par une question rhétorique à examiner ce statut :

> Relisant ce que j'ai écrit, j'ai découvert une erreur de chronologie. L'assassinat de Mahatma Gandhi a eu lieu, dans les pages qui précèdent, à une mauvaise date. Mais, maintenant, je suis incapable de dire quel aurait dû être le déroulement exact des faits ; dans mon Inde, Gandhi continuera à mourir à la mauvaise date.
> Est-ce qu'une seule erreur invalide l'édifice entier ? Suis-je allé si loin dans ma recherche désespérée de signification, que je suis prêt à tout déformer, à réécrire toute l'histoire de mon époque simplement pour me donner un rôle central ? (p. 244).

Le romancier explique dans *Patries imaginaires* que les lecteurs, à la parution, avaient voulu en faire un livre d'histoire ou un guide pour touristes ; d'autres lui reprochaient des omissions importantes dans la description de la culture indienne. C'était lire l'ouvrage comme une encyclopédie plutôt que comme un roman : Saleem/Salman Rushdie ne veut pas conforter le statut de la vérité historique mais plutôt le pouvoir des histoires. Comme chez John Ford *(L'Homme qui tua Liberty Valance)*, la légende est aussi importante que les faits lorsqu'il s'agit de façonner l'Histoire : « Parfois, les légendes deviennent réalité, et sont plus utiles que les faits » (p. 68). Saleem historien devient mythologue, inventeur de mythes même, chroniqueur d'un pays qui n'est plus tout à fait l'Inde, mais qui est « une sorte de rêve » (p. 171).

La naissance des enfants de Minuit, au moment de l'accession de l'Inde à l'Indépendance, fait partie de ces mythes consignés dans la narration (« des mythes, des cauchemars, des idées fantasques étaient dans l'air », p. 161). Salman Rushdie parsème le roman de références à la mythologie hindoue, parfois sur le mode ironique ; elles ne sont pas destinées à rajouter un peu de couleur locale, mais elles orientent la perception que le lecteur doit avoir de l'Histoire. Prise entre deux pôles, celle-ci manifeste à la fois l'inexorable passage du temps, incarnation de chaque époque, et donne naissance au mythe par la réécriture à laquelle procède le narrateur. Il fige ainsi des événements pris dans l'évolution de l'Inde en autant de moments fondateurs (la naissance de l'Inde, la guerre du Pakistan, l'instauration de l'Etat d'urgence) jusqu'à l'incarnation finale d'Indira Gandhi en déesse vengeresse :

> [...] la Veuve qui n'était pas simplement le Premier ministre de l'Inde, mais qui aspirait également à devenir Devi, la Déesse Mère dans son aspect le plus terrible, une divinité aux membres multiples avec des cheveux schizophrènes séparés au milieu... (p. 636)[6].

Car tout événement historique est susceptible de plusieurs lectures, peut être envisagé dans la trame courte et dense du réel historicisé ou au contraire dans une perspective cosmique que Saleem ne refuse jamais :

> Pensez à cela : dans ma version, l'histoire est entrée dans une nouvelle phase le 15 août 1947 – mais dans une autre version, cette date inévitable n'est rien d'autre qu'un instant fugitif dans l'Ère des Ténèbres, Kali-Yuga, dans laquelle la vache de la morale a été obligée de se tenir, en chancelant, sur une seule patte ! Kali-Yuga – le coup perdant à notre jeu de dés national ; la pire période de toutes ; celle où la propriété rend l'homme grossier, où la richesse est égalée par la vertu, où la passion est le seul lien qui unit les hommes et les femmes, où le mensonge apporte le succès (est-ce étonnant à une pareille époque que, moi aussi, je confonde le bien et le mal ?)... commença le 18 février 3102 avant Jésus-Christ ; et durera au moins 432 000 ans ! Me sentant quelque peu diminué, je devrais ajouter cependant que l'Ère des Ténèbres n'est que la quatrième phase du cycle actuel Maha-Yuga, qui est au total dix fois aussi long ; et, quand vous considérez qu'il faut mille Maha-Yuga pour faire une journée de Brahma, vous verrez ce que je veux dire quand je parle de proportion (p. 285-286).

Saleem le répète souvent, la réalité n'est qu'une question de perspective...

Ne pouvant rester au centre, il tente de retrouver, par le biais de la narration qu'il essaie de contrôler, une place plus conforme à ses rêves de puissance. Il s'appuie sur la vérité toujours instable de la mémoire plutôt que sur la réalité des faits : « Ce qui est réel et ce qui est vrai ne sont pas nécessairement la même chose » (p. 115). Le chroniqueur se fait conteur et il restitue aux événements, par la parole, leur pouvoir inaugural. Il fait de certaines situations, le récit de la naissance par exemple[7], de véritables rituels, et tente de compenser ainsi la faiblesse de l'Histoire, son manque de beauté ou de force. Saleem, dans la plus pure tradition des conteurs, redonne au réel l'aura qu'il avait perdue.

Padma, la femme qui se tient à ses côtés, assise à ses pieds plus exactement, veille au succès de son entreprise. Figure moderne de la Muse, elle représente également le public du narrateur, comme une image du lecteur. Lorsqu'elle disparaît, excédée par la mention du mot *amour* sous la plume d'un homme qui ne peut plus en profiter, elle met en danger le récit et sa prolifération :

> Comment se passer de Padma ? Comment renoncer à son ignorance et à sa superstition, contrepoids nécessaires à mon omniscience miraculeuse ? Comment faire sans son esprit paradoxalement terre à terre, qui m'aide – m'aidait ? – à conserver les pieds sur terre ? J'ai l'impression d'être devenu le sommet d'un triangle isocèle, soutenu par deux moitiés jumelles, le dieu sauvage du souvenir et la déesse-lotus du présent... mais dois-je maintenant me réconcilier avec l'étroitesse unidimensionnelle de la ligne droite ? (p. 219-220).

Son corps, sa musculature, son enracinement dans la Terre donnent à Saleem l'énergie de continuer son travail, en dépit des efforts désespérés de celle-ci pour ranimer une partie essentielle de l'anatomie du narrateur. Les commentaires continuels de Padma sur le récit, l'émotion qu'elle manifeste à l'écoute de certains passages, son hostilité aux digressions la placent à l'égal du critique ; comme en écho à un célèbre passage de *Vie et Opinions de Tristram Shandy* de Sterne, elle lui lance : « À cette vitesse-là... tu auras deux cents ans avant d'avoir atteint ta naissance » (p. 54).

Dernier avatar : le chroniqueur-conteur s'incarne dans le *pickler* qui conserve dans trente pots, qui sont autant d'années de sa vie et autant de chapitres du livre, les événements tels qu'il les écrit, – le trente-et-unième restant ouvert vers l'avenir. Le lecteur peut alors les goûter, les déguster, retrouver la mémoire que Saleem y a introduite, faire remonter à la surface les saveurs et les arômes du passé. Il peut conserver ce passé face à l'absurdité, préserver un sens. L'influence proustienne, à la limite de la parodie, apparaît clairement : « Le goût du chutney était plus que l'écho de ce goût d'autrefois – c'était le goût lui-même, le même goût, qui avait le pouvoir de ramener le passé comme s'il avait toujours été là » (p. 660-661).

Saleem n'est plus à même de donner une leçon d'histoire, mais il en extrait comme une morale pour permettre à la génération suivante que Salman Rushdie et Saleem entrevoient, de puiser dans les pots de condiments la force d'affronter le réel.

Les voix

« Je suis né dans la ville de Bombay... au temps jadis » (p. 11)[8]. Le roman commence deux fois, débute par une hésitation : le récit autobiographique le dispute au conte de fées. Dès la première page, il est placé sous le signe du mouvement, du va-et-vient entre l'Inde et l'Angleterre bien sûr, entre les formes narratives surtout. Et la suite marque à la fois le refus du conte et son retour perpétuel, comme l'impossibilité d'y échapper :

> Non, ça ne marche pas, il ne faut pas perdre la date de vue : je suis né dans la maternité du docteur Narlikar, le 15 août 1947. Et l'heure ? L'heure a également de l'importance. D'accord : la nuit. Non, il est important d'être plus... À minuit sonnant, exactement. Les bras de la pendule ont joint les mains pour m'accueillir avec respect. Il faut tout dire : à l'instant précis où l'Inde accédait à l'indépendance, j'ai dégringolé dans le monde (p. 11).

Car la tentation du conte est toujours narrativement présente, qu'il s'agisse de dire les aventures extraconjugales de la mère, de retracer la vie de son amant, d'expliquer le crime de Mary Pereira, d'évoquer l'histoire du Pakistan.

Puis le roman se tourne vers l'Histoire : elle seule peut fonder le commencement de l'autobiographie. Refusant de céder à la tentation du conte, abandonnant le rêve, le discours montre l'Inde politique qui naît en cette nuit d'août 1947. À côté de Saleem-le-conteur se tient toujours Saleem-l'historien. Le croisement, à un moment précis du temps, des deux histoires, celle de l'Inde et celle de Saleem Sinai[9], acquiert une force considérable : « Grâce à la tyrannie occulte des horloges affables et accueillantes, j'avais été mystérieusement enchaîné à l'histoire, et mon destin indissolublement lié à celui de mon pays » (p. 11). La violence des images suggère que la tentation du conteur sera toujours mise en échec par la confrontation avec le réel, par la nécessité de faire œuvre d'historien. La première équation est posée : « Je = Inde. » L'histoire de l'Inde, identique à l'histoire du « je », est également garantie par Nehru : « Nous veillerons sur votre vie avec la plus grande attention ; elle sera, d'une certaine façon, le miroir de la nôtre » (p. 179).

L'unité du moi et du monde que recherche Saleem repose sur un fantasme de communication parfaite et immédiate, incarné par le « Congrès des Enfants de Minuit », véritable parlement des voix dans la plus grande démocratie du monde. La réunion des enfants et leur diversité essentielle reposent sur l'unité de Saleem qui les convoque ou les accueille :

> Ce n'est que plus tard, quand je commençai à sonder, que j'appris que sous les transmissions de surface le langage s'effaçait et était remplacé par des formes de pensée universellement intelligibles qui transcendaient les mots... mais c'était après que j'eus entendu, sous la frénésie polyglotte de ma tête, ces autres signaux précieux, absolument différents de tout autre chose, la plupart d'entre eux faibles et lointains, comme les roulements de tambours éloignés dont le rythme insistant arrivait parfois à percer la cacophonie de marché aux poissons de mes voix... ces appels secrets et nocturnes... les balises inconscientes des enfants de Minuit ne signalent rien d'autre que leur existence, transmettant simplement : « Moi. » Loin dans le nord : « Moi. » Et dans le sud-est-ouest : « Moi. » « Moi. » « Et moi » (p. 247).

Le discours s'attache à les réarranger, à comprendre leur diversité, à contenir sans la détruire cette polyphonie. Les langues elles-mêmes contribuent à cette pluralité, les langues de l'Inde dont le nombre est à la fois une chance et un obstacle. Une chance car sous leur multiplicité peut être perçue l'universalité de la pensée ; un obstacle car apparaît le risque de polarisation identitaire derrière des frontières dessinées selon des principes linguistiques. La diversité peut toujours privilégier l'une de ces deux tendances : l'ordre conduit à la rigidité, à la fossilisation de l'Inde dans des antinomies ; la fluidité et l'unité, ordres d'un autre type, préservent les différences.

Le narrateur n'est alors pas tant celui qui ordonne le chaos que celui qui lui prête sens. Confusion, désordre, mouvement caractérisent le roman, qu'il s'agisse de l'histoire de l'Inde, de la narration, des consciences individualisées par celle-ci. Le récit épouse ce mouvement, se nourrit de l'imbrication fondamentale des événements entre eux, souligne l'impossibilité de séparer, de classer ou de figer ; comprendre, ce n'est pas isoler mais retrouver l'essence même de la fluidité, le rythme. Le narrateur cherche à révéler des formes universellement intelligibles sous la cacophonie apparente qui est celle de l'Inde, celle de la pensée, celle du langage. La perception du rythme, en retour, fait le vrai lecteur, le vrai conteur, à l'écoute d'une musique fondamentale :

> (Parfois, je souhaite un auditoire plus pénétrant, quelqu'un qui ressentirait la nécessité du rythme, de l'allure, l'introduction subtile de voix secondaires qui, plus tard, s'élèveront, s'enfleront, et qui s'empareront de la mélodie...) (147).

Saleem concentre toutes les différences par le « je » où la diversité du monde se retrouve ; il écoute, reçoit les voix, grâce à des pouvoirs extraordinaires qui ne sont pas sans rappeler ceux du héros du *Tambour* de Günter Grass. Sa position d'autorité est au départ liée à la totalité de sa perception :

> Parce que j'avais le sentiment que j'étais en train de créer un monde ; que les pensées dans lesquelles je sautais étaient *les miennes*, que le corps que j'occupais agissait sur mon ordre ; que, comme les affaires courantes, les arts, les sports, toute la riche variété d'une station de radio de première classe se déversaient en moi, c'était comme si je les *faisais se produire*... c'est-à-dire que j'entrais dans l'illusion de l'artiste, et je pensais aux innombrables réalités du pays comme au matériau brut et informe de mon pouvoir. Je triomphais : « Je peux tout découvrir ! Il n'existe pas une seule chose que je ne peux savoir ! » (p. 256).

À l'organisation et l'interprétation des voix répond un système de correspondances et de dualités qui traverse le roman. Correspondances verticales qui établissent le lien entre l'histoire de l'Inde et l'histoire de Saleem en des points de contact répartis dans tout le roman, dès la naissance. Correspondances horizontales qui définissent les liens entre les événements du récit, entre le nez du grand-père et celui de Saleem, entre la grand-mère de Saleem fragmentée par un drap et sa sœur qui chante derrière un tissu analogue, entre Saleem dans un panier de linge sale et Saleem dans le panier de l'invisibilité. Ces principes permettent à Saleem de s'abandonner sans retenue au « démon de l'analogie », à l'obsession indienne pour le classement et la « forme ».

Les dualités constituent le schème narratif essentiel du roman, représentées par cette variante du jeu de l'oie, le jeu des « échelles et des serpents », qui pour tout progrès suggère un recul, pour toute perte laisse entrevoir un gain, pour tout Saleem impose un Shiva. Le principe du monde, désespérément binaire, sacrifie toutes les virtualités précieuses de l'ambiguïté, seule créatrice de nouveauté, et qui aurait permis à l'Inde d'échapper aux divisions fatales, aux luttes intestines. Le « Congrès des enfants de Minuit », pas davantage que l'Inde ou Saleem, ne parviendra à l'imposer :

> Je hurlais passionnément : « Nous devons être un troisième principe, nous devons être la force qui ira entre les cornes du dilemme ; en étant seulement autres, en étant nouveaux, nous pouvons réaliser la promesse de notre naissance ! » (p. 371).

Par contraste, le roman serait ce territoire où peuvent cohabiter les enfants de Minuit et le poète Nadir, Nehru et Parvati la sorcière, où se construit l'Inde nouvelle, où se rencontrent les textes (politiques, journalistiques, publicitaires), où s'articulent également les schèmes culturels et narratifs occidentaux et indiens. Les connexions que le narrateur essaie d'établir, les liens qu'il croit percevoir et qui permettent de donner sens à la diversité, se heurtent cependant aux identités qui résistent et échappent au contrôle qu'il voudrait instaurer. L'identité de Saleem est menacée par les événements qui s'imposent à lui, et le discours, dernier refuge où il peut la réaffirmer, est marqué par une perte de contrôle. Elle se manifeste dans la fragmentation du réel, dans la fragmentation des corps par exemple, corps des femmes, corps de l'Inde, corps du narrateur dont la mutilation est aussi un des sujets du roman.

Les événements interrompent la fluidité du récit : « Des interruptions, rien que des interruptions ! Les différentes parties de ma vie, quelque peu compliquée, refusent, avec une obstination parfaitement absurde, de rester clairement chacune dans son compartiment » (p. 275). Le départ pour le Pakistan, la guerre du Bangladesh, le nez, cette grande antenne, qui se débouche, tous les contretemps subis par Saleem l'empêchent de rester un sujet actif ; les interruptions du discours soulignent en retour l'absence de maîtrise, la passivité généralisée du narrateur. Les connexions se font de plus en plus métaphoriques, le rapport entre le narrateur et sa parole est lui-même sur le mode passif, sa position à l'origine centrale devient périphérique.

Le désordre grandissant du récit est à la fois causé par la défaite de Saleem et révélateur de celle-ci. L'Inde s'est solidifiée, les antinomies s'affirment, l'organisation des enfants de Minuit devient elle-même ironiquement un lieu d'antagonismes à l'image du pays. L'unité postulée par Saleem est tellement forte que si l'Inde change, le narrateur est affecté (de façon littérale ou métaphorique) ; la dérive de celui-ci l'enferme dans le mensonge et les fictions de toutes sortes. Si sa vision se brise, si l'unité du pays est menacée par les frontières en tous genres qui lui sont imposées, si les rythmes et les voix se taisent, la possibilité de parler, de témoigner disparaît également, l'Histoire se fausse, le rapport à la vérité s'estompe : ne comptent plus que des versions, toutes équivalentes. D'où, plus tard, la question de Haroun : *À quoi servent des histoires qui ne sont pas vraies ?*

L'ordre politique est finalement imposé d'en haut et trouble le discours, en rompt la fluidité originelle. L'instauration de l'état d'urgence par Indira Gandhi vient clore un processus annoncé au début du roman. Le coup de force du Premier ministre, de la Veuve, permet d'établir une certaine homogénéité du sous-continent.

Contrairement à l'harmonie du début, unité mouvante des différences exprimées, celle de la fin vient se plaquer sur le pays et en rompre l'équilibre, en annihiler les rythmes. Après l'échec de la diversité créatrice, l'unité ne semble plus pouvoir survenir que par la force, au prix de la perte de la liberté (d'expression, notamment). Le discours se ferme, l'Autre en est expulsé, et l'ordre rétabli, au nom de la modernité. Tout ce qui s'apparente au monstrueux – et Saleem incarne cette tendance – est dénoncé, aseptisé, normalisé par le pouvoir. L'échec de l'Inde conduit à l'échec du langage : le discours de l'Inde considérée comme totalité, a échoué. Il ne reste de ce rêve que des fragments.

Alors que la naissance d'Aadam, fils naturel de Saleem, suggère qu'une nouvelle génération est en mesure de prendre la relève des enfants de Minuit, la vision finale paraît plus pessimiste quant à l'avenir :

> Oui, ils vont me piétiner, la multitude marche un deux trois, quatre cents millions cinq cents six, me réduisant en petits grains de poussière sans voix, exactement comme, en son temps et en son heure, ils piétineront mon fils, et son fils qui ne sera pas le sien, jusqu'à la mille et unième génération, jusqu'à ce que mille et un minuits aient octroyé leurs dons terribles, et mille et un enfants soient morts, parce que c'est le privilège et la malédiction des enfants de

Minuit d'être à la fois maîtres et victimes de leur époque, d'abandonner l'intimité et d'être complètement engloutis dans l'anéantissement du tourbillon des multitudes, et d'être incapables de vivre ou de mourir en paix (p. 671)[10].

À ceux, en Inde, qui lui en firent le reproche, Salman Rushdie a beau jeu de suggérer que tout ce qui s'est passé depuis 1981 est « beaucoup plus sombre que tout ce que j'avais imaginé » (*Patries imaginaires*, p. 45).

Dans le cours même de son récit, le narrateur est déjà brisé, en voie de désintégration : l'épisode du bouddha, dans la troisième partie, symbolise l'errance du discours coupé du réel. Saleem, errant dans la jungle, frappé d'amnésie, dépossédé de sa parole, perd la conscience de son identité en même temps qu'il ne peut plus utiliser le pronom de la première personne. Lorsque sa mémoire revient grâce à une morsure de serpent, la confusion de son esprit apparaît dans le mélange des pronoms :

> Il avait les yeux fermés. Ensuite, les enfants-soldats attendirent que l'homme-chien mourût ; mais j'étais plus fort que le poison du serpent. Pendant deux jours, il resta aussi raide qu'un arbre, les yeux louchant, et il voyait le monde comme dans un miroir avec l'œil droit à la place du gauche ; il se détendit enfin, et le regard d'abstraction timide n'était plus dans ses yeux. Je fus relié au passé, réunifié par le poison du serpent, et il commença à couler par les lèvres du bouddha (p. 531-532)[11].

Cet épisode préfigure la destruction imminente du narrateur, l'anéantissement définitif qui le menace et qu'il confie au lecteur :

> C'est pourquoi je suis obligé, moi aussi, d'accélérer, de foncer vers la ligne d'arrivée ; avant que la mémoire n'éclate sans espoir de réunification, je dois franchir la ligne d'arrivée (bien qu'il y ait déjà des oublis et des halètements ; il faudra improviser de temps en temps) (560).

Seul le récit peut encore sauver Saleem en introduisant une présence hétérogène, une autre voix que celle des discours et des versions officiels. L'Histoire ne peut plus livrer la vérité ; la mémoire permet peut-être encore de l'approcher, de construire la réalité par élimination et exagération. La narration qui pouvait apparaître comme un principe organisateur, une façon de donner ordre et sens à la confusion généralisée du narrateur, à la mouvance de l'Inde, devient une manière de résister à l'ordre imposé au pays. L'Inde, selon Salman Rushdie, ne subsiste qu'aux marges, à la périphérie, dans le ghetto des magiciens qui vivent du rêve, qui incarnent encore un temps les enfants de Minuit, leurs virtualités, avant d'être détruits par un bulldozer. Le récit direct des événements est tenu en échec, seule demeure la position périphérique, l'approche de « biais », par la légende, par le conte de fées, par la mise en fiction de l'Histoire qu'opère le roman.

Cette dépossession amène la nécessité d'écrire – comme un dernier sursaut pour faire entendre, au sein du discours figé, trop ordonné, la voix de l'Autre, c'est-à-dire sa propre voix. Le mouvement narratif du roman est double. Saleem est d'abord conduit au bord de la désintégration, puis il se met à écrire pour enregistrer et montrer cette destruction. L'origine de l'écriture a lieu dans cette crise, dans ces ruptures qu'elle essaie de combler. Les fractures que montre le roman, entre le narrateur et l'Inde, entre le langage et la réalité, entre le projet (projet de l'Inde, projet narratif) et le résultat contrastent avec la position initiale d'unité du discours. Paradoxalement, parce qu'il s'agit de « réalisme magique », s'y dessine une théorie « réaliste » du récit, où ce qui est en jeu, dans un roman comme dans un conte de fées, c'est le réel. Il faut en rendre compte, par la fiction si nécessaire, avant qu'il ne soit trop tard...

Filiations

La première filiation est indienne. Si l'histoire de Saleem conduit au désespoir, cette « histoire est racontée de façon à faire écho [...] au talent indien pour l'autogénération permanente. C'est pourquoi le récit vomit constamment de nouvelles histoires, pourquoi il « grouille » d'histoires » (*Patries imaginaires*, p. 27). L'écriture de Salman Rushdie, qui alterne une parole de type historique et la forme du conte, qui introduit des éléments merveilleux au milieu de passages appartenant à la plus pure tradition du roman réaliste, cette écriture revendique son « hybridité ». Les passages d'un mode à un autre sont fréquents, tributaires en partie du réalisme magique d'un Gabriel García Márquez. Tout au long du livre les styles varient, oscillent entre l'autobiographie et le témoignage historique, allient le conte dans la tradition des *Mille et Une Nuits* à d'autres courants littéraires. *Les Enfants de Minuit* partage ainsi avec le roman de Sterne, *Vie et Opinions de Tristram Shandy*, certaines caractéristiques de l'autobiographie fictive, notamment le mouvement de va-et-vient entre l'histoire racontée et la mise en scène de l'écriture.

La dimension comique du livre, comme des romans qui suivront, appartient à la veine « grotesque » de la littérature européenne : elle remonte à l'« hénaurme » cher à Rabelais. Aucune fonction corporelle n'est dissimulée, aucun aspect de l'anatomie n'est occulté. À sa naissance, le petit Saleem ressemble quelque peu aux géants rabelaisiens. Le voici :

> Le nez du petit Saleem : il était monstrueux ; et coulait.
> Étonnante physionomie de mes jeunes années : gros et laid comme je l'étais, il semble que cela ne suffisait pas. Dès les premiers jours, je me suis lancé dans un programme d'auto-accroissement (Comme si j'avais su que pour porter le fardeau de ma vie à venir, j'avais besoin d'être gros.) Vers la mi-septembre, j'avais épuisé la faible quantité de lait des seins de ma mère. On engagea une nourrice, mais elle battit en retraite, asséchée comme un désert au bout de quinze jours seulement, accusant le petit Saleem d'essayer de lui croquer l'extrémité des seins avec ses gencives sans dents. Je passai au biberon, avalant d'énormes quantités de lait en poudre ; les tétines souffrirent elles aussi confirmant les plaintes de la nourrice. Le carnet de santé de bébé fut tenu avec soin : il montre que je me développais presque à vue d'œil, que je grossissais jour après jour ; mais malheureusement, on ne fit aucune mesure nasale, aussi je suis incapable de dire si mon appareil respiratoire se développa au même rythme ou plus vite que le reste. Je dois dire que j'avais un solide métabolisme. Les déchets étaient abondamment évacués par les orifices appropriés ; une morve luisante me coulait du nez. Des armées de mouchoirs, des régiments de couches s'empilaient dans l'immense coffre à linge de ma mère... lâchant les déchets par toutes les ouvertures, je gardais les yeux secs. « Un si bon bébé, Madame, disait Mary Pereira. Il ne pleure jamais » (p. 181-182)[12].

Et voici Gargantua :

> Et luy feurent ordonnées, dix et sept mille neuf cens treze vaches de Pautille, et de Brehemond pour l'alaicter ordinairement, car de trouver nourrice suffisante n'estoit possible en tout le pays, consideré la grande quantité de laict requis pour icelluy alimenter. [...] En cest estat passa jusques à un an et dix moys : onquel temps par le conseil des medecins, on commença le porter, et fut faicte une belle charrette à bœufs par l'invention de Jehan Denyau. Dedans icelle on le pourmenoit par cy par là joyeusement, et le faisoit bon veoir, car il portait bonne troigne et avoit presque dix et huyt mentons ; et ne crioit que bien peu ; mais il se conchiait à toutes heures, car il estoit merveilleusement phlegmaticque des fesses, tant de sa

complexion naturelle que par la disposition accidentale qui luy estoit advenue par trop humer de purée septembrale. Et n'en humoyt goutte sans cause[13].

Le nez formidable de Saleem, qui lui permet de recevoir toutes les voix des enfants de Minuit, qui, lorsqu'il se débouche, lui confère un étonnant odorat grâce auquel il perçoit toutes les odeurs, ce nez hypertrophié qui rappelle l'éléphant Ganesh tient aussi la place d'un autre organe supprimé par la Veuve. Ce thème rabelaisien descend jusqu'à Salman Rushdie par Sterne qui, dans *Tristram Shandy*, entretient une ambiguïté sur la partie de l'anatomie du narrateur endommagée à la naissance[14].

Le travers anatomique du roman définit le corps comme lieu de conflits. Le grand-père du narrateur, Aziz, renvoie l'instructeur qui inculquait à ses enfants des principes religieux fondés sur la haine plutôt que sur l'amour ; la grand-mère, scandalisée de ce manquement aux devoirs sacrés, décide alors de se venger en affamant son époux qui, rejouant sur le mode ironique les mouvements de protestation de Gandhi, néglige de se nourrir :

> La guerre de la faim qui commença ce jour-là se transforma presque en un duel à mort. Fidèle à sa parole, la Révérende Mère ne tendit plus à son mari, à l'heure des repas, qu'une assiette vide. Le docteur Aziz exerça immédiatement des représailles en refusant de se nourrir à l'extérieur. Jour après jour, les enfants regardaient leur père disparaître, tandis que leur mère gardait les plats d'un air menaçant. [...] Son visage se crevassa ; même son nez sembla devenir plus fin. Son corps se transforma en champ de bataille et, chaque jour, un morceau en fut arraché (p. 62).

Cette fragmentation du corps de Aziz fait écho au morcellement initial du corps de celle qui allait devenir son épouse. Jeune docteur, il est forcé d'ausculter sa patiente au travers d'un drap troué qui ne lui donne jamais une vision totale de son corps, mais l'oblige à le reconstituer :

> Ainsi, petit à petit, le docteur Aziz finit par avoir dans l'esprit un portrait de Naseem, un assez mauvais collage des différentes parties qu'il avait auscultées. Le fantasme d'une femme morcelée commença à le hanter et pas seulement dans ses rêves. Rassemblée par son imagination, elle l'accompagna dans ses tournées... (p. 35).

Cet épisode au début du roman en marque toute la thématique : on retrouve le drap en différents points de l'histoire. Il place le réel sous le signe du fragment, alors que l'unité relève de l'imagination. L'épisode ressemble à l'histoire de l'Inde[15] dont l'unité est détruite par la Partition en 1947. Il annonce la fragmentation des corps. Il formule un problème : comment atteindre l'unité ? Il soulève enfin une question : comment définir une identité ? Et le narrateur tentera toujours, face à ces interrogations, de mettre en avant la diversité, les mélanges, les croisements créateurs.

La fascination pour le conte, chez Saleem, naît dans son enfance et elle rejaillira plus tard sur son écriture. Le conte est un refuge pour l'enfant confronté à la détermination du monde réel :

> En dehors du coffre à linge sale, environné de gens qui semblaient posséder un but clair et accablant, je m'enfermais dans des contes de fées. Hatim Tai et Batman, Superman et Sindbad m'aidèrent à traverser les neuf premières années de ma vie. Quand j'allais faire les courses avec Mary Pereira – impressionné par sa capacité à deviner l'âge d'un poulet en lui regardant le cou, par la détermination avec laquelle elle fixait des brèmes mortes dans les yeux – je devenais Aladin dans une grotte aux trésors (p. 223-224).

Sa capacité tout enfantine à transformer le monde en un paysage des *Mille et Une Nuits* le ramène sans cesse, dans le récit, vers le merveilleux. Plus qu'une dominance du fantastique, de la *fantasy*, il faut comprendre dans cet attrait pour le conte, une tentation narrative, un désir de faire jaillir d'une belle histoire une sagesse.

Les textes variés incrustés dans le roman contribuent à l'hybridité du livre. Les coupures de journaux se détachent à l'occasion par la typographie, lorsqu'il s'agit de mettre en parallèle la guerre indo-chinoise et les conflits au sein du congrès des enfants de Minuit ; le petit Saleem sélectionnant des titres de journaux pour construire sa lettre anonyme, permet au lecteur, en même temps, de lire ces titres, et de saisir une « actualité » historique qui est donnée indirectement :

> De LE COMITÉ DE LIBÉRATION DE GOA LANCE UNE CAMPAGNE DE SATYAGRAHA, je pris les lettres « COM » ; LE PRÉSIDENT DE LA CHAMBRE TRAITÉ DE MANIAQUE me fournit la seconde syllabe « MAN ». Je trouvai « DANT », caché dans NEHRU RENDANT COMPTE DE SA DÉMISSION DEVANT LE CONGRÈS (p. 377).

La musique et les chansons parcourent le roman, et contribuent à l'hétérogénéité de l'écriture. On y entend les voix des enfants de Minuit, les voix de l'Inde, de Nehru aux magiciens, des prophètes aux chanteurs ; les voix distinctes des personnages aussi, de la grand-mère adepte du *commentdire*[16] ou de Padma avec qui le narrateur converse fréquemment. Les chansons, comme dans un film hindi, un *Bombay talkie*, parcourent le roman, de la berceuse de Mary aux airs de Jamila ; les chanteurs perdent leur voix, comme Wee Willie Winkie, la retrouvent parfois ; le narrateur perd la faculté d'entendre, mais il y gagne un odorat, et élabore une théorie générale des odeurs.

Le cinéma, emblème de la culture populaire selon Salman Rushdie, façonne le roman. Les films hindis, grandes comédies musicales tournées dans les studios de Bombay, donnent au roman sa veine mélodramatique (« Les mélodrames s'entassaient sur les mélodrames ; la vie prenait les couleurs d'un film parlant de Bombay ») (p. 216), et constituent une partie de son intrigue : Hanif Aziz, l'oncle de Saleem, « le seul écrivain réaliste travaillant dans l'industrie cinématographique de Bombay » (p. 355), écrit l'histoire d'une usine de *chutneys* qui annonce la fin du roman. Salman Rushdie trouve encore dans le cinéma une technique narrative, le montage alterné qui permet de passer, la nuit des naissances, des rues de Delhi à Lahore, de Narlikar à Nehru ; la construction en épisodes s'apparente aux séries télévisées ; les effets d'annonce sont autant de *previews*. Certains titres de chapitres (« L'amour à Bombay ») évoquent des comédies sentimentales, au moins ironiquement : ce chapitre, placé sous le signe du cinéma, conte les amours ratées de Saleem et de la jeune Evie Burns. Le cinéma devient à l'occasion un prisme de lecture : Saleem voit-il le vieux Schaapsteker se décomposer progressivement ou est-ce plutôt le souvenir d'un film qui influe sur son imagination ?

> [...] j'eus aussi une image puissante d'une énorme boule fracassant le domaine de Schaapsteker sahib, et du vieux fou lui-même, pâle amaigri la langue vibrante, en danger au sommet d'un immeuble en train de s'effondrer, parmi les tours et les tuiles rouges du toit qui s'écroulaient, Schaapsteker se ratatinant, vieillissant, agonisant à la lumière du soleil qu'il n'avait pas vue depuis des années. Mais je dramatise peut-être : je tire peut-être cela d'un vieux film intitulé *Horizon perdu* dans lequel de belles femmes se flétrissent et meurent en quittant Shangri-la (p. 444-445).

Le cinéma permet à l'occasion d'accélérer la narration :

(Tandis que Padma pour se calmer retient son souffle, je me permets d'introduire ici un gros plan comme dans les films de Bombay – un calendrier feuilleté par le vent, et les pages se suivent rapidement et disparaissent pour marquer le passage des années ; je superpose des plans d'ensemble dans les rues, des plans rapprochés d'autobus en flammes et d'incendies de bibliothèques anglaises appartenant au British Council et aux États-Unis ; et dans le calendrier qui défile, nous apercevons au passage la chute d'Ayub Khan, l'accession à la présidence du général Yahya, la promesse d'élections...) (p. 505).

Cette abondance, cette diversité des modes narratifs peut, à l'occasion, sembler un défaut : foisonnement extrême, brio confinant à l'exhibitionnisme peut-être, tendance au morceau de bravoure sûrement. Il est un exemple clair de cela : le passage où, rêvant, le narrateur s'exprime dans une sorte de monologue intérieur, un *stream of consciousness* à la limite du pastiche involontaire. En voici le début :

Aucune couleur sauf le vert et le noir les murs sont verts le ciel est noir (il n'y a pas de toit) les étoiles sont vertes la Veuve est verte mais ses cheveux sont noirs comme la nuit. La Veuve est assise sur une haute haute chaise la chaise est verte le fond est noir les cheveux de la Veuve sont séparés par une raie au milieu c'est vert sur la gauche et sur la droite noir (p. 304).

Cette mutabilité de l'écriture qui sait varier les effets peut être attribuée à une certaine forme de postmodernisme (elle l'a été). Chez des écrivains anglais contemporains comme Graham Swift (*Le Pays des eaux* ou *En dehors du monde*) ou Julian Barnes *(Une histoire du monde en dix chapitres et demi),* on trouve par exemple la même conscience du rapport de la fiction à l'Histoire. La frontière éminemment perméable entre ces deux genres, entre une certaine forme de réalisme et le conte, la tendance à la parodie ou au pastiche, l'incapacité de Saleem à contrôler l'omniscience à laquelle il aspire, les déplacements d'une position centrale aux « marges », la manipulation par Saleem du lecteur et de Padma – elle sait la déjouer à l'occasion –, l'interrogation non résolue sur les modes de connaissance du passé, la dispersion à la fois corporelle et narrative de Saleem – autant de caractéristiques du texte de Salman Rushdie qui peuvent conduire à le désigner comme texte postmoderne[17].

On peut également voir une dimension « postcoloniale » au roman, un pouvoir critique de l'époque écoulée depuis l'Indépendance. Il redéfinirait, selon cette lecture, une situation coloniale où le sujet de la parole est dépossédé de son autorité, où l'acteur devient agi, où le narrateur, Saleem Sinai, est dans un rôle plus passif qu'actif, plus métaphorique que littéral. Le danger de perte de la parole contre lequel Saleem lutte correspond en fait à la limite de tout discours, où il n'y aurait plus de contrechamp, où il n'y aurait plus de place pour l'Autre, où ne s'exprimerait plus qu'un discours fermé et univoque : celui de l'ordre imposé. Écrivant dans les instants ultimes qui le séparent de son anéantissement définitif, Saleem suggère que le rapport au monde et au réel ne se pose plus qu'en termes de récits, de fictions.

Car la reconstruction du réel par le discours est souvent affirmée dans le roman, sous une forme ou une autre. La position du narrateur l'oblige, pour donner un sens à son entreprise, à se contenter d'un réel construit (« je dois construire le réel[18] », p. 621), l'amène à prendre conscience de la futilité des discours apparemment libérateurs de l'Inde indépendante, et à souligner l'ironie de leur échec.

Mais Saleem, à part Padma, à part le lecteur interpellé à l'occasion, n'a plus de public, car ce monde n'est plus fait pour les conteurs. Il est au contraire isolé dans son usine à *pickle*, attablé avec la lumière qui vient le frapper de biais, image déchue de l'écrivain au travail. De ces *chutneys* renaîtra peut-être le passé, de ces feuillets légèrement imprégnés de curcuma, de ces bocaux disposés sur l'étagère dans la chambre du narrateur ; par la dégustation de ces condiments, le lecteur en reconstruira la variété, retrouvera les rythmes de la phrase, les rythmes de l'Inde qu'on a voulu faire disparaître.

Car le narrateur-romancier est un grand conservateur, le *preserver* qui fixe la mémoire ou ses fragments. Il est celui qui sait élaborer les épices, dans le processus de « chutnification » de l'Histoire où le nez retrouve sa fonction essentielle pour l'écriture. Le roman devient un grand repas servi à une « nation amnésique » (p. 667). Et le lecteur de le goûter, à l'affût des petites variations, des infimes sensations amenées par les mélanges d'épices. Loin du monde et de l'Histoire, ayant « digéré » l'échec de son désir d'être au centre, le narrateur-*pickler* a compris, pour construire son discours, l'importance des dosages, des équilibres, des *rythmes* :

> Qu'est-ce qui est nécessaire pour la chutnification ? Des matières premières, évidemment – fruits, légumes, poissons, vinaigre, épices. Des visites quotidiennes de femmes de kolis, leur sari

remonté entre les jambes. Concombres, aubergines, menthe. Mais aussi : des yeux, bleus comme la glace, qui ne se laissent pas tromper par l'aspect flatteur et superficiel des fruits – qui peuvent voir la putréfaction sous l'écorce du citron ; des doigts qui, plus légers qu'une plume, peuvent tâter le cœur inconstant des tomates vertes ; et, par-dessus tout, un nez capable de discerner les langages cachés de ce-qui-doit-être-conservé, ses humeurs, ses messages, ses émotions… (p. 666)[19].

Il y a aussi la question des épices. La complexité du safran et du cumin, la subtilité du fenugrec, à quel moment mettre de la cardamome ; la multitude d'effets possibles de l'ail, du garam masala, de la cannelle, de la coriandre et du gingembre… sans parler des contributions parfumées et occasionnelles d'un petit grain de poussière (Saleem n'est plus obsédé par la pureté.) Avec les épices, je rattrape les inévitables distorsions dues à la conservation. Conserver, après tout, c'est donner l'immortalité ; poissons, légumes, fruits, sont embaumés dans le vinaigre et les épices ; une certaine altération, une légère intensification du goût ne sont sans doute pas bien graves. L'art consiste à changer la saveur en degré et non en nature ; et, par-dessus tout (dans mes trente et un bocaux), lui donner forme – c'est-à-dire sens. (J'ai déjà parlé de ma peur de l'absurdité.) (p. 667-668)[20].

4

La Honte : les champs du déshonneur

La honte ça passe quand la vie est longue.
JEAN-PAUL SARTRE, *Morts sans sépulture.*

« Mes romans, confie Salman Rushdie, sont lus comme des fables en Occident, comme des récits totalement réalistes en Inde et au Pakistan[1]. » Déjà en partie vrai pour l'Inde des *Enfants de Minuit*, le constat l'est davantage encore pour le Pakistan de *La Honte* (1983). Que dire de cette disjonction présentée comme « schizophrène » par certains[2] ? Elle n'est pas seulement affaire de réception, ou de perception « stéréoscopique », pour reprendre un des mots favoris du romancier « émigré d'un pays (l'Inde) et nouveau venu dans deux pays (l'Angleterre, où je vis, et le Pakistan, où ma famille est allée contre son gré) » (p. 97). Elle tient à un embarras, perceptible ici sous le masque de la narration – embarras diffus qui ne consent à dire son nom (la honte du titre?) qu'au prix de la plus grande réticence. En apparence, il n'y a pas de narrateur plus détaché, plus dégagé, plus affranchi que celui de *La Honte*. Le *mohajir* qu'il se dit fier d'être évoque avec lyrisme sa « conquête sur la force de la pesanteur » (p. 97) ; il se félicite d'avoir pris son envol en accomplissant « l'acte qui est un ancien rêve des hommes, ce pour quoi ils envient les oiseaux » (p. 97). Il revendique, d'un mot, son éloignement, voire son dénuement – « car le destin des émigrants est d'être dépouillés de l'histoire, de rester nus au milieu du mépris des étrangers sur lesquels ils peuvent voir les riches vêtements, les brocarts de la continuité, et les sourcils de ceux qui sont originaires du lieu » (p. 72). Ce qui l'exonère d'une certaine façon, en le fondant à prendre plus de libertés encore avec les faits, avec l'Histoire.

D'où un roman à la linéarité bousculée, comme pour s'abstraire de la chronologie. D'où cette fable, cette allégorie, ce « conte de fées moderne », où le lecteur occidental, pas forcément au fait, ne serait pas tenu de reconnaître en Raza Hyder et en Iskander Harappa le général Zia Ul Haq et le Premier ministre Zulfikar Ali Bhutto, pendu sur ordre du premier en 1979. Réduite à une vendetta et, au-delà, à un affrontement manichéen entre fondamentalisme et occidentalisation, puritanisme et épicurisme, l'histoire pakistanaise en devient triviale, ramenée aux dimensions d'un duel pour série américaine orientalisée[3] : « La vertu contre le vice, l'ascétisme contre la débauche, Dieu contre Satan : tel est le jeu. *Messieurs, Mesdames, faites vos jeux* » (p. 273-274). Sous le ton enjoué, l'affectation se perçoit aisément. Tout en s'abritant ostensiblement derrière le paravent de la fiction et du conte, Salman Rushdie anticipe sur le destin du livre qu'il sait inéluctable : il sera censuré, « frappé d'anathème par le régime actuel de ce malheureux pays » (p. 285) – il l'est encore à ce jour. De même, la fiction d'un narrateur tour à tour candide et accusateur, et se prétendant étranger à la noire saga nationale qu'il rapporte, ne suffit pas à donner bonne conscience au romancier. Secrètement, le « Je » du roman se sent, sinon complice, du moins un peu coupable d'avoir abandonné ses amis poètes persécutés par le régime. Coupable aussi de s'exprimer en anglais, « cette langue particulière, corrompue par des concepts erronés et les détritus non repentis, cet *angrezi* dans lequel je suis obligé d'écrire, et ainsi changer pour toujours ce qui est écrit » (p. 42-43). Honteux enfin d'oser traduire l'intraduisible – à commencer par *sharam*, le mot qui désigne la honte. Le règne universel, mais largement répandu au Pakistan, du *takallouf*, impose à tous, enfin, sa contrainte ; il place lecteur et narrateur dans la même obligation de croire que les paroles prononcées « ne signifient rien de plus que ce qu'elles disent » :

> Takallouf fait partie de cette secte obscure et universellement répandue de concepts qui refusent de franchir les frontières linguistiques : il se réfère à une sorte de formalité qui vous réduit au silence, une espèce de retenue sociale si extrême qu'elle empêche celui qui en est victime d'exprimer ce qu'il veut dire ; c'est une ironie obligatoire qui veut, pour le respect des formes, qu'on soit compris littéralement (p. 119).

La Honte se déroule dans un cadre explicitement national, réduit aux frontières pakistanaises, à l'exception de brèves échappées londoniennes. Le rétrécissement géographique, comparé à la démesure sous-continentale des *Enfants de Minuit*, n'est lui aussi qu'apparent. Dans les faits, c'est un « pays-palimpseste », fait de couches superposées, reflet de recouvrements complémentaires et successifs. Le Pakistan pré- et postcolonial d'Omar Khayyâm Shakil relève d'une généalogie inextricablement mêlée : il aurait été plus sage, proclame ouvertement Salman Rushdie, de la cultiver plutôt que de la récuser. « Nier que des siècles d'Inde sont juste sous la surface du Pakistan moderne » (p. 99), éradiquer tout élément non musulman, comme l'ont fait ses dirigeants, s'apparente à une funeste mutilation. De plus, dans une société qui ne fut jamais dominée par les mollahs, contrairement à l'Iran, « l'Islam aurait pu être une force efficace d'unification dans le Pakistan d'après la guerre du Bangladesh, si on n'avait essayé d'en faire une chose aussi puissante » (p. 285). Pour avoir voulu l'enfoncer de force dans la gorge des gens, l'imposer d'en haut à un peuple, on produit l'effet inverse : « Vous perdez foi dans la foi, sinon en tant que foi, au moins en tant que fondement d'un État » (p. 286). Autant d'occasions gâchées, de regrets amers, que ce nouveau « roman des adieux » impossibles au sous-continent natal décline en deux temps. Le premier manuscrit était, de l'aveu de son auteur, « beaucoup plus sombre, implacablement sinistre et oppressant même[4] ». La version définitive s'affirme plus drôle : bien que tragique, la relation entre Raza et Iskander met en scène des « personnages de comédie noire[5] ». Pourtant, à la différence de celle de l'autre Omar, le poète de l'amour, auteur des *Robâiyât*, « l'histoire de notre héros est plus pauvre parce qu'elle a mariné dans la bile » (p. 45).

L'enfance du roman

Roman plus construit, moins échevelé que son frère jumeau *Les Enfants de Minuit*, *La Honte* stigmatise les manquements à l'éthique dans la conduite des affaires d'État ou de famille – sur un ton de procureur, parfois : « J'ai une dernière et très grave accusation. Les hommes qui renient leur passé deviennent incapables de se sentir réels » (p. 165). De manière plus indirecte, il se cristallise sur un affect, une passion de l'âme, un trouble mettant en jeu un émoi physiologique et ses symptômes cutanés : le rouge de la honte est mis. Ou n'est plus mis, en l'occurrence. Car au pays des Purs *(pak)*, la honte est la chose du monde la moins répandue. Elle est l'absente de tout comportement, privé comme public, l'exclue de toute conscience. Au moyen d'une généalogie de la morale bien à lui, Salman Rushdie nourrit sa veine satirique à l'endroit d'un pays dont il caricature les errements au regard de la démocratie et des droits de l'homme (idée occidentale) comme de la pureté (concept islamique). Ce pays fut un temps le sien, puisque sa famille quitta Bombay pour Karachi en 1964.

Le roman possède sa propre généalogie. Sa source est un fait divers tragique, relaté par la presse londonienne. Un père pakistanais tue sa jeune fille, dans un quartier de l'*East End* à Londres, l'accusant, à tort apprendra-t-on, d'avoir couché avec un jeune Blanc. À sa grande honte, le narrateur avoue partager l'émoi de la communauté asiatique et comprendre, en partie, le geste du père, plaidant l'honneur bafoué. Devenu tout récemment père lui-même, Salman Rushdie dit mesurer ce qu'il peut coûter à un homme de diriger une lame de couteau contre sa chair et son sang; nourri d'honneur et de honte, il admettrait, quoique avec épouvante, l'inadmissible, « que des hommes sacrifient ce qu'ils ont de plus précieux sur l'autel implacable de leur orgueil » (p. 133). Ce thème est le cœur du livre, qui fait de *La Honte* une entreprise littéraire de redressement, de recours. L'honneur de la littérature est de demeurer hantée par le spectre imaginaire de ce cadavre :

> [...] la gorge tranchée comme un poulet halal, allongé sur un passage pour piétons, dans la nuit de Londres, effondré en travers des bandes noires et banches, noires et blanches, tandis qu'au-dessus clignote un feu orange, pas orange, orange (p. 132).

L'honneur perdu d'Anahita Muhammad sera retrouvé, par son retour fictif au pays de ses parents. L'enfant humiliée que toute politique, idéologie, ou religion abandonne, voire sacrifie sur l'autel du purisme ou de la communauté, glisse du fait divers au roman. Avant de devenir personnage de fiction, elle amalgame et condense autour de sa personne d'autres fantômes de corps réels : une jeune fille pakistanaise molestée dans le métro par de jeunes hooligans blancs (Salman Rushdie confiera lors d'un entretien qu'elle était sa sœur); un jeune garçon qui brûle, de son plein gré, sans flamme extérieure ni vocation au martyre. Le roman se fait « tombeau » de l'enfant mort, mais sans esthétisme, à la différence d'une tradition littéraire de morbidité qui fait de la belle morte l'origine de l'écriture[6]. Sujet humilié et objet sacrifié, Anna hante les pages de *La Honte*, mais elle n'en est pas la seule revenante. Salman Rushdie exhume un ultime cadavre, en citant une phrase du *Procès* de Kafka, la dernière, « fantôme d'épigraphe », suspendue au-dessus de cette histoire : « Comme un chien ! se dit-il, et c'était comme si la honte dût lui survivre » (p. 134).

À rebours du sens habituel des migrations, le transport

d'Anna d'Occident en Orient précède sa renaissance. Pakistanaise de la seconde génération, qui ne connaît rien de son pays qu'elle n'a jamais vu, elle est rendue à sa première patrie. Par une série d'emboîtements successifs, le personnage de Sufiya Zinobia incorpore les virtualités jamais éteintes de ces enfants morts, jusqu'à la déflagration finale : « Vous la (les) reconnaîtrez quand elle explosera » (p. 134). Née fille pour son malheur, puis frappée d'une fièvre du cerveau, Sufiya est devenue une sorte d'idiote, d'enfant attardée, dont le modèle littéraire pourrait être le Benjy de *Le Bruit et la Fureur*. Elle sera surtout « celle qui rougissait » maladivement, point de fixation de la honte injustement subie, « siphon » de la honte non ressentie et répandue dans l'éther :

> D'où, j'imagine, elle est siphonnée par les malchanceux, les portiers de l'invisible et leurs âmes sont les seaux dans lesquels s'égoutte ce qui a été renversé. Nous rangeons ces seaux dans des placards spéciaux. Nous ne pensons pas du bien d'eux, et pourtant ils ramassent nos eaux sales (p. 140).

Allégorie vivante, bientôt tueuse d'hommes, elle se vengera des siens, père, mère et mari confondus. À travers son personnage, en continuelle métamorphose jusqu'à découvrir sa noblesse dans l'animalité, s'exhibe la liaison cachée entre *Sharam* (honte) et violence.

De proche en proche, la figure de l'enfant mort s'infiltre dans le récit et contamine tous les niveaux de la narration, transformant *La Honte* en un roman habité par la mort : le fils mort-né du général Raza Hyder est étranglé par son cordon ombilical dans le ventre de sa mère ; Babar, frère cadet d'Omar, le héros masculin, est assassiné. Il est encore d'innombrables avortés de l'Histoire qui peuplent les pages d'un roman seul à pouvoir les ressusciter.

La Honte inverse les « contractions » de la naissance en « travail » de la mort. Très shakespearienne en cela, la démarche rappelle celle du roi Richard III qui engendre une nouvelle lignée dans le ventre de la sœur pour venger les frères assassinés[7]. L'image d'un vagin-tombe, d'un vagin-sépulcre, revient à plusieurs reprises et les motifs de l'engendrement et de l'étranglement se trouvent rabattus l'un sur l'autre, comme dans le monologue du pendu, Iskander Harrapa, condamné à mort par le général Hyder :

> Une inversion : le père devient l'enfant. *Il est en train de faire de moi son fils.*

> Son fils. Qui est sorti du ventre, mort, avec un nœud coulant autour du cou. *Ce nœud coulant scelle mon destin*. Parce que maintenant il comprend la cellule, la palpitation des murs, l'odeur des excréments, les battements de tambour d'un cœur invisible et infect : la panse de mort, un ventre à l'envers, miroir obscur d'un lieu de naissance, son but est de l'engloutir, de lui faire remonter le temps, jusqu'à ce qu'il soit un fœtus suspendu dans ses eaux, avec un cordon ombilical sinistrement entouré autour du cou. Il ne quittera cet endroit que lorsque les mécanismes auront fait leur travail, l'enfant de la mort, qui descend le canal de la mort, et le nœud coulant se refermera.
> Un homme attendra toute sa vie pour se venger. L'assassinat d'Iskander Harappa venge l'enfant mort-né. *Oui : on me défait* (p. 262).

« Lui faire remonter le temps » : la fin précède le début et le milieu, comme le prouve le complexe réagencement temporel auquel le narrateur soumet son récit : « Dans certains types de systèmes clos, sous une très grande pression, on peut persuader le temps de faire marche arrière » (p. 23). Les libertés avec la chronologie prises par un auteur familier des théories quantiques, développent à l'infini les possibles fictifs et renversent le sens des prophéties (« l'avenir parcourant les forêts du passé », p. 287). Elles permettent encore de pousser jusqu'à son paroxysme le mécanisme élisabéthain de la *Revenge Tragedy* : « La vie est longue. »

Écrire « sur là-bas »

Au Pakistan, il est d'autres voix enfouies, amuïes, éclipsées. La voix des poètes qu'on a fait taire, qu'on a réduits au silence. La voix des écrivains restés au pays et dont le romancier, à chacun de ses retours, entend de moins en moins parler. Ils passent de nombreux mois en prison, « pour raisons sociales », selon l'euphémisme en vigueur. On les pend la tête en bas pour faire tomber leur poésie, et déjà les autres n'en écrivent plus. La force de la censure, l'étouffante chape de silence tombée sur un pays où la langue elle-même se trouve codifiée, cernent les contours d'une situation d'empêchement. En parallèle à la présence d'un virtuel narratif (« chaque histoire qu'on choisit de raconter est une sorte de censure, elle empêche de parler d'autre chose... » p. 80), on perçoit en creux l'indignité pakistanaise censurée. Le roman la contourne au moyen d'invraisemblables « difficultés » : prétérition, dénégation, ironie et rire sous cape, travestissement, feinte, etc. Parmi ces ruses, figure en bonne place la supposition, évidemment gratuite, consistant à imaginer que le roman fût réaliste, *quand même*, le temps d'ouvrir une brèche dans la muraille de silence : « Si cela était un roman réaliste sur le Pakistan... Mais supposez que ce soit un roman réaliste... Comme le matériau de la vie réelle peut s'imposer ! » (p. 78-79). Ainsi procède le récit : de passé aboli en nom occulté, de réalité étouffée en paroles tues. Il se heurte encore, très consciemment, à ce qui résiste à toute traduction.

Par réaction, le narrateur, le visage découvert, se raconte, intervient, prend position en sa qualité d'« homme traduit ». Il a choisi d'écrire sur *là-bas*, confiant dans le pouvoir des traductions[8] : « On peut aussi y gagner quelque chose » (p. 32), soutient-il. Il prend ses distances avec l'intrigue, s'éloigne à l'occasion du récit par des commentaires digressifs, à la manière de Sterne. En marge du Pakistan, il ne cesse pourtant de tenir le pays sous le regard, spectateur désengagé, voyeur prolongé du destin de ceux restés là-bas. Jusqu'aux *Versets sataniques*, cet Orient natal est porteur de toute une mythologie personnelle qui en fait le territoire du passé, récent et lointain, la patrie du souvenir, le jardin de l'enfance, l'espace de l'unité perdue du sous-continent indien. Un cordon ombilical jamais vraiment coupé, toujours élastique, le relie à ce là-bas :

> Je me suis dit que ceci serait un roman de l'adieu, mes dernières paroles sur l'Orient dont, il y a des années, j'ai commencé à me détacher. Je ne me crois pas toujours quand je dis cela. C'est une région du monde à laquelle, que cela me plaise ou non, je suis toujours attaché, ne serait-ce qu'avec des élastiques (p. 31).

Il le fréquente par intermittences, le revisite de loin en loin, en assemble les morceaux dans sa fiction, sans jamais en reconstituer l'unité.

De cet éclatement naît un Pakistan en miettes, semblables aux éclats de miroir fichés dans le sable du désert sur lequel se tient, nu, le douanier de Q. Un Pakistan de composition, où les rôles principaux seraient confiés à des clowns, des gangsters, des voyous (qui rappellent peut-être la pièce de Brecht *La Résistible Ascension d'Arturo Ui*). L'écrivain en état d'apesanteur, contre la pesanteur de l'appartenance, a privilégié la fécondité libératrice de l'envol et du déracinement – du détachement avec l'histoire, le souvenir et le temps.

Écrire sur là-bas, c'est cependant s'exposer à la condamnation de ceux qui y détiennent le pouvoir d'interdire :

Étranger ! Intrus ! Vous n'avez pas le droit de prendre ce sujet ! Braconnier ! Pirate ! Nous refusons votre autorité. Nous savons qui vous êtes avec votre langue étrangère dont vous vous enveloppez comme d'un drapeau : en parlant de nous avec votre langue fourchue, que pouvez-vous dire d'autre que des mensonges ? Je réponds avec d'autres questions : l'histoire doit-elle être considérée comme la propriété des seuls participants ? Devant quels tribunaux soutient-on de telles prétentions, quelles commissions délimitent les territoires ? Les morts seuls ont-ils le droit de parler ? (p. 31).

Pirate, braconnier – en attendant d'autres insultes... Toujours Salman Rushdie se sera opposé aux sectarismes, farouchement et étroitement identitaires. Aux yeux des puristes de l'Histoire la démarche du narrateur est d'ores et déjà *sacrilège*, car il se mêle de ce qui ne le regarde plus, lui l'émigré, le traître. Pour autant il n'entend pas capituler devant les manipulations et les prétentions officielles à régenter ou à orchestrer la vérité. L'histoire comme la géographie du Pakistan sont une affaire trop grave pour être confiée aux politiques. Refuser la fatalité des versions officielles et des impostures qu'elles cautionnent, c'est entrer en dissidence, la seule qui vaille, celle de l'écriture. À leur mensonge s'oppose celui du narrateur, socle de l'invention fictive : « Imaginer ce qui ne m'est jamais arrivé » (p. 30). Privilégiant l'excentricité, le décalage, le regard en coin, Salman Rushdie plaide pour le droit à la différence. Tout est affaire, affirme-t-il, de position. La bonne distance serait manifestement celle à laquelle se tiennent les migrants, en lisière du monde, à la périphérie des choses.

En marge

De retour au Pakistan, le narrateur est comme un Huron, un Candide ; affectant une pseudo-naïveté, il feint de ne pas voir le mal où il se trouve, pour le plus grand plaisir de son lecteur. De ce statut d'étranger, il tire le meilleur parti, tout comme il feint d'être marginalisé par son propre récit. À voix haute, il envisage le devenir, la localisation de ses personnages (Et Rani ? Et Sufiya ? Et Omar ?), sur le mode insistant du *Whatif ?* (« Etsi ? »). Comme à l'aveuglette, il s'interroge sur la nature de l'œuvre, sur le statut de ses créatures : « Sujet au vertige, périphérique, inversé, amoureux, insomniaque, perdu dans les étoiles, gras : quel genre de héros est-ce là ? » (p. 27). Sur la méthode, aussi : comment doit-il s'y prendre pour décrire, pour raconter : « C'est vraiment lassant quand ses per-

Delhi, Fort Rouge. « *À Delhi, avant la partition, les autorités faisaient des rafles de musulmans, pour leur sécurité disait-on, et les enfermaient dans le Fort Rouge, à l'abri de la fureur des laveurs de pierres. On y mettait des familles entières, des grand-mères, de jeunes enfants, des oncles méchants… y compris des membres de ma propre famille.* »
La Honte, *p. 73.*

sonnages s'y retrouvent moins bien que soi-même ; mais j'ai ses trois mères de mon côté » (p. 65). Est mise en avant la fiction d'un auteur aussi peu omniscient qu'il est possible de l'être, soi-disant dépassé par les événements, finalement contraint de s'en remettre à la rumeur, à l'approximation, à l'incertain. La fiction s'exhibe, l'écriture s'affiche, selon un principe canonique du postmodernisme auquel Salman Rushdie sacrifie en disciple appliqué : « Et on ne revit jamais le bourreau. Ne me demandez pas ce qu'il est devenu ; on ne peut s'attendre à ce que je sache tout » (p. 270). En revanche, il prend davantage de risques à dévoiler le mécanisme de sacralisation des textes fondateurs d'une collectivité humaine. En marge de l'action, il trouve le temps de décrire comment un récit profane devient Récit sacré :

> [...] parce que les histoires, de telles histoires, étaient la colle qui tenait le clan ensemble, liant les générations dans les filets des secrets partagés. Au début, son histoire se modifia dans les nouveaux récits qu'on en faisait, mais finalement elle se fixa et, après, personne, ni le conteur ni l'auditeur, ne toléra plus aucune déviation au texte sacré et consacré. C'est alors que Bilquis sut qu'elle faisait partie de la famille ; dans la sanctification de son récit résidait l'initiation, le lien de parenté et du sang. « Raconter à nouveau les histoires, dit Raza à sa femme, est pour nous comme un rite de sang » (p. 87).

L'insistance mise à sceller le contrat de récitation dans le sang rappelle d'inquiétante façon le sacrifice rituel d'Anna et permet de démonter les procédures de fondation et de légitimation symboliques. En filigrane apparaît la nature humaine, faillible, d'une autre Récitation, coranique celle-là, pareillement canonisée. En outre, le discours du narrateur, dans la transcription éminemment orale qui en est donnée, se veut implicitement analogique, et parodique du Livre « divinement dicté et angéliquement récité[9] ».

En parallèle, le narrateur instruit à charge le procès d'Omar Shakil son anti-héros, repoussant de laideur, impossible et improbable, un marginal comme lui. À l'inverse des *Enfants de Minuit*, porté par une ambition centripète (mais trahi par une pulsion centrifuge), le sens de *La Honte* se veut affaire de *périphérie*. Né à la frontière avec le pays des prêtres rois, Omar Khayyâm en est la plus parfaite illustration. Par dérision, puisqu'il ne crée rien, il porte le même nom que l'auteur des fameux *Robâiyât* dont Salman Rushdie choisit malicieusement d'honorer la mémoire : grand poète persan, Omar Khayyâm fut un sceptique, dont les quatrains insultaient parfois le Destin, c'est-à-dire, dans la philosophie musulmane, Dieu lui-même[10].

Né de trois mères connues – toujours le fantasme de la « polyappartenance » – et d'un père d'origine anglaise inconnu, Omar Shakil aura tout fait de travers. Bâtard des confins, il a peur du vide comme du bord extrême ; excentrique, ce dégénéré incarne l'irrégularité, l'infraction à la loi coranique : « Non circoncis, non murmuré, non rasé » (p. 25). « Zombi éthique » (p. 145), car ses mères lui ont interdit d'éprouver la moindre honte, ce voyeur ne parvient pas à être l'acteur de sa propre vie. Il part de la périphérie et gagne la ville, refuge de tous les déracinés, se rapproche peu à peu du centre de l'action et des maîtres du pays. Il a pour destin de modifier, depuis sa position marginale, les grands événements nationaux. Il deviendra l'ami de débauche d'Iskander, avant de devenir le gendre de Raza Hyder. Mais il se verra expulsé du centre du pouvoir, à l'instar de Falstaff rejeté par le futur Henri V. Son retour à la maison maternelle prendra les allures d'un *regressus ad uterum* : « "Nichapur", murmurent les voix intérieures, "parce que c'est vers cela que tu t'es dirigé, toute ta vie, même depuis le jour où tu en es parti" » (p. 304).

« Un léger angle par rapport à la réalité »

Dans cette histoire, le narrateur proclame que ce pays n'est pas le Pakistan, ou pas tout à fait :

> Il y a deux pays, le pays réel et le pays de fiction, qui occupent le même espace, ou à peu près le même espace. Mon histoire, mon pays de fiction, font comme moi-même un léger angle par rapport à la réalité. J'ai trouvé que ce décentrage était nécessaire ; mais on peut évidemment en discuter la valeur. Mon idée c'est que je n'écris pas que sur le Pakistan (p. 32).

Ce double angle est voisin du changement d'échelle revendiqué par le cartographe ou le maquettiste dans son rapport à la réalité du pays à réduire. Par la rigueur modélisante qu'elle fonde et la dérive imaginaire qu'elle autorise, la carte constitue l'un des paradigmes les plus chers aux écrivains. La réduction géométrique de l'espace qu'elle postule s'apparente à une forme de contrôle : « À mi-chemin de la fable et de la science, elle permet à l'homme de dresser contre l'homme et le temps [...] la géographie qui déploie le monde à sa prise en même temps qu'elle l'offre à la greffe littéraire[11]. »

Dans *Les Enfants de Minuit*, la maîtrise cartographique échappait, quoi qu'il en eût, à Saleem qui s'imaginait *omphalos*, centre de l'Inde et donc centre du monde. Prisonnier de sa myopie, littéralement impuissant à imposer le sceau de l'ordre au chaos, il ne pouvait saisir que des fragments de cartes. Prévenu, le narrateur de *La Honte* nous avertit à son tour : les géographes ont leurs limites. Sur les cartes usées jusqu'à la trame, ne figureront donc pas les « Montagnes Impossibles », visibles à l'horizon de Q. À la manière du magrittien *Ceci n'est pas une pipe*, le narrateur nous propose un *Ceci n'est pas le Pakistan*. Tel un funambule, il chemine sur une ligne de crête, entre la formulation négative qui nie la ressemblance avec le Pakistan et l'assertion de cette même similarité. Dans son insistance à se désolidariser du « patron », il va même jusqu'à priver son pays « fictif » d'un nom. Parler de « nom de pays », ce serait commencer par dire non au pays d'adoption, ou pis, le rebaptiser, Peccavistan en l'occurrence, sur le modèle du calembour cher à Lewis Carroll et à James Joyce[12]. Or la charge satirique du roman n'est efficace que si elle touche le Pakistan réel. Dans cette faille, au sein de cette dénégation freudienne, se glisse, par ruse plutôt que par impuissance, une ambiguïté qui dissocie le pays d'origine et sa représentation, tout en les confondant. Un double du Pakistan, proche du grand modèle de pipe flottant au-dessus de la pipe représentée par Magritte sur le chevalet d'*Aube à l'Antipode*, a trouvé à se loger entre les pages de *La Honte*. La géographie distendue, l'histoire retouchée voire survolée, créent le flou et l'approximatif. Et Salman Rushdie de multiplier les incertitudes volontaires, d'organiser le brouillage, en créant une marge d'indécidabilité. Plus le calque est flou, moins les contours recouvrent ceux du Pays des Purs, et plus le lecteur, aux prises avec de réelles difficultés d'accommodation, sera tenté de dire : ceci est... et n'est pas le Pakistan, Iskander Harappa est et n'est pas Bhutto, Raza Hyder est et n'est pas le général Zia, etc.

Une telle hésitation renvoie à la difficulté de cartographier le Pakistan ; en raison de sa nature de pays « mité » lui aussi par les partitions et qui perdra son aile orientale. Au lendemain de la Partition de 1947, les nouveaux dirigeants n'ont cessé de vouloir effacer de la mémoire collective les traces laissées par la présence indienne, alors que, ironie du sort, bon nombre d'entre eux, tel Raza/Zia plus tard, étaient des *mohajirs*, originaires du pays honni d'en face. À rebours de l'histoire officielle, l'écriture de Salman Rushdie, proche de Milan Kundera en cela, fait le pari de l'anamnèse contre l'amnésie. Il n'aime rien tant que repasser par esprit de contradiction et par goût naturel pour la provocation sur les traces d'une écriture plus ancienne, se plaît à le faire d'une main « secouée de spasmes, de fous rires, de tics obscènes, de crises de nerfs ou d'hallucinations gestuelles [13] ». Repasser, c'est donc gratter le palimpseste, pour faire revenir l'espace réel à la surface de la carte. C'est se démarquer du révisionnisme pratiqué à la fondation du pays par d'autres immigrants [14]. Salman Rushdie parle d'un passé qui ne veut pas être supprimé, qui se bat quotidiennement avec le présent; il propose d'autres couleurs, rêve d'une représentation différente de celle qui a collectivement échoué :

> Le véritable désir de chaque artiste est d'imposer sa vision du monde; et le Pakistan, le palimpseste fragmenté qui s'écaille, sans cesse en guerre contre lui-même, peut être décrit comme l'échec du rêve. Peut-être que les couleurs utilisées n'étaient pas les bonnes, qu'elles n'étaient pas suffisamment permanentes, comme celles de Léonard; ou l'endroit fut-il insuffisamment imaginé, un tableau plein d'éléments irréconciliables, les saris des immigrants à l'estomac nu, contre les shalwar-kurtas indigènes des Sindhis, l'ourdou contre le punjabi, maintenant contre alors : un miracle qui devient faux (p. 100).

Repasser, enfin, c'est dépasser la dimension réaliste au profit de la fable, « forme centrale et la plus vivante de la littérature occidentale » (*Patries imaginaires* p. 287). Conte de fées moderne, *La Honte* s'appuie sur des faits réels, et notamment le saisissant contraste de personnalités entre Bhutto et Zia (le Sindhi et le Pendjabi). Le premier, issu d'une famille richissime, brillant, voire flamboyant, de belle prestance, vivant sur ses nerfs, charmant ou d'une rudesse impitoyable. Le second, d'un milieu modeste, calme, tôt couché et tôt levé, menant la vie simple d'un musulman pratiquant, la main droite sur le Coran. La transposition fictive reprend le thème rushdien du duel, de la lutte à mort entre deux figures antithétiques quoique complémentaires (Flapping Eagle et Grimus, Saleem et Shiva, Raza et Iskander, Chamcha et Gibreel, Khattam-Shud et Haroun, Moraes et Miranda). Autre opposition manichéenne : celle des deux pôles de la honte et de l'absence de honte, entre lesquels il n'est que violence. Fortement malmenée, la *mimesis* n'est pas ce qui importe : elle s'efface au profit d'une poétique propre au *réalisme magique*, fondée sur le chiffrage d'une donnée spirituelle évoquée dès les premières pages du livre, à la faveur de la description de la demeure natale d'Omar :

> [...] reclus dans cette maison fermée, ce troisième monde qui n'était ni spirituel ni matériel, mais une sorte de décrépitude concentrée faite de restes en décomposition de ces deux types d'univers familiers, un monde dans lequel il se heurterait constamment – ainsi que dans une profusion d'objets effondrés couverts de napthaline, de toiles d'araignée et de couches de poussière – aux miasmes attardés et légers, d'idées abandonnées et de rêves oubliés (p. 33).

Étouffant labyrinthe, Nichapur suinte la claustrophobie, la décrépitude et la stérilité dont Salman Rushdie crédite le Pakistan, véritable *no man's land* politico-éthique. L'esprit du lieu, image du malaise ambiant, n'est pas seul à manifester la dimension occulte d'un roman sur lequel flotte la « puanteur de l'honneur ».

Le corps et sa physiologie ont leur propre configuration symptomale, de nature psychosomatique. Ce quelque chose d'effroyable et d'obscène qui arrive au corps incandescent de Sufiya Zinobia rend visible le paroxysme de la honte, invisible partout ailleurs. Sur le mode de l'excès, la rougeur de l'embarras se fait en toute invraisemblance le « corrélat objectif » de la honte, la matérialisation d'un contenu éthique propre à l'héroïne, ou d'une Idée de portée collective ou universelle. « Je n'écris pas que sur le Pakistan », répète le narrateur, qui ajoute que ce pays n'a pas le monopole de (l'absence de) la honte.

La tendance à l'allégorisation de l'intrigue, des décors et des personnages doit également beaucoup à la mentalité mythique, soucieuse de trouver partout des correspondances entre la matière et l'esprit. À la faveur de dérèglements immunitaires, cutanés ou pyschosomatiques que Salman Rushdie affectionne tout particulièrement, s'exprime une des formules du réalisme magique : « Le psychisme (s'y) trouve littéralement in-formé, matérialisé par les effets d'un processus de création apparenté à celui du rêve, à savoir la traduction systématique du psychique, du spirituel, en termes de réalité objectale[15]. »

Souvent, la voie choisie pour déstabiliser la représentation et achever de brouiller les cartes est celle de la similitude : répétitions, constantes, leitmotive, ressemblances, correspondances, conjonctions, effets de miroir, symétries, structures cycliques font apparaître une étrange cohérence entre des éléments apparemment distincts. L'écriture de Salman Rushdie organise la reprise de ces fragments, leur donne une unité, les assemble en mosaïque. Entre dénégation et affirmation, mais sur un mode « dansant », « bougé » et « ouvert », se configure l'*entre-deux* rushdien. Son dessein : donner à voir ce que les objets reconnaissables, les silhouettes familières, les frontières connues, cachent, empêchent de voir, rendent invisible. De même que le caligramme magrittien permet de prendre les choses au piège de la double graphie, la fiction rusée de Salman Rushdie prend les pays et les hommes au piège du double entendre – « diablerie », dirait Michel Foucault[16].

Le Jugement dernier

> *Les histoires finissent, les mondes finissent, et c'est le Jugement dernier* (p. 314).

Soit dix-huit châles brodés en captivité par Rani Humayun, veuve du Président déchu Iskander Harappa. Elle les destine à sa fille Arjumand, à qui elle reproche d'idolâtrer son père[17] ; elle espère briser le mythe de « l'homme nouveau pour un siècle nouveau », détruire la légende d'un Iskander tout amour et révéler son visage de despote sanguinaire. Les moyens utilisés sont ceux de la représentation : « Que représentaient les dix-huit châles ? » Soit donc un projet de figuration, mais paradoxalement destiné à rester caché dans le secret du coffre familial. Intitulé « L'absence de honte d'Iskander le Grand », l'ensemble forme un tableau, sorte de *patchwork* dont la finalité serait double : restituer le passé enfoui de l'artiste, qui signe de son nom de jeune fille enfin retrouvé ; dénoncer au moyen d'une « épitaphe de laine » les crimes de l'assassin de la démocratie. De même que les châles « racontent » des choses que personne ne voulait entendre, les mots qui en accompagnent l'évocation, susurrés à travers le tissu (et rapportés en italiques dans le texte), tissent la trame des châles de la colère de Rani :

> [...] et le châle des jurons, la bouche d'Iskander grande comme l'abîme, les gros mots représentés par des créatures immondes sortant de ses lèvres en rampant, des cafards vermillon, des lézards pourpres, des sangsues turquoise, des scorpions ocre, des araignées indigo, des rats albinos, *parce qu'il n'a jamais cessé de jurer, Arjumand, même si tes oreilles ne voulaient pas l'entendre* (p. 219).

Forte de l'intrication entre support et message, fil de laine et tissu de mensonges, la phrase, unique, filée sur quatre pages, est un superbe pan d'écriture. Ces traces de broderie rouge qui traversent l'un des châles comme des cicatrices, ce tout écarlate qui éclabousse comme une tache de sang irréductible, ces fils d'argent tissés à partir du visage d'Iskander, n'ont pas l'exactitude ou la vraisemblance pour propos. Souverainement hors norme, ils mettent à jour la cruauté d'un régime qui s'avançait masqué. Les corps suppliciés s'entassent, passent dans le châle qui déborde du trop-plein des geôles pakistanaises. Le châle de l'enfer, à l'instar du Jugement dernier de Michel-Ange, ou des Portes de l'Enfer de Rodin, grouille de cadavres :

> [...] les corps étendus en travers du châle, les hommes sans organes génitaux, les jambes coupées, les intestins sur le visage... les gens pendus la tête en bas avec des chiens tirant sur leurs entrailles, les gens avec des sourires sans vie, et les trous des balles leur faisaient comme une seconde bouche, les gens réunis dans le festin de ce châle de chair et de mort (p. 221).

À l'image des peintres, attachés à crûment exhiber le dessous des choses et la chair du mal mise à vif par le recours décapant et dissolvant à la couleur, Salman Rushdie livre une image en acte du carnage – une saisissante décréation. Tel un Goya illustrant les *Désastres de la guerre*, il fait sienne la « texture d'ombre du crime révélé, tissu où se noue dans l'horreur le geste des bourreaux et des victimes [18] ». Par son écriture du mal, qui rejoint l'insubordination de l'épouse longtemps bafouée, il barbouille la belle image du régime d'Iskander-Bhutto et les chromos de la représentation officielle. La démarche compulsivement arachnéenne de Rani, alias Atropos, se rapproche d'une maladie, répandue chez les artistes du sous-continent indien et souvent diagnostiquée dans les romans de Salman Rushdie : la manie absurde, voire risible, tant elle est porteuse de dérives grotesques, de vouloir enfermer le réel protéiforme entre les pages d'un roman, dans une bobine de film ou dans quelques jarres de *pickles*... ou sur dix-huit châles... Et ce, alors que la violence meurtrière du Mal – mal de l'Histoire, essentiellement – apparaît singulièrement en excès : « Et pas assez de fil rouge sur la terre pour représenter le sang » (p. 221).

Prolongement naturel du corps « saccagé » (« comme on saccage une maison ») et de la peau torturée (« sur leur peau des brûlures profondes »), ce châle rejoint les autres étoffes du roman : *duppata* de la modestie, linceuls cousus par l'épouse de Raza, veste Cardin d'Iskander et redingote verte de Robespierre. Il condamne les codes sociaux et sexuels d'une société qui écrase les femmes sous le fardeau intolérable de l'honneur, et étend à tous le processus de la répression, « vêtement sans coutures » (p. 196).

À l'heure du Jugement dernier – c'est le titre du dernier chapitre – le feu dont Sufiya est porteuse se répand dans les rues de la nuit, programmé pour ravager le monde. Principe éruptif et incendiaire que rien ne saurait arrêter, la Chose monstrueuse emprisonnée en elle s'en échappe. Sufiya quitte la sphère privée pour pénétrer dans l'arène publique où, brisant ses chaînes, elle allume dans son sillage les brasiers de la révolte. Le peuple écrasé choisit de voir en elle son champion, à l'image de sa propre exclusion. Indice de vérité d'un monde qui s'efforce vainement d'occulter son propre désordre, elle consacre une vocation tératomorphe différente de celle manifestée par *Les Enfants de Minuit*, placé sous le signe du merveilleux. Ici l'écart par rapport à la norme procède réactivement, à la manière d'un retour du refoulé : instrument fatal de la *nemesis*, elle se retourne contre ses parents lors de sa transformation en panthère blanche, Belle devenue Bête, « Belle dans la Bête ». Défigurée, la *Romance* tourne à l'horreur : la femme devient celle par qui la violence arrive.

À la manière de son amie la romancière Angela Carter, qui réécrit *La Belle et la Bête*, *Barbe-Bleue* ou *Le Petit Chaperon rouge* sous l'angle du féminisme *(Bloody Chamber)*, Salman Rushdie se plaît à détourner sur le mode ludique et subversif les stéréotypes des contes de fées. Son point de vue est, comme il se doit, plus *politique* : la Bête, autre nom de l'Ogre, du loup-garou, du vampire, lui apparaît comme « l'une des métaphores les plus aptes à définir le XXe siècle » (*Patries imaginaires*, p. 187). Elle a trait à la peur de l'Autre, de l'Étranger, du Double inversé au miroir, du Colonisé, du Non-civilisé, voire du Noir et de la Nuit. Bien souvent encore, la Bête naît des phobies des puissants et des possédants qui redoutent le soulèvement des faibles et des pauvres (*Patries imaginaires*, p. 187). À ce titre, elle s'attire la sympathie de l'écrivain « mineur » :

> Une Bête naît, un « faux miracle », dans les citadelles de la propriété et du décorum. Tel était le danger de Sufiya Zinobia : elle arriva non dans l'univers sauvage des basilics et des démons, mais dans la meilleure société. Et cette société fit un énorme effort de volonté pour ignorer qui elle était en réalité afin de ne pas arriver au point où elle, l'avatar du désordre, devait être expulsée – parce que son expulsion aurait mis en pleine lumière ce-qu'on-ne-voulait-savoir-à-aucun-prix, c'est-à-dire cette vérité impossible que la barbarie pouvait pousser sur un terrain cultivé, que la barbarie pouvait se cacher derrière des chemises bien repassées (p. 227).

À l'occasion de la remontée de la bestialité dans l'humain, le principe féminin trop longtemps asservi prend sa revanche. Sufiya retrouve paradoxalement sa dignité sacrifiée par sa transformation en « Guillotine humaine » – qui réactive les pires angoisses de castration masculines. Sorte de Doctor Jekyll et Mister Hyde au féminin, elle libère au plus intime d'elle-même des forces trop longtemps refoulées. Dans l'*Anus Mundi* où ont trouvé refuge son père et son mari au terme de leur ignominieuse et obscène descente aux enfers de la merde, elle sera l'Ange de la Mort en son implacable visitation, cristallisant la montée en puissance du plus archaïque des imaginaires. Ce final s'avère digne de *La Chute de la Maison Usher*, lorsque Madeline revient d'entre les morts. Le roman, surnaturelle maison aux esprits, se nourrit du réel, et les fantômes qui s'en échappent renversent les bastions les plus solides. La fuite du grenier où elle est retenue prisonnière, comme l'épouse démente de Rochester dans *Jane Eyre*, laisse dans le mur un trou à l'endroit de son passage. Salman Rushdie achève ainsi de perforer la comédie des apparences, fait éclater comme du cristal la bonne conscience ambiante – et confirme les allures de *fiction trouée* qu'affectionne le romancier, depuis un certain drap…

Annoncé très tôt, l'embrasement final de Sufiya, proche d'un holocauste nucléaire, couronne son œuvre de décréation. En décapitant son mari Omar, qu'elle démembre aussi, elle sanctionne par-delà l'adieu au roman un abandon mélancolique du Pakistan :

> Alors vient l'explosion, une onde de choc qui démolit la maison, et ensuite la boule de feu de son ardeur, roulant au-delà de l'horizon comme la mer, et enfin le nuage qui s'élève, s'étale et reste suspendu au-dessus de la scène vide, jusqu'à ce que je ne puisse plus voir ce qui n'est plus là ; le nuage du silence, avec la forme d'un géant, un homme gris et sans tête, une silhouette sortie d'un rêve, un fantôme levant un bras pour dire au revoir (p. 324).

Cet embrasement marque l'autodestruction du « personnage » consumé par l'excès de violence subie, et révèle, en ce jour d'apocalypse, l'impossibilité pour les juges d'échapper à leur destin. L'incendie fait surtout de *La Honte* un autre de ces romans des fins dernières, une de ces fictions au ton apocalyptique, travaillées par l'inscription, anticipée et insistante, du terme. La loi secrètement eschatologique des récits rushdiens serait-elle un chant de l'abîme ?

Il semble que pour se réaliser le récit doive s'immoler par le feu, à l'image du garçon londonien évoqué plus haut, sous l'effet conjugué d'une langue de feu et d'un souffle de mort. Le narrateur s'imagine sous les traits d'un arbre, se sachant promis à la foudre :

> [...] et même de façon assez grandiose, comme le frêne yggdrasil, l'arbre-univers de la légende scandinave. Ce frêne yggdrasil a trois racines. L'une d'elles plonge dans la mer de la connaissance près de Walhalla, où Odin vient boire. La seconde est lentement consumée dans le feu éternel de Muspellheim, le royaume de Surtur, le dieu-flamme. La troisième est lentement rongée de l'intérieur par une bête effrayante du nom de Nidhögg. Et, quand le feu et le monstre auront détruit deux racines, le frêne tombera, et ce sera l'obscurité. Le crépuscule des dieux : le rêve de la mort d'un arbre (p. 100).

Un dernier mot, peut-être. Le fabuliste Salman Rushdie fait renverser en 1983 le général Raza Hyder par une insurrection populaire fomentée par la panthère blanche, sa fille. Il le livre ensuite aux trois mères d'Omar, qui, à l'instar des Parques, interrompent d'ignominieuse façon le fil de sa vie, vengeant ainsi l'exécution de leur second fils, Babar Shakil. Et le narrateur d'ironiser, à quelques pages de la fin du livre :

> Attention, il ne faut pas que j'oublie que j'écris un conte de fées. Mon dictateur s'effondrera à cause des lutins et des fées. J'entends déjà les critiques : « C'est un peu facile » ; d'accord, d'accord. Mais j'ajoute, même si ça fait un peu geignard : « Essayez donc de vous débarrasser d'un dictateur, pour voir » (p. 292).

Curieusement, le général Zia, que Salman Rushdie n'hésitera pas à présenter comme « l'un des tyrans modernes les plus cruels » (*Patries imaginaires*, p. 67) meurt dans un mystérieux accident d'avion, le 18 août 1988. Les romanciers-prophètes auraient-ils toujours le dernier mot ?

5

Le Sourire du Jaguar, ou « la vue d'ailleurs »

« El escritor hindu »

Le 17 juillet 1979, soit un mois jour pour jour après la naissance du fils de Salman Rushdie, un autre dictateur, Anastasio Somoza, dans un autre coin du monde, est contraint de fuir le Nicaragua devant l'avancée des forces sandinistes. Le 19, le Front sandiniste de libération nationale (FSLN) prend le pouvoir dans Managua libéré. Le « Nicaragua libre » vient de naître. *Le Sourire du Jaguar* s'ouvre sur le rappel de cette coïncidence, magique, troublante pour l'auteur des *Enfants de Minuit*. Avec sa manie de la « synchronicité », Salman Rushdie y voit un signe du destin, un clin d'œil, l'indice d'une connivence. Le hasard – est-ce le mot juste ? – aura aussi voulu qu'il vive quelque temps dans un logement situé un étage au-dessus du luxueux appartement londonnien où Hope Somoza, la veuve du dictateur, se livrait à ses frasques. Les affinités de Salman Rushdie avec ce petit pays d'Amérique centrale se font véritablement électives, à compter du jour où l'administration Reagan déclare la guerre aux dirigeants sandinistes. Son sang d'enfant de Minuit qui ne saurait mentir (« enfant d'une révolte victorieuse contre une grande puissance », p. 12) ne fait qu'un tour : en homme du Sud davantage qu'en intellectuel progressiste, il ressent le lien symbolique qui l'enchaîne à ce peuple, dont tout le rapproche, à commencer par la commune perception « de la faiblesse » (p. 12). Il partage avec ce pays « la vue d'en bas » : « On lève la tête et on voit le talon d'une botte s'abattre pour vous écraser » *(ibid.)*[1]. À l'évidence, l'attitude s'est radicalisée : jamais Salman Rushdie n'aura exprimé en des termes aussi nettement tiers-mondistes ou positifs son sentiment d'être « le produit de la révolution indienne » *(ibid.)*.

C'est donc avec des idées simples qu'il s'envole vers le Nicaragua « volcanique », au mois de juillet 1986, soit sept ans, jour pour jour, – encore un anniversaire ! – après la naissance de ce nouveau pays. Son séjour, à l'invitation de l'Association sandiniste des travailleurs culturels, durera trois semaines pendant lesquelles il interrompt l'écriture de ce qui deviendra *Les Versets sataniques*[2]. C'est un moment critique de l'histoire du jeune régime : la Contra multiplie les raids meurtriers et intensifie son travail de sape, forte du soutien de ses riches protecteurs nord-américains. Le pays est à nouveau plongé dans la guerre civile, l'économie bat de l'aile et les dirigeants sandinistes sont contraints de s'aligner sur le bloc de l'Est. De la chronique de cette période « intermédiaire », « temps proche du pivot de l'histoire » (p. 13), Salman Rushdie tire en 1987 la matière d'un livre engagé, de facture certes journalistique, mais où les « choses vues » le sont par l'œil du romancier.

La veine littéraire, à laquelle Salman Rushdie feint de donner des gages, n'est qu'en apparence celle du récit de voyage à l'anglaise, genre qui connaît depuis deux décennies un net regain de popularité grâce à des écrivains comme Paul Theroux ou Eric Newby. Certes, Salman Rushdie multiplie les anecdotes et fait la part belle à la couleur locale, en sélectionnant des détails piquants ou cocasses. Reçu par une famille de paysans pauvres dans une coopérative, on lui sert des « œufs de l'amour ». Il entend des enfants jouer aux cartes dans la pièce à côté, avec des rectangles de papier découpés dans des bandes dessinées de l'oncle Picsou, pendant qu'à la radio Bruce Springsteen chante… « Born in the USA » ! Contrairement à ses confrères romanciers (à l'exception peut-être de V. S. Naipaul), Salman Rushdie ne voyage pas pour laisser agir en lui le charme de l'exotisme ou du dépaysement. Voyageur, il l'est, mais *avec* bagages, lesté du poids invisible de la prédestination, ouvert à toutes les reconnaissances. Au Nicaragua, où il n'a jamais mis les pieds, Salman Rushdie se retrouve sans réelle surprise en terrain familier. Tout ou presque lui rappelle son Inde natale ; les ressemblances, même les plus superficielles, lui sautent aux yeux : autobus pris d'assaut par des grappes humaines ; taudis en bordure de route ; héros de la Révolution au statut mythique d'un Gandhi ; jusqu'aux trois tendances du FSLN qui évoquent les divisions de la gauche indienne. À la stupéfaction des habitants, il ne cesse de leur indiquer des parallèles entre leur pays et le sien. Tout au long du voyage, il est *« el escritor hindu »*.

Salman Rushdie, qui a toujours pensé que le rôle de l'écrivain était de faire pièce aux représentations politiques officielles, soutient un gouvernement pour la première fois de sa vie, situation qu'il juge lui-même « désorientante ». Même les atteintes des Sandinistes à la liberté de la presse, qu'il condamne sans ambages, ne parviennent pas à le faire changer d'avis : « S'opposer à la politique d'un gouvernement, conclut-il avec un soupçon de mauvaise foi, n'était pas s'opposer à ce gouvernement » (p. 73). À l'encontre des pessimistes qui prédisent l'écrasement des forces sandinistes, Salman Rushdie veut garder espoir :

> Les fins tragiques pouvaient sembler plus réalistes que les fins heureuses, mais la réalité contenait un grain d'irrationnel, qui (n'en déplaise à Tagore) manquait au réalisme. Dans le monde réel, il y avait des monstres et des géants ; mais il y avait aussi le pouvoir infini de la volonté. Le désir de survie du Nicaragua se révélerait plus fort que les armes américaines. Nous verrions bien (p. 177).

Le sens de l'humour indispensable à toute prise de recul ne lui fait pas défaut. Il compare d'abord le combat livré par le Nicaragua aux États-Unis d'Amérique à celui de David et Goliath, puis se ravise et opte pour un autre modèle, emprunté à l'imagination historique de Goscinny et Uderzo. Il fait revivre le village aux irréductibles Gaulois assiégés, en créant une nouvelle Gaule plaisamment baptisée « Sandinix » (p. 172). Salman Rushdie s'abandonne néanmoins à l'impression, exaltante autant que trompeuse, d'être au centre de l'histoire, au cœur de l'événement : « Visiter le Nicaragua, écrit-il non sans naïveté, c'était se rendre compte que le monde n'était ni télévision, ni histoire, ni roman. Le monde était réel... » (p. 177). Médusé, le romancier découvre la vraie vie, sans place pour les repentirs et les révisions dont la vie fictive s'accommode.

Autre motif de surprise : le dédoublement que Salman Rushdie perçoit en lui, à l'occasion de ses entretiens avec des personnalités locales. À propos de la CIA et de son rôle présumé au Nicaragua, il s'entend réagir, comme en « stéréophonie », sous l'emprise de deux réflexes simultanés : un instinct d'Occidental blasé, à qui on ne fait plus le coup des complots et des barbouzes et qui se dit « non, pas encore eux ! » ; une réaction d'Oriental persuadé du pouvoir réel de la CIA. Cette tension se prolonge dans l'évocation du *limerick*[3] qui donne son titre au roman :

> Montée sur un jaguar
> Une jeune fille du Nicaragua souriait.
> Ils revinrent de promenade
> La fille dans le ventre de la bête
> Le sourire sur la face du jaguar (p. 9).

La veille de son départ, le sourire carnassier du jaguar peuple sa nuit de cauchemars : il s'imagine poursuivi par la bête aux dents dégouttantes de sang. À son réveil, il soumet le *limerick* à une lecture consciemment allégorique, et veut y voir une double signification, radicale et conservatrice. Si la jeune fille est la Révolution, toute parée de ses couleurs d'idéal, le jaguar incarne alors, selon une lecture « gauchiste », les États-Unis, et le danger est grand de le chevaucher. Mais si la jeune fille symbolise le Nicaragua, et le jaguar la Révolution, quelle interprétation donner à ce rêve ? Salman Rushdie ne choisit pas, conservant le souvenir de la jeune fille qui, « sur son jaguar, ressemblait à Mona Lisa, elle avait le sourire de Gioconda » (p. 170).

L'œil du poète

Et si *Le Sourire du jaguar* s'avérait moins idéologiquement marqué qu'il n'y paraît ? Revisité par l'œil du « poète » – c'est l'autre surnom qu'on lui donnait –, le Nicaragua de Salman Rushdie est promu chantier « inachevé » d'une cosmogonie où les forces de création et de destruction s'affrontent pour la victoire finale, véritable théâtre d'une mythologie moderne où se rêvent des genèses et se forgent de nouvelles identités. Les dirigeants sandinistes renouent avec leur passé lointain et encouragent, à l'occasion des fêtes et commémorations, le port du masque qui transforme et « métamorphose » (en souvenir des masques portés par les guérilleros au combat). Ce peuple qui se réinvente par la rédaction de sa nouvelle constitution, Salman Rushdie le voit accéder à une autre *réalité*, sur le continent où est né le réalisme magique. Déjà, à l'aéroport de La Havane, lorsqu'il s'apprêtait à embarquer pour Managua, Salman Rushdie évoquait, mais c'était un trompe-l'œil, la légende d'une carte de Cuba relatant la découverte par Cristofóro Colón, en lieu et place des Indes, de l'Amérique merveilleuse. Nul exotisme d'El Dorado ne l'attendait toutefois à son arrivée. Dans l'avion qui survole le cratère du volcan d'Apoyeque, il lui revient en mémoire un poème de Pablo Neruda qui chante les souffrances endurées par les peuples de *Centro America*.

Pour comprendre les vivants, il est nécessaire de commencer par les morts. Son voyage débute par une visite à la nécropole qu'est Managua, immense champ de ruines à demi déserté par ses habitants. À l'instar de celles de Buenos Aires vues par

Ernesto Sabato, les noms des rues du centre-ville, jamais reconstruit depuis le tremblement de terre de 1972, servent de tombeau à la mémoire des héros tombés pendant les 46 ans de dictature somoziste.

Un autre document littéraire l'accompagne au cours de son périple : placé sous le signe de la mort, il permet à Salman Rushdie d'accoucher de la vérité qu'il est venu chercher au Nicaragua. Il lit un roman de Sergio Ramirez, *Te dio miede la sangre ?* (Avais-tu peur du sang?), sous son titre anglais : *To Bury your Fathers* (pour enterrer vos pères). Un extrait des *Oiseaux* d'Aristophane figure en exergue :

> L'alouette des champs est née avant tous les êtres, avant la terre même. Son père est mort de maladie quand la terre n'existait pas encore. Il est resté sans sépulture pendant cinq jours, jusqu'à ce que l'alouette, ingénieuse par nécessité, enterre son père dans sa tête (p. 164).

Située à l'époque d'Augusto Cesar Sandino qui fut assassiné par les hommes de main de Somoza en 1934, l'intrigue lui renvoie l'image d'un Nicaragua captif, pris en otage. En ces temps-là, « la terre n'existait pas encore. [...] Sans pays, sans nation, chacun enterrait son père en soi, car le soi était le seul refuge » (p. 165). Cet exil intérieur d'un Nicaragua somoziste, étranger en son propre pays, coupé de ses racines, lui apparaît avec l'évidence de l'archétype : pareille déshérence est à l'image de celle d'Israël sous les pharaons. La messe à laquelle assiste Salman Rushdie à Riguero, lui confirme cette vision biblique de l'histoire, revisitée par le Père Molina, nouveau Puritain d'Amérique centrale. Le prêtre risque l'analogie : dans le rôle du cruel pharaon, Somoza ; le peuple nicaraguais dans celui des Israélites réduits en esclavage ; le FSLN incarne Moïse guidant son peuple hors d'Égypte, à travers les eaux de la mer Rouge jusqu'à la Terre promise ; derrière lui, le Dieu des pauvres referme les eaux sur la Garde nationale de Tacho-Ramses. Plaisamment symbolique, la parabole n'en a pas moins valeur littérale aux yeux de l'auteur, convaincu de l'universalité des migrations. Si les populations déplacées de la région de Bocay ont raison de croire que le Nicaragua de Somoza n'était en rien leur patrie, la révolution représente pour elles l'équivalent d'une migration, d'une renaissance.

Loin de détacher Salman Rushdie de ses « obsessions » créatrices, l'éloignement les aura confortées. Prompt à mettre en avant son identité de migrant, Salman Rushdie confie à Humberto, l'une de ces personnes déplacées, qu'il ne connaît pas sa chance. De manière prémonitoire, il conclut : « Je n'ai jamais cessé de me demander où était mon pays. Ils ne m'ont pas compris. Personne ne me tirait dessus » (p. 89).

Revenu à Londres, il résume quarante jours en une révélation : « Nous savions qu'il existait d'autres perspectives, nous avions vu l'autre côté » (p. 179)[4]. L'embarquement pour Managua s'est mué en chemin de Damas…

6

Les Versets sataniques : le pacte avec le diable

Un livre est le produit d'un pacte avec le diable qui inverse le contrat faustien (p. 495).

Pour la première fois, un roman rushdien parle « d'une vie pas seulement remémorée et nostalgiquement désirée mais vécue de première main » ; pour la première fois, « les personnages y sont des gens qui vivent dans le monde, accomplissant leur destin propre dans une histoire bien à eux [1] ». L'Angleterre où vit Salman Rushdie occupe le centre de gravité des *Versets sataniques* (1988) : l'action ne se déroule plus dans un pays lointain et recomposé : la fiction, en se déplaçant partiellement vers l'ouest vient rejoindre l'écrivain dans sa nouvelle patrie londonienne. Le roman met en scène la société britannique contemporaine, ses tensions et ses travers. Le découpage en neuf chapitres alterne la genèse de l'Islam, un pèlerinage à pied vers La Mecque et l'errance des personnages dans Londres. Les passages incriminés, le titre provocateur, ne sauraient résumer le livre. Il a fait de son auteur une « sorte de super-Nobel en négatif » ou, inversement, d'« écrivain public numéro 1 [2] », mais c'est sans doute le livre du monde le moins ou le plus mal lu. Tant d'encre, pourtant, a été répandue sur le « corps du délit [3] », sans parler du sang versé, des mensonges proférés et des consciences blessées ! Sous la croûte de mort des anathèmes, comme derrière le glacis vitrifiant des grands principes, se trouve un objet littéraire à multiples facettes. Notre seule ambition est de le donner à voir, sans chercher à masquer notre sentiment qu'entre les lignes apparaît une prescience du sort réservé à l'ouvrage. Avant la fatwa, un lecteur aurait pu faire sien ce jugement de Jean Genet : « Il me semble... que tout roman, poème, tableau, musique qui ne se détruit pas, je veux dire qui ne se construit pas comme un jeu de massacre dont il serait l'une des têtes, est une imposture [4]. »

Tombés d'avion

Le roman débute comme s'achèvent ordinairement les fictions rushdiennes, par un cataclysme. L'explosion en vol du Boeing d'Air-India (AI 420) libère, telle une cosse, les graines d'une humanité nouvelle. Deux Indiens, plus ou moins occidentalisés, tombent en chantant dans le joyeux désordre des débris de l'appareil, depuis la hauteur de l'Everest vers les abords de Londres qu'ils s'apprêtent à investir. « Tombés d'avion[5] » – à l'image des Argentins, qui seraient « descendus de bateau » selon Borges –, ils sont le produit, tout comme Salman Rushdie, de l'immigration, de la transplantation et du déracinement. Leur chute, qui rappelle celle de l'Alice du Pays des Merveilles dans le terrier du lapin, s'apparente à une naissance : « La tête la première, dans la position recommandée aux enfants pour entrer dans le canal de la naissance » (p. 15) – comme si le romancier n'avait jamais fait autre chose que célébrer « la mise au jour d'une nouvelle humanité[6] ». Privés de sol propre, ils sont impatients de se réinventer en se réenracinant, dans la langue et la traversée des idiomes, par l'imaginaire et la confluence des cultures. Déjà apparaît en ces premières pages l'interrogation sur la manière dont, en religion comme en politique ou en littérature, « la nouveauté arrive dans le monde » (*Patries imaginaires*, p. 394), impure et mélangée.

Vaguement coupables de quelque transgression pour laquelle ils ne finiront pas de payer, ces deux Icare bruns, compatriotes imaginaires de Salman Rushdie, se retrouvent unis en une loufoque étreinte, grosse d'intrications à venir. Gibreel Farishta, né Ismail Najmuddinn[7], l'étoile du cinéma théologique indien, venait rejoindre en Angleterre sa maîtresse, l'alpiniste Alleluia Cone qui affirme avoir vu Dieu sur le Toit du monde. Saladin Chamcha, né Salahuddin Chamchawala, rentrait à Londres ; acteur raté, reconverti dans la contrefaçon des voix pour la télévision et la radio, il a épousé l'archétype de l'Anglaise, Pamela Lovelace à l'onomastique chargée[8]. Unis l'un à l'autre, tout le temps de cette invraisemblable descente, ils sont séparés au contact du sol britannique. Le roman gardera obscurément en mémoire cet enchevêtrement initial, entre amour et haine, et rythmera leur rapprochement programmé – jusqu'à ce que Chamcha soit sauvé par Gibreel dans son *bed and breakfast* en feu et que Gibreel se suicide avec le pistolet du père de Saladin.

En ce prélude, « le verbe est la première allégresse[9] », le premier impératif aussi, proche de l'injonction de la Récitation coranique (« Récite ! ») : « "Vole", ordonna-t-elle à Gibreel. "Chante" » (p. 19). La résistance à la « gravité », destin à vaincre selon Bachelard, s'accomplit impérieusement par la parole et le chant. Prolixe, le romancier donne libre cours à l'imagination créatrice, qui agit sur les lois de la physique pour s'en affranchir en songe ; volubiles, les deux compères nés en plein ciel triomphent de la pesanteur. Tenue sous le regard d'un témoin invisible, à l'identité incertaine – Dieu ? Satan ? le conteur ? –, la chute première s'inverse en la « légèreté » virtuelle d'un vol. En ce matin de la création du monde (un 1er janvier), le jeu infini des possibles et des dimensions est à son apogée :

> Là-haut, dans l'air, dans cet espace imperceptible et mou qui avait été rendu possible par ce siècle et qui, à son tour, avait rendu ce siècle possible, devenant un de ces lieux définis, le lieu du mouvement et de la guerre, le rétrécisseur de planète et le videur de pouvoir, la plus dangereuse et la plus transitoire des zones, illusoire, discontinue, métamorphique – parce que quand on lance quelque chose en l'air tout devient possible (p. 15-16).

Battant comiquement des bras, nos deux anges déchus traversent des nuages changeants ; ils annoncent, outre les turbulences futures, un roman des conjonctions et des métamorphoses, des fusions et des traductions, grotesques et périlleuses.

À rebours

Avec ce débarquement, s'inverse la direction des conquêtes antérieures. Neuf cents ans après l'invasion de Guillaume le Conquérant, deux barbares posent le pied sur le sol anglais et reproduisent son geste mythique : à défaut de sable, c'est une poignée de neige qu'ils portent à la bouche. L'un deux, Chamcha, porte le nom de Saladin, en souvenir du légendaire Saladin qui écrasa les chrétiens à Hattin. Deux avatars de Vendredi débarquent sur l'île de Robinson Crusoe, bien décidés à s'en faire les maîtres. Tels les anciens conquistadors, ils plantent leur drapeau, mais en terre blanche, s'appropriant leur Nouveau Monde. Représentants de la diaspora indienne, ils donnent ironiquement raison à Christophe Colomb : « Le monde est rempli d'Indes, Orientales, Occidentales, Nordiques.

Merde, tu devrais être fière de nous, de notre goût du risque, de la façon dont nous repoussons les frontières » (p. 67).

Salman Rushdie reprend aussi l'ironie du roman de Joseph Conrad, *Au cœur des ténèbres*, et le thème du voyage au bout de l'inconnu, de la quête métaphysique menée dans les profondeurs obscures du continent noir à quadriller. L'espace est ici insulaire et « civilisé », et deux hommes bruns s'apprêtent à le remonter symboliquement en direction du nord ou de l'est, vers la capitale de l'ancienne métropole. Ils s'enfoncent au cœur d'un territoire recouvert d'un épais manteau de neige à la non innocente blancheur. Opportune et ironique blancheur : idéale pour un recommencement radical, cette page vierge de toute empreinte apparaît propice à l'écriture d'un nouveau chapitre des relations entre la métropole et les anciens colonisés. Il n'est que temps, semble nous dire en substance Salman Rushdie, que l'indigène, jadis muet et soumis, achève son émancipation. Cela peut passer par la blancheur des femmes : *« Je prends racine dans les femmes que j'aime »* (p. 73), s'exclame Chamcha dont les fantasmes sont des plus éloquents :

> [...] il rêva de la Reine, il faisait tendrement l'amour au monarque. Elle était le corps de la Grande-Bretagne, l'avatar de l'État, et il l'avait choisie, se fondait en elle, elle était sa Bien-Aimée, la lune de ses délices (p. 189).

Mais la blancheur ne tient pas : la neige qui faisait à la capitale une tenue de deuil fond en de longues traînées de boue sale, et Chamcha découvre que sa femme le trompe avec son meilleur ami. À Londres l'attend une société multiraciale, polychrome, à l'image de la bigarrure ethnique des ghettos. Fin du passage au blanc, début de la désillusion, en prélude à la violence initiatique d'un parcours qui n'a rien à envier au roman de Conrad.

Gibreel et Chamcha s'étaient tous deux envolés vers l'Occident compliqué avec des idées simples : conquête pour le premier, intégration pour le second. Ensemble, elles forment les deux faces d'un même complexe postcolonial. Homme d'une seule culture, Gibreel est d'une fidélité intransigeante à ses racines ; sa déclaration de guerre contre ses anciens maîtres, qu'il méprise, est frontale. En invoquant le psychiatre martiniquais Frantz Fanon – « l'indigène est un opprimé dont le rêve permanent est de devenir le persécuteur » (p. 384) – Salman Rushdie reprend à son compte la lecture psychique de la question coloniale qui en fait une névrose quasi familiale. La querelle entre l'indigène et le colon se poursuit dans les rues de Londres selon des catégories inversées, et la violence de l'ancien colonisé, nouveau Caliban, apparaît comme une contre-violence. Plutôt que de se laisser traduire par les Anglais, Gibreel ambitionne de les transformer et les purifier, au besoin par le feu. Mi-Saint-Just, mi-Pygmalion, ne rêve-t-il pas de les remodeler à son image, en commençant par faire subir à la ville de Londres une extravagante tropicalisation :

> Gibreel énuméra les bénéfices de la métamorphose de Londres en ville tropicale qu'il proposait : le renforcement de la morale, l'institution d'une sieste nationale, le développement de comportements expansifs et hauts en couleur parmi le peuple, une musique populaire de plus grande qualité, de nouvelles variétés d'oiseaux sur les arbres (aras, paons, cacatoès), de nouvelles espèces d'arbres sous les oiseaux (cocotiers, tamariniers, banians barbus). Amélioration de la vie dans les rues, des fleurs aux couleurs extravagantes (magenta, vermillon, vert fluo), des singes-araignées dans les chênes. Un nouveau marché pour des systèmes d'air conditionné, des ventilateurs, des insecticides anti-moustiques en bombe ou à brûler. Une industrie de la fibre de coco et du coprah. Nouvel attrait de Londres comme centre de conférences, etc. ; meilleurs joueurs de cricket ; importance accrue du contrôle de la balle chez les footballeurs professionnels, le « travail à haut rendement », traditionnel et sans âme affiché par les Anglais, rendu obsolète par la chaleur (p. 386).

À la haine de Gibreel s'oppose la déclaration d'amour de Chamcha pour la capitale ; à la rébellion farouche, l'allégeance servile ; aux continuités, l'arrachement aux déterminismes historiques et nationaux. Depuis son départ de l'Inde, Chamcha n'a eu de cesse de renier son passé, voulant être plus anglais que les Anglais. On naît Indien mais on devient *Civis Britannicus*, proclame-t-il : « L'Empire n'existait plus, mais il savait toujours que "tout ce qui était bon et vivant en lui" avait été "fait, façonné et accéléré" par sa rencontre avec cet îlot de sensibilité entouré par le bon sens de la mer froide » (p. 432). Son veule mimétisme fait de lui un « Oncle Tom brun », un collaborateur, un lèche-bottes – un Chamcha, comme le précise Salman Rushdie :

> Un chamcha est un objet de tous les jours, très humble. En fait, c'est une cuillère. Mais en ourdou, le mot a aussi un second sens. Dans la langue familière, un chamcha désigne une personne qui fait acte d'allégeance auprès des puissants, un béni-oui-oui, un

> sycophante. L'Empire britannique n'aurait pas tenu une semaine s'il n'y avait eu de tels collaborateurs parmi les colonisés. On peut dire que le Raj s'est engraissé à force d'avoir été nourri à la cuillère. Comme nous le savons tous, le gavage a cessé, ou du moins a cessé d'être suffisamment nourrissant, et les Britanniques sont donc partis. Mais les effets de l'Empire subsistent[10].

Chamcha est puni par où il a péché : le « Spoono » est rejeté par les Anglais auxquels il souhaitait s'intégrer et sauvé par les Indiens de Londres, dont il fuyait la compagnie. Hors de toute vraisemblance, réalisme magique oblige, le plus civilisé des Anglo-Indiens se voit transformé en satyre diabolique. Haleine pestilentielle, cornes pointues, sabots fendus, longue queue fourchue et allure générale de lubricité en font un représentant archaïque, un souffre-douleur au destin de victime émissaire. Ostracisé par la société blanche, ce paria des temps modernes est l'objet à son corps défendant d'une virulente et symbolique colonisation à rebours. Les éléments les plus radicaux des communautés ethniques de Londres élèvent le monstre au rang de héros transgressif :

> [...] tout le monde, gens de couleur, métis blancs, avait considéré le personnage de rêve comme *réel*, comme un être qui a franchi la frontière, échappant aux contrôles normaux [...]. Des prêtres furent impliqués, ce qui ajouta un élément instable – la relation entre le terme de *noir* et le péché de *blasphème* – au mélange (p. 315).

Profondément enraciné dans l'imaginaire social et idéologique d'une Angleterre multiraciale, le roman de Salman Rushdie fait œuvre politique en plaçant les *communautés,* leurs discours et leurs porte-parole, et non l'*individu* au centre de la fiction. Donnant parfois l'impression de se tenir au-dessus de la mêlée, Salman Rushdie renvoie dos à dos les extrêmes, leurs rhétoriques revanchardes comme leurs pratiques réactionnaires : les appels à la révolution lancés par les militants des ghettos sonnent étrangement comme les slogans d'une Margaret Thatcher de caricature, surnommée « Maggie la Garce ». Parce qu'ils ont traversé les mers, les premiers s'arrogent le droit de bouleverser la structure sociale de l'ancienne métropole : « Nous serons les bûcherons du bois mort et les jardiniers des temps nouveaux. Voici venu notre tour » (p. 449). On pourrait s'étonner de ce qu'un aussi chaud partisan de l'apport de l'immigration dans l'Histoire se montre si sévère envers la rhétorique « politiquement correcte » des leaders communautaires. La révolution sociale mise en œuvre par la seconde n'est guère différente, du moins dans la forme : « [...] littéralement inventer une putain de classe moyenne entièrement nouvelle dans ce pays. Se débarrasser de la vieille classe moyenne molle et incompétente du Surrey et du Hampshire, et la remplacer par la nouvelle. Des gens sans passé, sans histoire [...] La nouveauté qui arrive dans un pays bourré de putains de vieux *cadavres* » (p. 296). La férocité des traits décochés contre le Premier ministre, que d'aucuns ont reprochée à Salman Rushdie, ne saurait surprendre. Avec la superbe de l'ancien colonisé qui peut en remontrer aux Anglais amnésiques, Salman Rushdie constelle son récit d'épisodes de leur histoire, façonnée par l'émigration. La terreur de Charles II, de retour d'exil, à l'idée d'avoir à repartir en voyage (p. 370) ; la chute mortelle de Guillaume d'Orange dans le parc londonien qu'il avait contribué à civiliser : « Tous les immigrés ne sont pas impuissants, chuchotent les édifices toujours debout » (p. 495). En rétablissant l'histoire longue, en renouant avec une conscience nationale rendue à l'ensemble de ses acteurs, le romancier retrouve une inspiration authentiquement révolutionnaire, qu'ont perdue les militants de tous bords.

Exils et errances

De l'exil à l'errance, la mesure commune est la racine, qui en l'occurrence fait défaut.

ÉDOUARD GLISSANT[11]

Dès l'exergue, emprunté à Defoe et placé sous le signe de l'errance du diable, le roman dessine des lignes de fuite. Dans un premier temps, tout y est départ, devenir, passage. Selon Gilles Deleuze, les dieux sont dotés d'attributs, de propriétés et de fonctions fixes, inscrites dans les sillons et les cadastres, alors que les démons ont pour destin d'y échapper et de sauter d'un intervalle à l'autre. Les deux passe-murailles, Chamcha et Gibreel, assument littéralement leur vocation démonique, et leur voyage les conduit hors d'eux-mêmes, au bout du délire. Un commun écartèlement les menace : entre l'Occident et l'Orient, la laïcité et le besoin de spiritualité. Les tourments endurés sont sans doute le prix à payer pour la mort et la renaissance de ces personnages, auxquels Salman Rushdie donne le même âge : une quarantaine d'années. Comme le fait la littérature américaine, Salman Rushdie commence par le milieu, aime à repasser les frontières et cherche son salut dans la découverte de nouvelles terres. L'évasion, le départ n'ont rien d'une fuite devant la réalité ou d'un refuge dans l'imaginaire.

L'errance est encore démoniaque car elle repose sur une trahison, de Dieu et des origines. Tombés d'avions, les personnages des *Versets sataniques* sont aussi en exil du texte sacré. Le congé donné aux racines, la distance prise avec la famille coïncident avec la rupture avec la foi, qui les arrachent autant à l'origine qu'au culte des origines. Gibreel et Chamcha cheminent avec en eux une absence qu'il s'efforcent de combler : Dieu s'est détourné des hommes. La déchirure de leur âme dans une société occidentale profane souligne *a contrario* l'apport des religions. Chamcha s'échine à imiter le sécularisme des Anglais et assure qu'il vivra sans dieu d'aucune sorte, mais sa rage d'intégration cache mal ce qu'elle a de vainement compensatoire. Une hémorragie, consécutive à un coup reçu sur un tournage, vide le corps de Gibreel de son sang et de sa foi : guéri, l'acteur reprend goût à la vie, sous les auspices du sacrilège, en dévorant un copieux plat de saucisses. Mais l'idole capable d'incarner toutes les divinités du sous-continent indien descend bien vite de l'écran de ses films théologiques pour s'envoler vers l'Angleterre où l'attendent de hasardeuses réincarnations.

Débute alors une épuisante errance, à mesure que s'éloignent les repères familiers et que se distendent les appartenances les mieux établies. Divisé entre un immense besoin de croire et sa nouvelle incapacité à le faire, Gibreel déambule des journées entières dans Londres, sans jamais trouver son chemin, et Chamcha est jeté à la porte de chez lui. Désormais, le territoire urbain s'appréhende sur le mode du *wilderness*. Inconstant et friable, le désert de sable de la Jahilia nomade du VIe siècle a pris possession de la ville moderne. En se répétant, l'Histoire s'inverse : elle avait jadis fossilisé à Jahilia « la quintessence de l'instable, du mouvant, de la trahison, de l'absence de forme » (p. 110) en un désir de permanence. En cette fin de siècle, la sédentarisation est battue en brèche dans un Londres voué à la terreur des signes incertains. De ce lieu élu par Gibreel et Chamcha pour leur recommencement, Salman Rushdie fait la capitale de la douleur et de la déréliction : l'errance labyrinthique est programmée, inscrite dans les lignes sinueuses de sa topographie retorse. Ses seuls points fixes sont des points de chute, chaque fois qu'une syncope fait s'effondrer Gibreel et Chamcha. Entre les deux havres de paix où ils trouvent refuge, s'étend un paysage de cauchemar, sorte d'angoissant et répulsif *no man's land* : espace du dehors et espace du dedans se reflètent et les configurations instables et fuyantes de la métropole renvoient à l'égarement mental de ces représentants de l'humanité déplacée.

Au sein d'un mouvement de dérive généralisée, l'Imam est seul à incarner la fixité, à récuser les affres de l'errance. Exilé à Londres, il vit dans l'attente de l'heure du retour dans son village natal de Desh, dont il garde nuit et jour la photographie sous les yeux. Gardien inflexible de la pureté de l'Origine, il refuse tout compromis avec le monde qui l'entoure : « En exil toute tentative d'enracinement est vue comme une trahison : c'est un aveu d'échec » (p. 231). Massivement immobile, un arrêt sur image le fige :

> Qui est-il ? Un exilé. Terme qu'il ne faut pas confondre, pas mélanger, avec tous les autres mots que les gens emploient à tort et à travers : émigré, expatrié, réfugié, immigré, silence, ruse. L'exil est un rêve de retour glorieux. L'exil est une vision de la révolution : Elbe, pas Sainte-Hélène. C'est un paradoxe sans fin : regarder devant soi en regardant toujours derrière soi. L'exilé est une balle jetée très haut en l'air. Elle reste là, gelée dans le temps, transformée en photographie ; interdit de mouvement, suspendu de façon impossible au-dessus de sa terre natale, l'exilé attend le moment inévitable où la photo doit se remettre en mouvement, et la terre réclamer son bien. Telles sont les choses qu'imagine l'Imam. Sa maison est un appartement en location. C'est une salle d'attente, une photo, de l'air (p. 227-228)[12].

Gibreel, lui, chemine en quête d'un répit et d'un repos introuvables. Dans son délire de purification, il imagine une descente aux enfers : « Oui : pas de doute, c'était l'Enfer. La ville de Londres, transformée en Jahannum, Géhenne, Muspellheim » (p. 278). L'absence de repères conduit à de fatales dissociations. L'acteur caméléon plonge dans la schizophrénie, un *voyage* autant dédalique que névrotique. Non sans humour, Salman Rushdie envisage ses dédoublements successifs sous le patronage de Beckett et de Stevenson : « Il avait commencé à désigner son moi « possédé », son « ange », comme une autre personne : avec la formule de Beckett, *Pas moi. Lui.* Son Mister Hyde personnel » (p. 370). Par contagion, toutes les subjectivités du roman se retrouvent emboîtées ; les personnages se vivent sur le mode diabolique du dédoublement, se laissent investir par des instances plus ou moins étrangères et hostiles. Leur fait défaut un *sol*, recherché en pure perte pendant plus de cinq cents pages, et dont le manque n'affecte pas que les seuls Orientaux du roman. L'exil des Occidentaux en leur propre pays est également signifié par Salman Rushdie, dont le diagnostic est sans faille sur le malaise dans la civilisation.

Loin du royaume, l'exil est un mal-être dont Salman Rushdie explore les plus aberrants symptômes. Consignant de l'expérience « ce qu'elle a de terrible, de fou, d'irréel », le romancier y voit un arrachement, à l'origine d'une « épreuve spirituelle[13] », apparemment paradoxale. L'hostilité de Salman Rushdie envers la rigidité des frontières nationales et la fossilisation des identités va de pair avec une perception particulièrement aiguë des épreuves qu'entraîne le déracinement. Dans un roman peuplé de revenants, l'exil s'apparente à une transgression qui aurait pour sanction de tyranniques retours du refoulé : « La vraie terreur avait traversé le mur brisé de la frontière et le traquait pendant ses heures d'éveil » (p. 387).

À l'image de Londres, ville aux sentiers qui bifurquent (Chamcha et Gibreel choisissent tous deux le chemin de gauche), la migration est ambivalente, bifide, positive et négative. Salman Rushdie a souvent célébré la griserie qu'éprouve le migrant à flotter en état d'apesanteur dans l'infini des cultures et des héritages, libre de s'affilier à tout en raison même de son appartenance à rien[14]. Or, la fluidité aérienne postulée dans le prélude des *Versets sataniques* s'altère et s'alourdit dans le corps du livre, à mesure que les dissociations l'emportent sur les recompositions et que les seules refondations envisagées soient celles des « fondamentalistes » du roman, l'Imam et Gibreel. Au huitième chapitre du livre, alors que le désordre entropique est à son comble, l'appel du retour apparaît comme l'unique antidote, la seule issue possible à l'impasse.

Cartes

Dans *Les Versets sataniques,* les personnages principaux qui parcourent la terre, de l'Argentine à l'Inde en passant par l'Angleterre, regardent le monde d'en haut, tombant de l'avion, ou d'en bas, dans les souterrains du métro. Pour s'y retrouver, tel Gibreel gardant par-devers lui le plan de Londres, ils portent un regard qui s'apparente à celui du cartographe : la narration s'inspire de la carte géographique. Qu'elle soit plane ou sphérique, la carte matérialise le monde car elle représente une conception de la terre, de la mer et du ciel. Le premier point de vue offert au lecteur est celui de l'oiseau : le regard contemple le monde comme s'il le surplombait. L'apparition de Londres, par l'intermédiaire des personnages dans leur chute, rappelle la vision d'un point sur une carte : « Londres proprement dit, capitale de Vilayet, clignait, clignotait, hochait dans la nuit[15] » (p. 14). La tentation du regard plongeant est ancienne chez Saladin qui voulait, à Bombay, s'envoler par la fenêtre pour dominer et regarder le monde. Les voyages de Gibreel sur son tapis volant reprennent les mêmes fantasmes : ce regard dominateur, c'est la vue depuis ce tapis magique, c'est le point de vue de Gulliver cherchant un point élevé d'où observer les étranges contrées où il accoste. En prenant pour modèle la carte, la narration se rapproche du conte *(Les Mille et Une Nuits),* retrouve une forme où, contrairement aux autres romans de Salman Rushdie, personne ne dit vraiment « je » si ce n'est, peut-être, *ooperwala*, celui d'en haut, Dieu[16]. *Les Versets sataniques* cartographie le monde connu, ainsi que ses limites. Les frontières apparaissent, celles de la Partition, celles du bout du monde aussi ; les confins de la terre sont explorés : Kanyakumari où le sage Vivekananda allait méditer ; ses sommets sont gravis : l'Everest.

La représentation cartographique interprète le monde. Les cartes dites en T/O, déjà, découpaient et séparaient l'Afrique, l'Europe et l'Asie, en réservant éventuellement une portion aux terres inconnues. La géographie du roman divise de même le monde en trois : Angleterre, Arabie, Inde. La cartographie des villes, comme Jahilia construite « en une série de cercles concentriques » (p. 112), permet de comprendre leur nature. Cette ville dont le centre est la Pierre Noire, est construite au point d'intersection des routes de caravanes, se tient elle-même au centre de l'univers (Jahilia est « le nombril du monde », p. 115) et deviendra le lieu de naissance d'une religion. Toutes ces formes livrent des repères : l'Imam est le centre de la roue ; l'errance de Gibreel comme les pérégrinations des voyageurs et explorateurs font naître des lignes : « Il ne peut s'empêcher de marcher, de tourner dans la cour au hasard d'une succession de dessins géométriques inconscients, ses pieds tracent des ellipses, des trapèzes, des rhomboïdes, des ovales, des cercles » (p. 136).

Lieu d'accès à un savoir, la carte sert un projet de conquête et se prête à l'action. Le plan de Londres, le *A to Z, A Geographer's London*, donné par Rosa Diamond à Gibreel, lui permet de déambuler, ville en poche : « *À nous deux, Londres.* Il avait la ville dans sa poche : le plan de Londres, la métropole écornée, de A à Z[17] » (p. 175). Dans le conte de fées qu'est l'épisode argentin, il joue le rôle de la pantoufle de vair, l'objet qui demeure comme preuve de la vérité du rêve. Gibreel ne consulte pas cette carte, mais elle l'assure de la réalité de la ville qu'il vient sauver :

> Il sortit de la poche droite de son manteau le livre qui s'y trouvait depuis son départ de chez Rosa il y avait mille ans : le livre de la ville qu'il était venu sauver, Londres, proprement dite, la capitale de Vilayet, étalée pour son profit dans le moindre détail, tout le bazar. Il allait racheter cette ville : Guide de Londres, de A à Z (p. 351- 352).

Mais la carte dont Gibreel avait cru que le découpage géométrique lui permettrait de reconquérir la ville, ne parvient pas à immobiliser le flux et les métamorphoses incessants de Londres :

> Les rues de la ville s'enroulaient autour de lui, se tordaient comme des serpents. Londres était redevenue instable, révélant sa vraie nature, capricieuse et tourmentée, l'angoisse d'une ville qui a perdu la sensation d'elle-même et qui, en conséquence, se vautrait dans l'impuissance de son égoïsme, dans son présent furieux de masques et de parodies, étouffée et écrasée par le fardeau insupportable de son passé dont elle ne se débarrassait pas, les yeux fixés dans le vide de son avenir appauvri (p. 350).

La carte est enfin un appel : l'appel de l'Orient (des quartiers populaires de l'est de Londres aussi), de la ville (Londres), de la femme, cette créature au chauvinisme étriqué :

> [...] la créature s'est approchée de Chamcha ; – tout en déboutonnant son chemisier ; – et lui, mangouste devant son cobra, reste là, pétrifié ; tandis qu'elle, exhibant – un sein droit bien fait, et le lui offrant, lui fait remarquer qu'elle y a dessiné – tel un acte de fierté civique, – rien de moins que le plan de Londres, au feutre rouge, avec le fleuve en bleu. La métropole le réclame ; (p. 459).

Les figures du corps sont spontanément continentales chez Salman Rushdie, à l'image de Hind, incarnation du matriarcat, qui y grossit, comme une parodie de Jack Kerouac : « Elle commença à ressembler à cet immense pays qui se déroule à l'infini, ce sous-continent sans frontières, parce que la nourriture franchit toutes les barrières qu'on peut imaginer » (p. 270). La cartographie est toujours inadéquate, sans cesse dépassée, débordée par le monde qu'elle veut enfermer à l'inté-

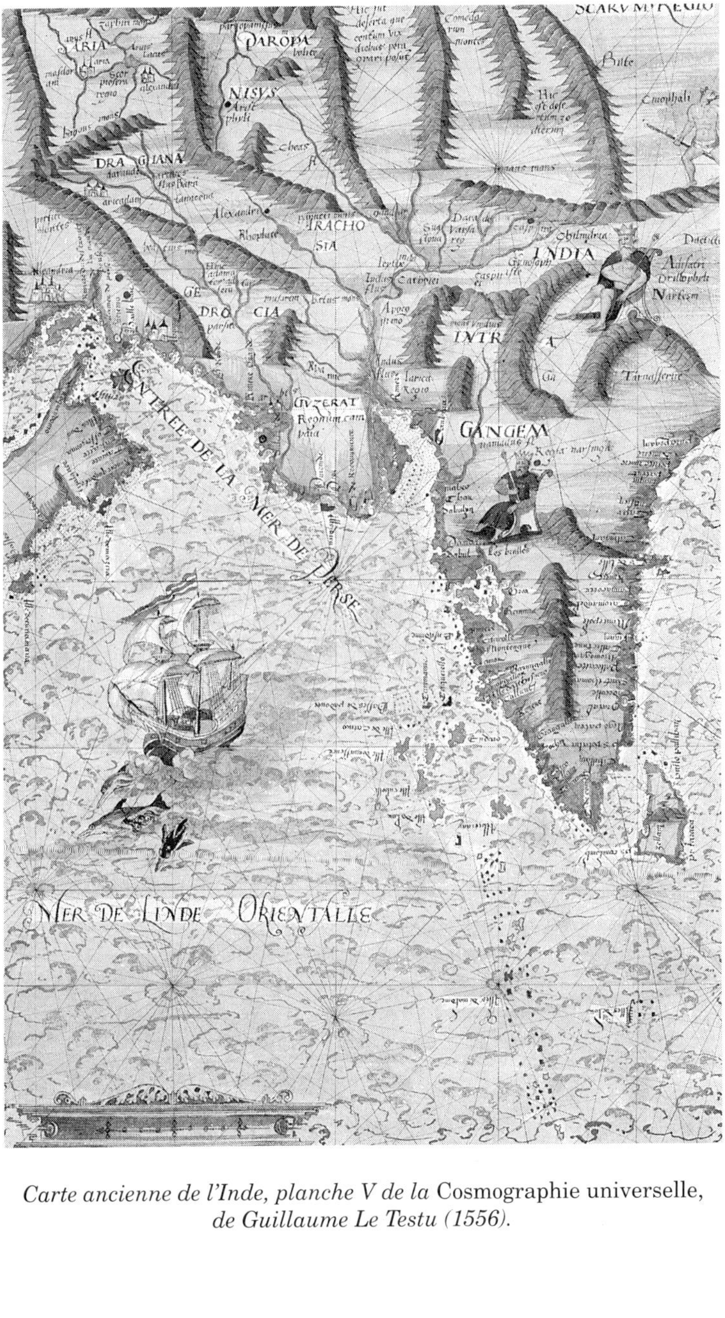

Carte ancienne de l'Inde, planche V de la Cosmographie universelle, *de Guillaume Le Testu (1556).*

rieur de ses cadres, légendes et limites : « Comment faire la carte d'un pays auquel le vent donne une nouvelle forme chaque jour ? » (p. 402) se lamente Baal. L'indétermination ne parvient jamais à affleurer dans une carte qui voudrait réduire l'univers. Le Cap Cormorin, où Gibreel est une première fois frappé d'amnésie et de doute, n'est pas le simple bout de l'Inde mais le lieu de rencontre de trois mers (la mer d'Oman, l'océan Indien, le golfe du Bengale). L'Everest, gravi par Alleluia Cone, est promesse de transcendance, par-delà le bien et le mal.

Ces mélanges, ces espoirs de révélation (finalement toujours déjoués car les dieux sont cachés) conduisent à l'aventure, à l'inconnu, à l'indifférencié. À l'image du blanc de la *Terra Incognita* sur les anciennes cartes, du blanc au centre du continent noir qui fascinait Joseph Conrad, la neige tombe sur la ville de Londres avec la même irréalité que les parasites à la fin d'une émission de télévision, et la recouvre entièrement. La neige apporte la mort, une double indifférenciation car elle tombe, blanche, dans l'obscurité. La neige conduit Gibreel à plonger sous terre, pendant que la forme de la ville change et que la carte est gagnée par l'instabilité. Le blanc provoque encore la disparition de Gibreel des magazines et des films où il figurait :

> Ses portraits sur les couvertures des magazines de cinéma prenaient la pâleur de la mort, un vide dans les yeux, un creux. Enfin ses images disparurent purement et simplement des pages imprimées et les couvertures glacées de *Celebrity*, de *Society* et de *Illustrated Weekly* redevinrent blanches chez les marchands de journaux et les directeurs renvoyèrent les imprimeurs en accusant la qualité de l'encre. Sur l'écran lui-même, au-dessus de ses adorateurs plongés dans le noir, sa physionomie censée être immortelle commença à se putréfier, à s'écailler et à blanchir ; (p. 27).

Le voyage, qui se lit sur les cartes, est la forme fondamentale des *Versets sataniques* : voyage historique (les routes des caravanes en Arabie), voyage poétique *(Les Mille et Une Nuits),* voyage politique (immigration/émigration). Cependant l'époque des explorateurs et des découvreurs est révolue. Pour les nomades de la période anté-islamique, pour les Jahiliens le « voyage était leur maison » (p. 110). À l'époque des postmodernismes, les grandes explorations n'existent plus que sous forme de parodie et l'expédition du *qadi* marocain du XIVe siècle, Ibn Battuta, devient une agence de voyages vulgaire : « Billy Battuta : cette merde sans valeur. Un play-boy pakistanais, qui avait transformé une banale agence de voyages – *Les Voyages Battuta* – en flotte de supertankers » (p. 286). Le monde « s'aplatit » (p. 286), l'univers « se rétrécit » (p. 290). L'aventure a disparu. Dans le monde actuel qui est celui des migrants, le voyage « n'est qu'un mal nécessaire ; l'important c'est d'arriver » (p. 110).

Pour l'Angleterre dont toute l'histoire, comme le dit Sisodia, s'est déroulée au-delà des mers, la cartographie ne pouvait être que coloniale. Elle n'a aujourd'hui plus de sens. Le roman en vient à dénoncer l'évacuation de l'Histoire, la tendance à l'oubli. Car l'Histoire résiste toujours, par son mouvement, qui est révolution et non évolution, « processus du changement » (p. 505). Elle ne se laisse pas enfermer dans des catégories, dans une carte fixe. Saladin Chamcha comprend que le changement est irréversible : « Un nouveau monde ténébreux s'était ouvert à lui (ou : en lui) quand il était tombé du ciel » (p. 454).

La carte transmet des images : sur les cartes du monde les plus anciennes prolifèrent les animaux en tous genres et les créatures mythiques. L'Inde, depuis Hérodote, accueille plus particulièrement ces représentations, car elle est identifiée au pays des merveilles, du fantastique, des monstres, fonction que les *Mille et Une Nuits* ont contribué à raviver. Parce qu'il s'enracine dans ces représentations, le conte merveilleux qu'est aussi *Les Versets sataniques* fait apparaître une tératologie compliquée, un défilé de monstres mené par la marticore.

Cet animal à la triple rangée de dents, que décrit Aristote dans son *Histoire des animaux*, se retrouve par exemple sur la carte de Hereford. Le romancier la fait apparaître plusieurs fois : emblème sur le blason du bouclier de Hind (c'est de surcroît un terme de héraldique) ; masque des frères de Hind, ces ennemis de l'Islam ; surtout à Londres, alors que Chamcha, enfermé par la police après une manifestation, est en train de se métamorphoser en bouc. La marticore vient chercher Chamcha et les autres immigrants-mutants ; ils s'échappent tous du centre de détention qui ressemble étrangement à l'île du Docteur Moreau :

> Chamcha apercevait des êtres qu'il n'aurait jamais pu imaginer, des hommes et des femmes qui étaient aussi en partie des plantes, ou des insectes géants, ou même, parfois, construits partiellement de briques et de pierres ; des hommes avec une corne de rhinocéros à la place du nez et des femmes avec un coup aussi long que celui d'une girafe (p. 191).

Les dents de la marticore, qui fascinaient tant Aristote, trouent le grillage par où s'enfuient tous les détenus.

Chamcha pose la question essentielle : comment nous font-ils cela ? Le monstre répond : « Ils nous décrivent,... C'est tout. Ils ont le pouvoir de la description et nous succombons aux images qu'ils construisent » (p. 188). Ces immigrants se transforment en animaux mythologiques, en êtres semblables à ceux qu'ont toujours transmis les cartes du monde. Les descriptions les plus archaïques de l'Autre, de l'étranger, de l'immigrant prennent corps dans l'Angleterre contemporaine, parce qu'elles n'ont jamais disparu. Le romancier, conscient de cette tradition, en fait le point central de sa vision de l'immigration. La métamorphose, par l'image, hante le pays : l'horrible et le monstrueux ne sont plus relégués « là-bas » mais campent « ici ». En retour, les immigrés monstrueux déjouent les discours sur les étrangers (ceux d'un Enoch Powell, par exemple, prédisant des « fleuves de sang » p. 207) en se les appropriant, car ils revendiquent l'insulte et l'opprobre : « Pour transformer les insultes en forces, les whigs, les tories, les Noirs choisirent tous de plein gré de porter les noms qu'on leur donnait en dérision » (p. 109). Cette révolte des opprimés, des « peuples mineurs [18] » s'agitant, résistant aux pouvoirs, rejoint les « délires » du roman. Ces délires qui débordent les rêves donnent naissance à tous les fantasmes de rebellion, à toutes les métamorphoses qui ébranlent les discours. Ce thème repose enfin sur une dimension « postcoloniale » que revendique Salman Rushdie et qui rejoint curieusement la tradition des *Mille et Une Nuits* :

> Jusqu'à elles, en effet, le merveilleux, réputé d'un autre ordre, ne jouait que dans les pays situés hors du monde musulman, celui-ci par définition préservé, grâce à Dieu, des aberrations du monde : l'insolite, le péché, l'anormal étaient au-delà, au-dehors ; la *catharsis*, le spectacle de l'interdit, du monstrueux – d'où doit naître la réflexion sur la norme dont, bienheureusement, l'on relève –, tout cela s'opérait à travers l'autre, le non-musulman. Dans les *Nuits* au contraire, les prestiges et l'effroi de l'inconnu peuvent apparaître partout, le bizarre ou l'horrible se révéler où l'on ne l'attend pas, les génies et les monstres surgir à tout moment dans votre maison ou les rues de Bagdad [19].

Le livre met en scène tous les lieux qui ne sont pas cartographiables, ceux que l'on cherche vainement sur les atlas, îles au trésor et pays de cocagne. D'Amerigo Vespucci le roman dit : « C'était un rêveur notoire, bien sûr,... mais l'imagination peut être plus forte que la vérité; après tout il a donné son nom à un continent[20] » (p. 169). Si le rêve, dans l'univers de Salman Rushdie, a toujours valeur de réalité, il ne doit néanmoins pas occulter l'Histoire. L'Indienne Zeeny confronte Chamcha, le déraciné, à ses rêves :

> Qu'est-ce que tu connais de Bombay? Ta ville, mais qui ne l'a jamais été. Pour toi, c'est un rêve d'enfance. Grandir à Scandal Point c'est comme vivre sur la lune. Pas de clodos, non m'sieu, rien que des chambres de bonne. Des membres de Shiv Sena sont-ils venus pour y créer des troubles? Où sont les voisins qui crevaient de faim pendant la grève du textile? Est-ce que Datta Samant a organisé une manifestation devant vos maisons? Quel âge avais-tu quand tu as rencontré un syndicaliste? Quel âge avais-tu quand tu es monté pour la première fois dans un train et pas dans une voiture avec chauffeur? Je t'en prie, ce n'était pas Bombay, mon chéri. C'était le Pays des merveilles, le Peristan, le pays de Gulliver, Oz (p. 68).

L'Angleterre, dans une inversion de la forme créée par Lewis Carroll, devient l'autre côté du miroir, l'envers du monde, à l'image de la montre qu'il suffit à Bombay de renverser pour avoir l'heure anglaise. Dans le roman, les lieux sont constamment soumis à la tentation de la mutation, de la métamorphose : la ville de glace aperçue par Alleluia Cone redescendue de l'Everest pourrait être Shangri-la, Londres pourrait devenir Mahagonny, Airstrip One, Babylone, Alphaville.

La migration, ce voyage rêvé, cette recherche d'une patrie imaginaire, désincarne aussi tous les fantasmes, les détruit, les fracasse. Le désir de merveilleux, l'aspiration éperdue pour la nouveauté d'un pays distant, caractérise l'enfance. Mais il faut enterrer l'enfance avec ses rêves, semble dire le roman, comme il est temps de renoncer à l'univers des contes. Le dernier mouvement de Chamcha, à la fin du roman, est de se détourner du paysage après avoir contemplé ses illusions perdues :

> Il se tenait à la fenêtre de son enfance et regardait la mer d'Arabie. La lune était presque pleine; sa clarté, qui s'étendait depuis les rochers de Scandal Point jusqu'à l'horizon lointain, créait l'illusion d'un chemin d'argent, comme le partage des eaux lumineuses, comme une route vers les pays miraculeux. Il secoua la tête; il ne pouvait plus croire aux contes de fées. L'enfance était finie, et la vue depuis cette fenêtre n'était plus qu'un écho ancien et sentimental. Au diable tout cela! laisse venir les bulldozers. Si l'ancien refuse de mourir, le nouveau ne peut pas naître (p. 584-585).

Recoller les morceaux ?

Là, recoller les morceaux c'est faire le voyage de l'origine, aller et retour.

DANIEL SIBONY[21]

À bord de l'avion qui survole l'Arabie, Chamcha fait un rêve, étrange et cruel, comme inspiré d'un conte d'E. T. A. Hoffmann. De l'autre côté du hublot, un inconnu, prisonnier de sa peau de verre, le supplie de le délivrer. À peine Chamcha a-t-il entrepris de briser à l'aide d'une pierre la fragile membrane que jaillit un flot de sang. L'étranger hurle car, accroché à chaque morceau de verre, pend un lambeau de chair sanguinolent. Le rêve se brise quand l'hôtesse lui propose à boire... Il reprend lors du débarquement de Chamcha sur la plage anglaise. Dans les limbes de sa conscience de rescapé, c'est son corps qui lui apparaît enveloppé dans une mince pellicule de verre blanc. Chamcha est devenu l'étranger de son rêve et l'angoisse de la fracture est désormais la sienne. On verra dans ce cauchemar la mise en abîme des épreuves relatées par le roman : sous peine d'être écorché vif, l'Indien anglophile devra s'armer de patience avant de se dépouiller de sa seconde peau, de son inauthentique pelure d'homme blanc.

Comment être pleinement soi en terre étrangère ? Telle est la question que pose *Les Versets sataniques*, fasciné par le mystère des êtres en qui cohabitent deux civilisations. Ce mystère, répond Kundera, réside dans « leurs racines, auxquelles ils se sont arrachés mais qui, cependant, restent vivantes en eux. Ces racines, à quel endroit se sont-elles rompues et jusqu'où faut-il descendre si l'on veut toucher la plaie[22] ? ». De son scalpel de romancier, Salman Rushdie remonte à l'origine historique des plaies, sonde chaque pathologie identitaire et s'interroge sur le moyen de réduire les fractures.

Le séjour de Hind dans « ce Vilayet de son exil » (p. 272) est pour elle synonyme de défaite. Expulsée de Dacca (avant la sécession du Bangladesh) par suite des sympathies communistes de son époux, elle s'imagine transplantée dans « une ville du démon », « un pays de diablotins fantômes » (p. 274). Repliée sur le Shandaar Café, elle en fait une enclave indienne en terre anglaise. Dans le combat qui l'oppose à l'envahissante culture occidentale, elle dispose d'une arme efficace : ses talents de cuisinière. Jadis, elle servait la cause d'un « pluralisme gastronomique » (p. 270), à l'époque où son mari instituteur pratiquait un éclectisme culturel étendu à l'ensemble du sous-continent indien – « et ne croyons pas que la culture occidentale en soit absente ; après des siècles, comment ne feraitelle pas partie de notre héritage ? » (p. 270). À Londres, Hind se gorge de sa propre cuisine indienne – dans l'espoir de combler son vide intérieur.

Autre stratégie, diamétralement opposée : la *tabula rasa*. Ancien Juif polonais déporté, aujourd'hui historien d'art et biographe de Picabia, Otto Cone, anciennement Cohen, a tiré un trait sur son héritage national : « Il ne lisait pas de littérature polonaise, tournait le dos à Herbert, à Milosz, aux "jeunes" comme Baranczak, parce que pour lui la langue avait été irrémédiablement polluée par l'histoire » (p. 326). Tout à son appétit d'intégration, il impose à sa fille Alicja, rebaptisée Alleluia, une anglicisation forcenée, qu'elle s'empressera de récuser dès qu'il sera mort. Le modèle en est horticole, fondé sur l'espoir d'une greffe symbolique : « Un jardin de fleurs à l'anglaise (des parterres fleuris impeccables autour d'un arbre symbolique, une "greffe chimère" de genêt sur du cytise) » (p. 327)[23]. Irréaliste, sa nouvelle condition tient par la vertu de mimiques, de postures et d'identifications héroïques soutenues sans crainte du ridicule : « Je suis anglais, disait-il fièrement avec son fort accent d'Europe de l'Est » (p. 326). Sous le masque, Salman Rushdie révèle la fragilité de ce qui reste une « pantomime » excentrique, un numéro d'acteur : « Il gardait les lourds rideaux fermés en permanence au cas où l'inconstance des choses lui aurait fait voir des monstres au-dehors, ou des paysages lunaires au lieu de la familière Moscow Road » (p. 326). La plupart des émigrés apprennent ainsi à s'abriter derrière des oripeaux, à se draper dans de fausses descriptions pour contrer les faussetés répandues sur eux ; condamnés à la dissimulation, les plus doués, tel Salman Rushdie, l'élèvent au rang d'un art cosmopolite et scénique, avec la virtuosité du Neveu de Rameau.

La survie de Chamcha dans un monde frappé d'inauthenticité dépend de la même greffe chimérique :

> Il était là, palpable, une chimère avec des racines, bien planté et poussant vigoureusement dans un lopin de terre anglaise : un arbre, pensa-t-il, capable de prendre la place métaphorique de celui que son père avait abattu dans le jardin lointain d'un autre monde incompatible. Si un tel arbre pouvait exister, alors lui aussi le pou-

vait ; lui aussi pouvait être cohérent, enfoncer ses racines, survivre (p. 440).

Or, elle ne prend pas : par sa propre faute, son union avec l'Anglaise Pamela Lovelace demeure stérile, ce qui n'augure rien de bon pour le métissage. Sa rupture avec son père, grande figure du nationalisme indien reconverti dans le commerce des engrais, puis dans le mysticisme religieux, le prive de son héritage – et notamment de la lampe magique qu'il lorgnait.

Le mouvement par lequel il s'est arraché à ses origines va cependant le ramener à ses racines. Plus généralement, l'instinct de retour s'impose comme l'un des plus forts tropismes de la création rushdienne. La prégnance du *nostos* traduit un dur désir de cohérence, après les ravages de l'errance. La fuite initiale s'incurve pour devenir boucle et, de loin en loin, le recollement finit par gagner l'ensemble du récit. Sous l'effet d'une aimantation secrète, Gibreel et Chamcha progressent l'un vers l'autre, chacun ayant en tête le visage caché de l'adversaire et sur le bout de la langue le nom de l'antagoniste : « Gibreel dérivait vers lui, comme l'Inde quand, s'étant séparée du protocontinent du Gondawanaland, elle commença à flotter vers Laurasie… Quand ils entreraient en collision, la violence du choc ferait jaillir des Himalayas » (p. 452). Leur rencontre a lieu dans le Shandaar Café en feu, lorsque Gibreel sauve son pire ennemi de la mort. Le pardon et la pitié l'emportent sur le désir de revanche : le mal dont s'est rendu coupable Chamcha à son égard, son harcèlement téléphonique, sa duplicité, sa jalousie, son ressentiment criminel, sont purgés par les flammes : « Ainsi, dans une nuit où la ville est en guerre, une nuit lourde de haine et de fureur, il reste une petite victoire rédemptrice pour l'amour » (p. 505).

La résolution sentimentale est en marche, qui inspire la fin du livre, en même temps qu'elle accompagne le retour au pays. Seul Gibreel demeure la proie de ses mauvais démons. Il rentre pour tourner un dernier film outrageusement blasphématoire, un *remake* moderne du *Ramayana*. Délibérément recherchée, la confrontation avec les sectarismes religieux signe son arrêt de mort, en des termes qui apparaîtront prémonitoires au lecteur des *Versets sataniques* : « Il ne peut pas gagner,… il va être mis en petits morceaux » (p. 576). La balle qu'il se tire dans la tête le réduit en miettes.

Pour Chamcha en revanche, l'heure est à la réunion de son moi clivé. Rappelé au chevet de son père mourant, il en tombe à nouveau « amoureux » (p. 560). Leur réconciliation permet à Salman Rushdie de réactiver l'un des morceaux de bravoure de la littérature du XIXe siècle, la réconciliation au chevet du mourant :

> [...] et le malade s'amusait beaucoup, il faisait des grimaces, puis embrassait les nombreuses joues qui se tendaient avec, dans les yeux, un éclat que Salahuddin reconnut comme celui de la nostalgie. « C'est comme pour un anniversaire », se dit-il. Ou : comme Finnegan's wake, la veillée de Finnegan. Le mort refusant de se recoucher et de laisser les vivants s'amuser tout seuls (p. 565).

Malgré le clin d'œil à Joyce, c'est bien Dickens qui dicte au romancier ses symboles les plus appuyés. Était-il nécessaire de faire subir à Chamcha un pontage coronarien ? Pourquoi cette référence au cancer de la moelle qui pollue le sang du père par de trop explicites « corps étrangers » (p. 559) ? Lier si étroitement, enfin, le terme de l'errance à l'acceptation placide de l'héritage précédemment récusé – Chamcha est désormais un homme riche – peut laisser un goût amer dans la bouche du lecteur. À moins d'y voir une parabole sur la recherche en paternité littéraire, récurrente chez Salman Rushdie comme chez tous les écrivains postmodernes, aux prises avec les figures tutélaires de la tradition.

Le retour en force de la généalogie, de l'arbre et de la racine, marque davantage un recommencement qu'une régression. La mort du père achève paradoxalement le processus de régénération du fils prodigue :

> Saladin se sentait d'heure en heure plus près de ses multiples moi anciens et rejetés, ces Saladin – ou plutôt Salahuddin – alternatifs, qui s'étaient détachés de lui au fur et à mesure qu'il avait fait différents choix dans la vie, mais qui, apparemment, continuaient à exister, peut-être dans les univers parallèles de la théorie des quanta (p. 560).

Là est la grande leçon du livre : même dans un monde « incompatible », où il n'y a pas toujours lieu de combler ou de relier le chaotique et le discontinu, l'espoir subsiste d'une continuité sous-jacente aux coupures et aux différences. Plus qu'à la physique quantique, elle donne raison à Ovide et à ses *Métamorphoses*, librement retraduites : « Comme la cire molle » – chauffée, vous voyez, pour cacheter des documents par exemple ou des choses comme ça – « est marquée par de nouveaux dessins Et change de forme et ne semble jamais la même, Tout en restant cependant la même, ainsi nos âmes » (p. 303, *sic*).

En dépit de ses errements, de son humanité trop humaine, une nouvelle chance est accordée à Chamcha. Au terme de ses épreuves, il a réintégré son identité de Salahuddin Chamchawala, aliénée par son désir éperdu d'intégration. Loin des fantasmes de l'ethnicité pure, son moi bâtard épouse désormais l'« éclectisme culturel » validé par l'histoire indienne, auquel l'a converti son amie Zeenat Vakil, la sirène tentatrice. Après l'enfer de la dissociation, pour mettre en échec les violences communalistes qui déchirent son pays, il accepte de participer symboliquement à une chaîne humaine « depuis la Porte de l'Inde[24] jusqu'à la banlieue la plus éloignée au nord de la ville, pour soutenir la campagne d'"intégration nationale" » (p. 575). Son parcours compense l'échec relatif des greffes sur le sol britannique en échappant à la fatalité d'une identité binaire (Anglais/Indien) ; il consacre une vraie « polyappartenance ». Comme s'il avait fallu faire le voyage dans les deux sens pour espérer réussir durablement les mutations d'identité.

Recoller les langues

La dialectique de la multiplicité et de l'unité qui anime l'œuvre entier de Salman Rushdie procède d'une réflexion, qui affleure dans le texte, sur le langage comme sur les langues. L'identité de l'écrivain d'origine indienne se définit au contact du plurilinguisme, de l'utilisation d'une langue dont le statut colonial n'a pas complètement disparu, de l'imprégnation d'un idiome, langue nationale de l'Inde, qui coexiste avec d'autres langues (l'ourdou pour Salman Rushdie).

Le statut de la langue anglaise est complexe car c'est aussi une langue indienne, une *lingua franca* entre le Nord et le Sud qui permet aux gens de langue dravidienne de résister à la « colonisation » par le hindi. L'anglais constitue, dit à juste titre Salman Rushdie, une « langue littéraire indienne[25] », qui a sa place aux côtés des autres langues, et se trouve confrontée comme elles à l'emprise du hindi. Cet anglais se différencie de l'anglo-indien : dans un compte rendu du dictionnaire *Hobson Jobson*[26], le romancier explique que l'anglo-indien a disparu en 1947. L'anglais de Salman Rushdie n'est pas celui de Kipling, qui ne savait pas correctement l'hindoustani et se contentait de saupoudrer son texte de mots indiens.

Salman Rushdie, face à des conflits qui rappellent la position de l'auteur des *Livres de la jungle*, s'efforce au contraire d'unir, plus précisément d'envisager la langue anglaise sous un autre jour, loin de la dichotomie entre métropole et colonie. Il refuse encore la catégorisation facile d'« écrivain du Commonwealth », et montre que les individus qui avaient été colonisés par l'anglais sont en train de refaçonner la langue, de l'utiliser de façon plus détendue, d'exploiter sa flexibilité, de s'y installer. Salman Rushdie, comme ces autres romanciers (indiens mais aussi antillais, africains ou australiens), rejette les partages et les étiquettes, les appellations plus ou moins « politiquement correctes », refuse la définition « nationale » de la littérature pour préférer la fusion, l'émergence du nouveau, la singularité d'une pratique littéraire et linguistique indépendante.

La confusion des langues pourrait donner naissance à « Babylondres » (p. 496), où une langue se nourrirait des tendances et des influences qui la métamorphosent. L'écriture de Salman Rushdie porte toujours la marque, la trace de ces courants. Pris entre l'anglais et l'hindoustani, entre les références culturelles et linguistiques diverses, le style du romancier oscille entre la fusion harmonieuse des influences et l'hétérogénéité de leur mélange. La greffe linguistique, elle non plus, ne prend pas nécessairement. La pratique du mot-valise, chère à Salman Rushdie, se poursuit dans *Les Versets sataniques*, sous des formes hindies (« ekdumjaldi », p. 23), narratives (« maisencore », p. 29), faussement conceptuelles (« *quelqu'un-comme-nous* », p. 56), musicales (« *Doumboumbadoum* », p. 278). Dans ce roman, s'élabore une réflexion plus poussée encore que dans *Les Enfants de Minuit*, roman marqué par l'espoir et l'échec des mélanges en Inde. L'auteur illustre la nature linguistique des migrations, des déplacements imposés ou rêvés, posant par exemple une équivalence entre migration et traduction (par un jeu de mots sur *translation*, qui désigne en anglais à la fois la traduction et le transfert). La critique postcoloniale en fait d'ailleurs ses choux gras[27]...

Deux personnages témoignent de ce rapport complexe au langage : Hind et Sisodia. La migration de Hind (elle a tout perdu en étant « traduite ») affecte son langage et le changement de langue perturbe son physique : « Son langage : obligée, maintenant, d'émettre ces sons étranges qui lui fatiguaient la langue, n'avait-elle pas le droit de gémir ? » (p. 273). Car toute identité semble se diluer dans la langue étrangère : « Le poison de cette île diabolique avait contaminé ses petites filles, qui grandissaient en refusant de parler leur langue maternelle, même si elles en comprenaient chaque mot, elles le faisaient exprès pour la blesser » (p. 274). Le rapport au langage en devient conflictuel ; placé sous le signe de la distance incommensurable entre l'Inde et l'Angleterre, il risque d'enfermer l'immigrant dans ses structures :

> « Un Indien traduit en anglais. Ces jours-ci quand j'essaie de parler hindoustani, les gens prennent un air poli. C'est bien moi. » Englué dans la gélatine de sa langue d'adoption [Chamcha] avait commencé à entendre, dans le Babel de l'Inde, un avertissement menaçant : Ne reviens jamais. Quand on a traversé le miroir, on ne revient qu'à ses risques et périls. Le miroir peut te couper en morceaux (p. 71)[28].

Le débit de Sisodia est caractérisé par un bégaiement qui se fait entendre dans le livre : « L'ennui avec les Angang Anglais, c'est que leur hishis histoire s'est passée outremer, alors ils ne savent papa pas ce qu'elle signifie » (p. 374). Le propos est essentiel, qui dénonce l'oubli de l'Histoire, et rappelle la force de l'impérialisme, la constitution de l'Angleterre au-delà des mers. Kipling en avait déjà noté l'importance. La forme prise par ces paroles importe aussi, car c'est un bégaiement qui énonce l'analyse historique et souligne la faiblesse anglaise du rapport à l'Histoire : il en fait bégayer les certitudes, la langue elle-même est affectée.

La mutabilité générale des accents, leur variabilité est cependant fragile : les catégories « nationales », un moment refoulées, finissent toujours par remonter. L'intonation révèle : Chamcha, retournant à Bombay une première fois pour une tournée théâtrale, entend son accent glisser, perçoit le retour d'une identité linguistique que son fantasme d'intégration lui avait fait oublier : « Les expressions longuement contenues, les voyelles et les consonnes écartées commencèrent à s'échapper de sa bouche et du théâtre » (p. 62). Son retour vers son père mourant à la fin du livre produit les mêmes effets : « Sa langue se tordait peut-être de nouveau, emportant son accent vers l'Orient comme le reste de sa personne. Il osait à peine ouvrir la bouche » (p. 550). Il est une vérité de l'accent qui ôte les masques trop vite posés ; la nécessité de réinventer une identité dans une langue étrangère est soumise au péril de cette « traduction » et mène finalement à la rupture.

Chamcha était tombé amoureux de la voix de Pamela Lovelace, en raison de son caractère *légèrement* anglais :

> Il s'agissait d'une voix composée de tweed, de foulards, de goûters, de crosses de hockey, de maisons à toit de chaume, de crèmes pour le cuir, de week-ends à la campagne, de bonnes sœurs, de banc familial à l'église, de gros chiens et d'hypocrisie bourgeoise, et malgré toutes ses tentatives pour en réduire le volume elle restait toujours aussi bruyante qu'un ivrogne en smoking lançant des petits pains dans la salle à manger de son club (p. 200).

Les voix, les accents, les discours individualisent les différents personnages, les Londoniens de tout poil comme le DJ Pinkwalla dont le rythme rasta dénonce les discours officiels, comme Mimi Mamoulian qui manie à merveille la critique postmoderniste, comme les filles de Hind qui s'expriment dans un langage à la mode.

La flexibilité de la langue anglaise permet l'invention lexicale, la prolifération, l'importation d'expressions hindies ou qui appartiennent à l'anglais d'Inde : cette utilisation du langage transparaît autant chez les personnages que dans la narration. Ce que Salman Rushdie recherche en effet et poursuit, ce qui fait, à le lire, le plaisir d'écrire, c'est le pouvoir des mots, la magie de la langue qui métamorphose le temps d'un jeu de mots sur *spell* (épeler/jeter un sort), la ville de Londres en « Ellehoenne Déèreheuesse ».

Toute la narration poursuit l'hybridation. Dans la première scène, Gibreel chante, en vrai personnage de comédie musicale indienne, mais il fredonne déjà une traduction, une version anglaise d'une célèbre chanson hindie, ainsi qu'un air anglais tiré d'un opéra allemand[29]. Cette ouverture annonce la complexité de l'identité de Gibreel, peut-être aussi de Saladin. La question « Qui suis-je ? » reviendra souvent, faisant écho à cette métamorphose généralisée des êtres et des langues. Car le langage ne se laisse jamais vraiment fixer, génère toujours du désordre, se voit envahir par le surnaturel. La lancinante interrogation sur la nature de ce parasitage, sur la surprise des voix n'est jamais résolue dans le roman. La Révélation même est placée sous le signe de l'étrangeté de la voix, au sein d'un discours que l'on croyait contenu et maîtrisé :

> La lourdeur encore la lourdeur et maintenant le miracle commence dans son mon notre ventre, il s'arc-boute de tout son être contre quelque chose, forçant quelque chose, et Gibreel commence à sentir cette puissance cette force, la voici *dans mes propres mâchoires* les

ouvrant, les refermant; et le pouvoir naît dans Mahound, atteint *mes cordes vocales* et la voix arrive.
Pas ma voix je n'ai jamais connu de tels mots, je ne suis pas un beau parleur je ne l'ai jamais été ne le serai jamais mais ce n'est pas ma voix c'est une Voix (p. 129).

Roman des cordes vocales, *Les Versets sataniques* laisse entendre le grain de la voix. Des chants d'amour, des *ghazals*, des *negro spirituals* à la sauce disco, des vieilles chansons de Londres, des airs de films, des odes, des poèmes affectent l'écriture, restaurent un caractère oral contre lequel la littérature s'est toujours érigée, l'imposent comme « oraliture[30] ».

La diversité narrative du roman le conduit sur les rives du réalisme, vers un Dickens qui livrait l'anatomie de Londres dans *Notre ami commun*, par exemple. Mais le réalisme est toujours confronté, chez Salman Rushdie, à la tentation du merveilleux et à l'expérience première des métamorphoses[31]. C'est bien sûr à Kafka que pense l'auteur, car Saladin réincarne Gregor Samsa. Dès la première phrase du récit de Kafka, le héros était placé sous le signe de la monstruosité : « Lorsque Gregor Samsa s'éveilla un matin au sortir de rêves agités, il se retrouva dans son lit changé en un énorme cancrelas[32]. » Elle rejaillit sur son homonyme indien. Saladin, arrêté par la police, manifeste une parenté évidente avec son ancêtre littéraire, véritable « insecte sur le plancher du car de police » (p. 182). Saladin est à la fois le colonisé et celui dont la métamorphose revient toujours hanter une intégration trop vite annoncée.

Chamcha, transformé en bouc, prend les traits d'un satyre et se voit offrir, par Sufyan, la consolation du précédent de l'âne d'Apulée, revenu à sa forme primitive grâce à l'intervention de la déesse Isis. Sufyan, décidément versé dans les auteurs anciens, lui propose plus tard de réfléchir sur l'opposition entre Lucrèce et Ovide. Pour l'auteur du *De natura rerum*, que Saladin choisira un instant à tort, la métamorphose affecte l'être tout entier, alors que pour le poète des *Métamorphoses* l'âme reste immuable en dépit des manifestations qu'elle adopte :

Par exemple, dans le *De natura rerum*, le grand Lucrèce nous dit la chose suivante : *quodcumque suis mutatum finibus exit, continuo hoc mors est illius quod fuit ante*. Ce qui, traduit, excusez ma maladresse, donne « Tout ce qui en changeant dépasse ses propres limites » – c'est-à-dire, inonde ses berges – ou, peut-être, rompt ses limites – si l'on peut dire, ne respecte pas ses propres règles, mais je pense que c'est une traduction trop libre... enfin, Lucrèce dit « cette chose, en agissant ainsi, entraîne la mort immédiate de son ancien moi ». Cependant, le doigt de l'ancien instituteur se dressa, dans *Les Métamorphoses*, le poète Ovide a un point de vue diamétralement opposé. Il déclare ainsi : « Comme la cire molle » – chauffée, vous voyez, pour cacheter des documents par exemple ou des choses comme ça – « est marquée par de nouveaux dessins Et change de forme et ne semble jamais la même, Tout en restant cependant la même, ainsi nos âmes » – vous comprenez, cher monsieur ? Nos esprits ! Nos essences immortelles ! – « Restent toujours les mêmes, mais adoptent Dans leurs migrations des formes toujours changeantes » (p. 303).

Le dilemme de Chamcha, du romancier, de tout immigrant s'inscrit dans cette double référence qui n'est pas une simple allégorie de l'intégration/séparation, mais qui révèle que la littérature telle que la conçoit Salman Rushdie a toujours abordé des problèmes dont la résolution esthétique est aussi politique.

Le caractère protéiforme du roman s'enracine dans une relecture de la littérature où les textes ont la même réalité que le monde, où le réalisme d'un Dickens n'est pas moins vrai que le pays des merveilles d'Alice, où Chamcha, au grand dam de Gibreel, se met à parler la langue de Zembla :

– « Minnamin, Gut mag alkan, Pern dirstan », répondit Chamcha. Ça signifie, « Mon chéri, Dieu crée la faim, le Diable la soif. » Nabokov.
– Encore lui, se plaignit Gibreel. C'est quoi cette langue de merde ?
– Il l'a inventée. C'est ce que la nourrice zemblane de Kindote lui disait quand il était enfant. Dans *Feu pâle*.
– *Perndirstan*, répéta Farishta. On dirait un pays : l'Enfer peut-être. J'abandonne, de toute façon. Comment lire un homme qui écrit dans un baragouin de sa propre invention (p. 477)[33] ?

Il serait vain de citer l'immensité des références littéraires qui, de Shakespeare à Fanon, de Joyce à Asimov, de Goethe à Jarry, de Machiavel à Bob Dylan permettent de relire ou de comprendre le monde, d'en détourner ou d'en retourner la vision passée. Le roman encyclopédique, sur le mode du *Moby Dick* de Herman Melville (dans la dualité Gibreel/Saladin il y a un écho du rapport Achab/Ismaël), permettrait alors de « recoller » les littératures dans une forme qui se veut synthétique, respectueuse du passé, et peut-être pas aussi ironique que l'exigerait un postmodernisme rigoureux.

Le cinéma complète cette polyphonie du roman, grâce au personnage principal qui est acteur de cinéma et rappelle ces autres acteurs indiens, N. T. Rama Rao (NTR) ou M. G. Ramachandran (MGR), acteurs devenus hommes d'État et dont on ne sait plus bien si la célébrité est due à leur premier métier ou à leurs activités politiques... Des personnages de l'industrie cinématographique y apparaissent, plus ou moins aisément reconnaissables : l'étoile du cinéma indien, Amitabh Bachchan, sur qui le personnage de Gibreel est partiellement modelé, ou encore Ismail Merchant. Ici le cinéma entre pleinement dans le roman, le roman devient film. L'utilisation des références cinématographiques y contribue : *Le Magicien d'Oz*, *L'Argent de poche* ou *Cactus Flower* de Walsh apparaissent au cours du récit. Elles opposent une nouvelle fois Gibreel et Chamcha :

> Chamcha lui fournit des réponses conventionnelles et cosmopolites. Ses films préférés comprenaient *Potemkine, Kane, Otto e Mezzo, Les Sept Samouraïs, Alphaville, El Angel Exterminador*. « On t'a fait un lavage de cerveau, se moqua Gibreel. Toute cette camelote d'art et d'essai occidental. » Ses dix films préférés venaient de « chez nous » et étaient agressivement populaires. *Mother India, Mr. India, Shree Charsawbees* : pas de Ray, pas de Mrinal Sen, pas d'Aravindan ni de Gathak (p. 475)[34].

L'intégration des références cinématographiques transforme le livre : le cinéma populaire, dans sa variante théologique, imprègne tous les niveaux narratifs[35]. La métamorphose du cinéma par l'écriture et de l'écriture par le cinéma renforce la fluidité de la narration, qui pratique une forme de montage dans l'agencement des épisodes. Le cinéma pénètre le réel, le réel envahit le cinéma, et ce double mouvement amène une confusion totale. Gibreel notamment voit ses frontières abolies, car sa schizophrénie, alimentée aussi par la lecture de William Blake, est toute-puissante. Ses rêves pourraient devenir des films : « Car une fois que ces histoires seraient clairement situées dans le monde artificiel et fabriqué du cinéma, Gibreel pourrait plus facilement les considérer en tant qu'illusions. Par conséquent le mur de Berlin entre le rêve et l'état de veille pourrait être reconstruit plus rapidement » (p. 378).

Cet espoir est un échec : les rêves mêmes de Gibreel transforment la réalité, les frontières disparaissent. La perméabilité généralisée (entre cinéma, fiction et réalité) conduit Gibreel à imaginer des personnages auxquels il se confronte, à créer des histoires et à rêver des fictions que le monde qu'on dit réel prend pour du blasphème.

À Saleem Sinai et à Omar Khayyâm, voyeurs compulsifs des précédents romans de Salman Rushdie, succède avec Gibreel un voyant malgré lui. Dans ses rêves, l'acteur tient à contrecœur le rôle de celui dont il porte le nom, l'Archange. Quand il cède malgré lui au sommeil, son cerveau enfiévré est aussitôt envahi par un flot de visions et de séquences oniriques. Paradoxalement, ce roman qui déborde de rêves raconte leur perte. Ce que perd Gibreel n'est pas la faculté de se représenter ses songes : ses visions sont au contraire panoramiques et circonstanciées. Il perd « l'étrange décalage entre soi et soi que fait sentir le réveil, en particulier le réveil qui interrompt ou clôture un rêve[36] ». Dans l'impossibilité de distinguer entre le réel et l'irréel, Gibreel est pris au piège d'une effrayante continuité dans laquelle il s'égare.

Il est de surcroît plus rêvé qu'il ne rêve. Le romancier a souvent recours à la troisième personne pour introduire les séquences oniriques : « Gibreel a rêvé ceci : ... a rêvé un temple : ... a rêvé des feux de camp : ..., etc. » Ritualisé, le procédé devient presque arbitraire. Sous l'effet d'un *zapping* capricieux, commandé en haut lieu, les rêves s'enchaînent les uns aux autres... en enchaînant un peu plus le rêveur. Soumis « aux récits enchantés » (p. 168) de Rosa Diamond, il subit ses visions délirantes qui transitent en lui par son ombilic : une autruche surréaliste sur la plage anglaise, une petite île blanche flottant sur les flots, plantée d'arbres albinos. Quant aux séquences blasphématoires du livre, elles lui sont « *terriblement douloureuses* ». Selon Salman Rushdie, elles ont valeur de punitions nocturnes et le montrent « hanté, possédé par des visions de doute, de scepticisme, par des questions et des allégations... depuis qu'il a perdu la foi » (*Patries imaginaires*, p. 424).

Le romancier chemine à la frontière entre le rêve et le réel, le visible et l'invisible, pour tenter d'interpréter une réalité par un rêve, un rêve par une réalité. Il se produit une infiltration de l'un par l'autre – ce que Salman Rushdie nomme *leaking*, entre fuite et coulage. Telle est aussi la loi de fonctionnement d'une société devenue société du spectacle, où tout ce qui est vécu s'éloigne dans une pure représentation. Ce « cinéfils » dénonce la fabrication des leurres télévisuels :

> [...] on utilisait les dernières techniques de fabrication d'images par ordinateur. Tous les décors étaient de synthèse : vaisseau spa-

> tial, paysages d'autres planètes, jeux télévisés intergalactiques ; et les acteurs, eux aussi, étaient traités par les machines, et chaque jour ils devaient passer quatre heures ensevelis sous des maquillages prothétiques dernier cri qui – quand les ordinateurs vidéo s'étaient mis au travail – les faisaient ressembler eux aussi à des images de synthèse (p. 77)[37].

La société est asservie à ses nouvelles idoles virtuelles, qui ont pour concurrentes d'éphémères « *personnalités de la télévision* » aux attributs entièrement interchangeables. La défaite de la pensée y est programmée par l'usage effréné de la télécommande et l'aplatissement généralisé qu'elle produit :

> [...] quel rouleau compresseur cette télécommande, le lit de Procruste du XXe siècle ; il découpait le lourd en tranches fines et aplatissait le léger jusqu'à ce que toutes les émissions, publicités, meurtres, jeux télévisés, les mille et une joies et terreurs du réel et de l'imaginaire, aient acquis un poids égal (p. 439).

Toute expérience intérieure authentique se voit interdite. Subsistent pour Chamcha les angoisses nocturnes devant son récepteur où s'agitent mutants décérébrés et robots humanoïdes à la parade ; et pour Gibreel, les démêlés avec les producteurs véreux. Quand il redescend sur terre, après ses fantasmes de vol archangélique, c'est pour retomber à plat sur le pare-brise (*screen* en anglais) de la limousine du producteur S. S. Sisodia, qui lui propose derechef un nouveau projet de film théologique. On croirait ces scènes inspirées de Guy Debord, quand celui-ci analyse la conscience spectatrice comme « prisonnière d'un univers aplati, borné par l'écran du spectacle, derrière lequel sa propre vie a été déportée, ne connaît plus que des interlocuteurs fictifs qui l'entretiennent unilatéralement de leur marchandise et de la politique de leur marchandise[38] ». L'omniprésence des producteurs de cinéma dans le roman témoigne de la mainmise du spectacle comme unique production sociale, nourrie de la scénarisation profane des grands textes sacrés : la Bible, le Coran, les mythes indiens fournissent une matière bon marché aux industriels du rêve frelaté. Au pays du capitalisme roi (ou dieu), dont le prophète serait Hal Valance, autre producteur vénal, l'économie et l'idéologie sont l'unique destinée, la marchandise le souverain bien et « *Suivez l'argent* » (p. 291) le seul commandement.

Les personnages des *Versets sataniques* en viennent tous à se réincarner, à circuler entre les époques et les histoires, nul mieux que Gibreel que l'on aperçoit de temps à autre, parcourant plusieurs univers à la fois. La déréalisation croissante du monde des *Versets sataniques* ne prendra fin qu'à la mort du père de Chamcha. « Le monde, a écrit quelqu'un, est le lieu dont nous prouvons la réalité en y mourant » (p. 570). Le délire final de Gibreel, sa schizophrénie qui le rapproche du capitaine Achab l'arrachent aux cadres étroits du réel pour le mener à la confrontation finale avec un Saladin/Moby Dick :

> [...] il marche comme dans un rêve, parce qu'après des jours d'errance dans la ville, sans manger ni dormir, avec la trompette nommée Azraeel bien enfoncée dans la poche de son manteau, il ne fait plus la distinction entre l'état de veille et le rêve ; – il comprend maintenant à quoi doit ressembler l'omniprésence, parce qu'il se déplace dans plusieurs histoires à la fois, il y a un Gibreel qui pleure la trahison d'Alleluia Cone, et un Gibreel qui se tient au-dessus du lit de mort d'un Prophète, et un Gibreel qui veille en secret sur un pèlerinage en route vers la mer, attendant le moment où il se révélera, et un Gibreel qui sent, chaque jour davantage, la volonté de l'adversaire, l'attirant toujours plus près, l'amenant vers leur étreinte finale : l'adversaire subtil et trompeur, qui a pris le visage de son ami, de Saladin son ami le plus fidèle, afin de l'endormir pour qu'il baisse sa garde. Et il y a un Gibreel qui marche dans les rues de Londres, essayant de comprendre la volonté de Dieu (p. 493-494).

Le roman devient lui-même un film dont les différents épisodes sont autant de livraisons d'une série théologique (« *Gibreel à Jahilia, Gibreel rencontre l'Imam, Gibreel et la fille aux papillons* » p. 376), où est finalement produit *Le Partage de la mer d'Arabie* et qui se révèle être un « bide total » (p. 550), où le deuxième film de Gibreel, *Mahound*, ne connaît pas davantage de succès, bien qu'ils donnent leur nom à des parties du roman de Salman Rushdie...

La coexistence du merveilleux et du réaliste, du religieux et du profane, du visuel et du mouvement, du parlé et du chanté, est inspirée en partie par le cinéma hindi. Elle rappelle surtout que la forme romanesque, chez Salman Rushdie, est toujours imprégnée par le conte, par une voix qui se fait discrète ; elle parle peu à la première personne et livre un récit qu'elle ne commente que rarement préférant laisser au public le soin d'en dériver une morale. Une formule, empruntée aux *Mille et Une Nuits*, revient dans le texte : « Kan ma kan/Fi qadim ezzaman... Ce fut ainsi, ce ne fut pas ainsi, dans le temps d'autrefois » (p. 162) pour rappeler que le conte ne relève pas d'une vérité expérimentale, que le sens des histoires tient dans l'hésitation et la multiplicité des interprétations. Le roman s'éloigne des contraintes, des étiquettes génériques et des catégories figées. L'interrogation sur le sens à donner au texte, le recours à une ironie mordante et dont la cible n'est pas que religieuse, l'exploration des modalités du doute ne sont pas sans rappeler un livre de la découverte de mondes étranges, une tentative d'assimilation vouée à l'échec, une autre tradition littéraire qui se nourrit de ces ambiguïtés : le genre mixte de la satire pratiqué par Jonathan Swift dans *Les Voyages de Gulliver*.

Du Coran au roman

Ou comment un « Récit Unique » est devenu un récit multiple ; un récit confisqué, un récit ouvert à tous. Le projet de romancer le Coran obéissait, selon Salman Rushdie, à un seul objectif :

> [...] savoir qui devrait détenir le pouvoir sur le Grand Récit, l'Histoire de l'Islam, et que ce pouvoir doit appartenir en part égale à tout le monde. Que, même si mon roman n'en avait pas la compétence, il représentait une tentative, qui n'en était pas moins importante, de raconter à nouveau l'Histoire. Que, si j'ai échoué, d'autres devront réussir, parce que ceux qui n'ont pas le pouvoir de raconter à nouveau cette Histoire qui domine leur vie, de la penser, de la déconstruire, d'en plaisanter, et de la changer au fur et à mesure que les temps changent, sont véritablement impuissants, parce qu'ils ne peuvent penser de manière nouvelle[39].

Raconter à nouveau l'histoire, c'est la raconter autrement. C'est rompre, en connaissance de cause, avec le Récit Unique pour proposer un *triple* récit. Le premier, matriciel, reprend les tentations, l'exil et la mort de Mahound ; le deuxième en offre une réincarnation contemporaine à Londres, tandis que le troisième féminise le parcours du prophète. Ces trois récits sont issus de l'esprit dérangé de Gibreel, qui assure la continuité entre eux. S'y ajoute un quatrième, moins analogique que réactif, centré sur la figure du poète satirique arabe Baal. Au désert de sable, les vers sont une arme autrement plus redoutable que le sabre. Capables d'immortaliser un exploit glorieux, les poètes font aussi couler le sang de la flétrissure et de la dénonciation :

« Tu aimes le goût du sang », dit-il. Le garçon hausse les épaules. « Un travail de poète, répond-il. Nommer l'innommable, dénoncer les fraudes, prendre parti, provoquer des discussions, façonner le monde et l'empêcher de s'endormir. » Et si des rivières de sang coulent des blessures infligées par ses vers, elles le nourriront » (p. 114).

Personnage fictif, ce railleur professionnel s'oppose au prophète de Jahilia : ses versets satiriques stigmatisent la « Soumission » constitutive de l'Islam. En butte aux persécutions, il se réfugie au bordel, pour y vivre son propre exil intérieur. Au cœur de la maison de tolérance, derrière le *Hijab* (Rideau), il fonde son « anti-mosquée » (p. 416), s'entoure, comme Mahound, de douze épouses, choisies parmi les prostituées, et ne se reconnaît qu'une seule maîtresse, sa Muse. Ce qui suffit à faire de lui un contre-type caricatural, un Mahound à l'envers, son « miroir secret et profane » (p. 418). Le prophète le fera mettre à mort, ne pouvant lui pardonner son rire :

« Les putains et les écrivains, Mahound. Nous sommes ceux à qui tu ne peux pardonner. »
Mahound répondit : « Les écrivains et les putains. Je ne vois aucune différence » (p. 425).

Baal cristallise dans le roman le conflit originel « entre le texte sacré et le texte profane, entre la littérature révélée et la littérature d'imagination ». Et Salman Rushdie de rappeler qu'à son retour de La Mecque, après l'exil, Muhammad fit arrêter seulement cinq ou six personnes, mais que parmi elles deux étaient des écrivains, et deux des actrices qui s'étaient illustrées en déclamant des vers satiriques. Pour un écrivain, poursuit-il, « ce conflit est fascinant et intéressant à explorer. C'est cela que je faisais, j'explorais[40]. »

• Dans le premier récit, Salman Rushdie exploite nombre de sources empruntées à la fois au Coran, à la tradition islamique et à la vie de Muhammad. Selon le principe de l'emboîtement des rêves, Gibreel, très tôt fasciné par la personnalité du prophète sous les traits duquel il s'imagine volontiers, revoit en songe l'abandon au désert d'Agar l'Égyptienne et de son fils Ismaël par Abraham. Les chapitres « Mahound » et « Retour à Jahilia » font alors revivre l'Arabie de la fin du VIe et du début du VIIe siècle sous le nom de Jahilia, terme qui désigne traditionnellement la période anté-islamique de l'ignorance. Dans cette cité commerciale, un *businessman* fonde une religion nouvelle, appelée à devenir l'une des plus puissantes du monde. Son nom est Mahound, terme d'opprobre en usage chez les chrétiens au Moyen Age pour diaboliser le prophète de l'Islam. Au milieu du désert, son obsession de l'eau et des ablutions le désigne comme traître aux yeux de ce peuple « de silicone » (p. 121). Redescendu des pentes du Mont Cone (le Mont Hira de la tradition), il apporte à la ville aux 360 idoles de pierre la fracassante nouveauté du monothéisme et s'oppose très vite à Hind, l'épouse du Grandee, sectatrice des déesses païennes. Il connaît l'épreuve des versets sataniques, avant d'être contraint à un exil de vingt-cinq années à Yathrib – soit bien plus longtemps que les huit ans que dura l'Hégire, de 622 à 630. Son retour dans une Jahilia désormais soumise à sa coupe réglée se marque par une extension tatillonne et absurde des révélations au domaine public et privé. Sur son lit de mort, Mahound est visité, comme le veut la tradition hagiographique, par l'ange Azraeel. Mais le romancier, en une dernière irrévérence, réintroduit dans la scène la déesse païenne tentatrice, avant de se reprendre et de donner à l'épisode une conclusion plus orthodoxe :

> « S'il en est ici qui adoraient le Messager, qu'ils s'affligent, car Mahound est mort ; mais s'il en est ici qui adorent Dieu, qu'ils se réjouissent, car Il est vivant » (p. 428).

Le décalage, plus relatif qu'absolu, entre vie de Muhammad et fiction de Mahound imprime aux événements et à leur interprétation la marque d'une profanation de moins en moins innocente. Le sacré glisse « hors du temple[41] », le transcendant se réduit à l'immanent. Historicisés, le Coran comme la vie de Muhammad relèvent d'un « Grand Code » narratif[42] – ce que la tradition musulmane a toujours récusé avec vigueur, soucieuse de tenir le Livre à l'écart des exploitations fictives auxquelles se prête la Bible dans la tradition occidentale. Cette réécriture exploite toutes les virtualités d'un récit fondateur, désormais soustrait par le rire à la solennité des origines et devenu matériau malléable, prétexte à quantité de visions et de révisions plus ou moins irrespectueuses. L'intangibilité du Livre le cède à l'arbitraire du « fait d'auteur[43] », caractéristique saillante du roman à l'occidentale.

Le fait d'auteur amène Salman Rushdie à préférer la psychologie à la théologie et à remplacer la religion par l'idéologie : « *QUEL GENRE D'IDÉE ES-TU ?... Le genre qui, quatre-*

vingt-dix-neuf fois sur cent, sera presque certainement réduit en petits morceaux; mais qui, la centième fois, changera le monde » (p. 365). Il humanise son prophète dont il montre les doutes et les tourments à la veille de subir la tentation satanique :

> [...] est-il possible qu'elles *soient* des anges ? Lât, Manât, Uzza... puis-je les appeler angéliques ? Gibreel, as-tu des sœurs ? Sont-elles les filles de Dieu ? Ô ma vanité, se reproche-t-il, je suis un homme arrogant, est-ce de la faiblesse, n'est-ce qu'un rêve de pouvoir ? [...] Les âmes de la ville, du monde, valent bien trois anges ? Allah est-il si inflexible qu'il ne prendra pas trois de plus sous son aile pour sauver l'espèce humaine ? – je ne sais rien. – Dieu doit-il être fier ou humble, majestueux ou simple, accommodant ou non ? *Quel genre d'idée est-il ? Quel genre d'idée suis-je ?* (p. 128).

L'épisode « frappe au cœur de la fondation islamique » dont il constitue un « maillon faible[44] ». Rappelons ce qu'en dit une certaine tradition. Attaché à faire accepter le monothéisme par une population sceptique, voire hostile, Muhammad aurait été tenté de rechercher un compromis avec les tenants du polythéisme : il aurait interrogé Allah par l'intermédiaire de l'Ange sur le bien fondé de l'intercession d'al-Lât, d'al-'Uzza et de Manât. Une première réponse est consignée aux versets 20 *bis* et 20 *ter* de la Sourate 53, dite de l'Étoile : « Ce sont les Sublimes Déesses/et leur intercession est certes souhaitée[45]. » S'en suivit rapidement une rétractation. En vertu du système de l'« Abrogeant et de l'Abrogé », qui veut que toute disposition contredite par une révélation ultérieure soit déclarée caduque, les versets furent abrogés et remplacés par le verset 23, le seul orthodoxe : « Ce ne sont que des noms dont vous les avez nommées, vous et vos pères. Allah ne fit descendre, avec elles, aucune probation. Vous ne suivez que votre conjecture et ce que désirent vos âmes alors que certes, à vos pères, est venue la Direction de leur Seigneur. » Mis sur le compte d'une intervention de Satan, qui aurait abusé le prophète en prenant la voix de l'Ange, ils suggèrent néanmoins sa faillibilité. Mais le Coran n'est-il pas, de tous les livres sacrés, celui qui accorde la plus grande place aux positions adverses, enclines à douter de la réalité d'une révélation venant après d'autres ? La vulnérabilité du prophète, qui s'est laissé prendre dans les rets du discours satanique, le temps d'« une épreuve d'humanité[46] », y est énoncée sans trop de détours. Alors d'où vient le scandale ? En ce qu'il touche ce point névralgique où le texte sacré est produit comme articulation entre l'homme et la transcendance, entre l'ordre humain et l'absolu qu'il se donne. Au travers d'une médiation incertaine, c'est la pureté divine du Coran et, partant, la métaphysique de l'écriture fondatrice qu'on écorne.

Salman Rushdie s'engouffre dans la brèche. Il met crûment à nu la nature du montage textuel qui relie les croyants à l'Origine en insistant sur ses « soudures imparfaites[47] ». Il se coule dans la peau des « acteurs » de la Révélation, traitée à la manière d'un jeu de rôles et minée de l'intérieur. Dans sa version de l'affaire, c'est Gibreel, l'étoile du cinéma de Bombay, qui, bien que las de jouer les divinités, tient en rêve tous les rôles : à son corps défendant, il est l'ange de la Récitation, mais aussi Satan : « *C'était moi les deux fois, baba, moi en premier et moi en second aussi*. De ma bouche, à la fois l'affirmation et le reniement, les versets et leurs controverses, univers et envers, tout, et nous savons tous comment ma bouche a été utilisée » (p. 141-142). Jamais en mesure d'articuler son propre texte, ignorant tout de son rôle, l'acteur Gibreel se découvre agi :

> Mais quand il s'est reposé il entre dans un sommeil différent, une sorte de non-sommeil, ce qu'il appelle sa *façon d'écouter*, et il sent une douleur sourde dans le ventre, comme quelque chose qui essaie de naître, et maintenant Gibreel, qui planait au-dessus-et-regardait-en-bas, ne sait plus où il en est, *qui suis-je*, à ce moment-là il commence à sentir que l'archange est en fait *à l'intérieur du Prophète*, je suis cette lourdeur dans le ventre, je suis l'ange expulsé par le nombril du dormeur, j'émerge, Gibreel Farishta, tandis que mon autre moi, Mahound, se trouve *dans sa façon d'écouter*, envoûté, je suis lié à lui, de nombril à nombril, par un brillant cordon de lumière, il est impossible de dire lequel de nous rêve l'autre. Nous suivons le courant dans deux directions, le long du cordon ombilical (p. 127).

Être le petit télégraphiste de Dieu n'est pas drôle, se lamente-t-il ; détaché de lui-même, il s'écoute parler et Salman Rushdie lui fait dire, non sans malice : « Dieu seul sait de qui j'ai été le facteur » (p. 130). La « messagerie[48] » inverse son sens, l'ange a perdu tout contrôle sur la Parole : « Mes lèvres remuent, sont mues par. Quoi, qui ? Sais pas, peux pas dire. Néanmoins les voici, sortant de ma bouche, montant de ma gorge, passant mes dents : les Mots » (p. 129). La voix du dedans, celle du monologue intérieur, est proférée par un Autre qui interfère et parasite la relation privilégiée entre l'homme, l'ange et Dieu.

Traditionnellement présenté dans le Coran comme « redoutable, fort et doué de sagacité » (Sourate 53), l'ange des religions monothéistes soumet d'ordinaire les humains à l'emprise impérieuse de la Parole – Michel Serres en fait même un « malaxeur de pâte humaine[49] ». Chez Salman Rushdie, c'est Gibreel qui est malaxé, réduit à l'impuissance et berné au profit de Mahound – comme en d'autres circonstances de l'Imam et d'Ayesha. Les rôles sont renversés. Toutes les scènes de visitation du livre, les moments d'*inspiration*, reproduisent peu ou prou le même mouvement : le messager se fait souffler son message par plus fort que lui. Quelle est l'identité du *daemon*, du souffleur ? Le silence est la seule réponse à cette lancinante question :

> Tout autour de lui, pense-t-il mi-rêvant mi-éveillé, il y a des gens qui entendent des voix, qui sont séduits par des mots. Mais pas les siens ; le texte n'est jamais de lui. – De qui alors ? Qui chuchote à leurs oreilles, et les rend capables de déplacer les montagnes, d'arrêter les pendules, de diagnostiquer les maladies ?
> Il ne comprend pas (p. 257-258).

Dieu n'est pas, n'est plus, au rendez-vous de sa Révélation. Quant à l'inspiration, à défaut d'être divine, elle est peut-être démoniaque, et sûrement incertaine, insiste le romancier, partisan de ne pas démêler l'écheveau embrouillé de la création : « Nous sommes bien loin du temps des révélations. Les règles de la Création sont assez claires : on met des choses en route, on les fait comme ceci ou cela, et on les laisse suivre leur chemin » (p. 443).

Salman Rushdie ébranle le statut infalsifiable du Coran quand, suprême ironie, il confie le soin au scribe de Mahound, qu'il nomme Salman le Perse, de contrefaire grossièrement les termes de la Récitation :

> « D'abord de petites choses. Si Mahound récitait un verset dans lequel Dieu était décrit comme *celui-qui-entend-tout, celui-qui-sait-tout*, j'écrivais, *celui-qui-sait-tout, celui-qui-est-toute-sagesse*. Et voilà le problème : Mahound ne remarqua pas les modifications. Ainsi, j'étais vraiment en train d'écrire le Livre, ou de le réécrire, de toute façon en train de souiller la parole de Dieu avec mon propre langage profane » (p. 399-400).

Là encore, Salman Rushdie se fonde sur une ancienne tradition musulmane qui voudrait qu'un compagnon du Prophète eût avoué avoir souvent trompé le Messager. Le scribe sceptique accuse en outre Mahound de parler « par propre impulsion » et en fonction de ses seuls désirs – à l'encontre de ce qu'affirme, en toutes lettres, la sourate 53. Il met en cause le « facteur humain » : ses révélations, confirmées *a posteriori* par l'ange, sont « de pure convenance », « terre à terre » (p. 400-401), dictées par l'intérêt personnel et la soif du pouvoir. Toute la fondation islamique se trouve ainsi mise à mal et le pardon accordé au scribe falsificateur, autorisé à rentrer dans son pays natal, ne jouera pas, une fois le roman refermé, le rôle propitiatoire que semblait en attendre Salman Rushdie.

• Le deuxième récit se transporte à Londres. Des personnages de la saga de Jahilia – mais Vilayet n'est-elle pas aussi royaume de l'ignorance et du mercantilisme ? – réapparaissent, parmi lesquels Baal, Hind, et d'autres encore. Transportée du VIIe au XXe siècle, la figure emblématique d'un prophète *orphelin* se lit en filigrane. Elle complète, avec l'errance des personnages londoniens, l'utilisation ludique mais pas toujours malveillante des principes fondateurs de l'Islam : très tôt, Gibreel perd ses deux parents ; la mort du père de Chamcha « ouvre la voie de l'identification au prophète » – comme s'il avait fallu, à l'instar des textes mystiques, le passage par l'exil pour trouver la voie[50]. Londres est enfin le lieu où, singeant la Récitation, Chamcha souffle téléphoniquement à l'oreille de Gibreel des vers « sataniques » de mirliton qui auront raison de sa santé mentale.

En marge de l'action, terré dans son sanctuaire par peur de l'impureté de la Sodome moderne, l'Imam fournit l'occasion à Salman Rushdie d'un portrait charge, dans lequel certains ont reconnu l'Imam Khomeiny :

> L'Imam est un calme massif, une immobilité. C'est une pierre vivante. Ses énormes mains noueuses, d'un gris de granit, reposent lourdement sur les bras de son fauteuil à haut dossier. Sa tête, qui semble trop grande pour le corps en dessous, roule pesamment au bout d'un cou d'une maigreur étonnante que l'on aperçoit à travers les poils épars de sa barbe poivre et sel. Les yeux de l'Imam sont embrumés, ses lèvres ne bougent pas. C'est une force pure, un être primordial ; il bouge sans mouvement, agit sans faire, parle sans proférer de son. C'est le prestidigitateur et l'histoire est son numéro (p. 232).

À ses côtés, se retrouvent les avatars contemporains des trois compagnons historiques du prophète, Khalid, Salman et Bilal. Sous le nom de Bilal X, Noir américain converti, ce dernier, secrétaire de l'Imam, est également chargé d'assurer sa propagande sur la voie des ondes – rappel burlesque de la fonction de premier muezzin de la première mosquée que Muhammad avait confiée à son esclave affranchi. L'exilé partage avec Mahound le désir de retour au pays natal ; son hostilité à l'égard de l'Impératrice Ayesha rappelle l'hostilité du *businessman* envers l'épouse du Grandee ; il traite l'ange avec la même absence d'égard. Sa rhétorique révolutionnaire est en revanche plus vengeresse et il ne manifeste aucune des dispositions à la mansuétude de Mahound. Fanatique, il s'en prend au temps des horloges qu'il veut abolir et à l'Histoire :

> Car il existe un ennemi au-delà d'Ayesha, et c'est l'Histoire elle-même. L'Histoire c'est le vin de sang que l'on ne devrait plus boire. L'Histoire c'est ce qui enivre, la création et le bien du Diable, du grand Chaytan, le plus grand des mensonges – le progrès, la science, le droit – contre lesquels l'Imam s'est dressé. L'Histoire est une déviation de la Voie, la connaissance est une illusion, parce que la somme des connaissances a été achevée le jour où Al-Lah a fini sa révélation à Mahound (p. 233).

Son retour (en Iran ?) s'annonce sanglant : « Et Gibreel, détournant les yeux d'horreur, voit l'Imam grossir monstrueusement, s'allonger dans la cour devant le palais avec sa bouche béante qui s'ouvre derrière les portes ; quand le peuple entre il l'avale entièrement » (p. 238).

• « Elle les tenait par l'extrémité des ailes, rejetait la tête en arrière et les faisait entrer dans sa bouche avec la pointe de sa langue étroite » (p. 242). D'une bouche à l'autre, d'une Ayesha à l'autre. Le troisième récit, celui de l'orpheline aux papillons, inscrit les tribulations du prophète ainsi que la Révélation dans une effrayante bouche et un corps de femme attirant. Empreint de nostalgie, il annonce le retour au pays natal perdu et entend suggérer que « la déité que lui, Gibreel, a essayé en vain de tuer peut être un Dieu d'amour, autant que de vengeance, de pouvoir, de devoir, de règles et de haine » (p. 238). Mais le sort symétrique réservé aux papillons, comme aux Iraniens plus haut, annonce l'issue fatale de l'épisode, quand seront engloutis les croyants abusés. Une nouvelle fois, se pose avec force la question du *détournement* de la Parole. Épileptique ou divinement inspirée, une jeune habitante du village musulman de Titlipur nommée Ayesha affirme entendre des voix, par l'intermédiaire d'un messager (Gibreel) dont elle sollicite sexuellement les injonctions : « Elle entend ce qu'il ne dit pas, prend ce dont elle a besoin et s'en va » (p. 257).

Ces voix, celles de son désir, lui dictent d'emmener les siens en pèlerinage à La Mecque, en traversant la mer d'Arabie. À la tête des villageois, précédée d'une nuée de papillons, elle renoue avec la tradition du Padyatra (pèlerinage à pied), ancienne coutume pré-islamique, en même temps qu'elle rejoue la fuite d'Égypte en sens inverse – l'occasion pour Salman Rushdie d'un double contrepoint ironique. Jamais pure, l'origine est toujours historiquement mêlée, en partage, et la nouveauté est illusoire. C'est d'abord à Muhammad que Dieu a « joué le tour malin de l'inspirer dans les mêmes termes – les mêmes signifiants – que ses prédécesseurs juifs, à qui justement Mahomet s'efforçait de les arracher[51] » !

Sur leur passage, qui déclenche des émeutes politiques, raciales et religieuses, les doutes de certains pèlerins rappellent les questions de Salman (Quel genre d'idée es-tu ?) ; son intransigeance, celle de Mahound. Elle aussi rejette le compromis satanique passé avec les puissances séculières.

Arrivé sur la plage de Bombay, le cortège s'avance dans la mer. Deux versions de l'épilogue du pèlerinage sont proposées : dans la première, extérieure, le constat, rationnel et objectif, est sans appel : tous ont péri, même si certains affirment avoir vu les eaux s'écarter sur le passage du cortège. La seconde version, intérieure et surnaturelle, apparaît des mois plus tard à la mort du dernier sceptique : les flammes du buisson ardent commandent à son cœur endurci de s'ouvrir à l'impératif de la Révélation et une lame de fond balaie ses dernières réticences, emportées par un sentiment océanique, entre dissolution et extase :

> Son corps se fendit de la pomme d'Adam à l'entrejambes, pour qu'elle puisse entrer au plus profond de lui, et maintenant elle était ouverte, ils étaient tous ouverts, et au moment de leur ouverture les eaux se fendirent, et ils marchèrent vers La Mecque sur le fond de la mer d'Arabie (p. 544).

La traversée de la Mer aurait-elle quand même eu lieu ? L'ouverture, le don de soi, volontaires quoique déchirants et mortels, auraient-ils, *in extremis*, transcendé la résistance ou sa sœur jumelle, l'aveugle soumission ? En donnant le dernier mot à une interprétation plus ouverte que ne le laissait entendre le procès-verbal dressé au lendemain de la noyade collective, Salman Rushdie se plaît à cultiver l'ambiguïté, qui est refus de toute autre forme de certitude que cette « sagesse de l'incertitude » prônée par Milan Kundera dans *L'Art du Roman*[52].

Campant en marge de l'incroyance, le romancier profanateur ne s'interdit pas de donner des gages de sympathie à la croyance, fidèle en cela à une préoccupation déjà ancienne. À propos de l'Inde des *Enfants de Minuit*, il confiait qu'« une forme occidentale et rationnelle », telle que le naturalisme, était impropre à exprimer la croyance au divin si répandue dans la vie quotidienne, qu'elle critiquerait implicitement et de manière injuste : « *Il faut donc utiliser une technique qui permette à Dieu d'exister* comme ce divan[53]. » De même, le souci de la technique romanesque manifesté par *Les Versets sataniques* n'exclut peut-être pas d'être un souci, sinon de Dieu, du moins du divin.

Une ténébreuse affaire

L'« Affaire Rushdie », comme on a coutume de l'appeler, exacerbe les conflits latents et renforce les idéologies dans les pays où elle s'est déclenchée. Le roman, son contenu, a depuis longtemps disparu de la pensée des hommes politiques ou journalistes lorsqu'ils en parlent. La pratique de l'extrait, du morceau « choisi » a connu à cette occasion un regain de faveur. Le livre n'est pas ou plus lu et la très grande majorité des écrits sur *Les Versets sataniques* concerne des questions politiques, dépassant le statut immédiat de Salman Rushdie ou de son roman. Le débat politico-religieux occulte le sens du livre, met en avant un aspect pour mieux en oublier d'autres. Bien peu de ceux qui l'attaquent ou le défendent sont à même d'expliquer son « message » éventuel. On ne donnera donc pas ici une histoire supplémentaire des événements, des développements de la querelle. À la lumière des événements récents, on peut espérer que celle-ci est en train de s'apaiser. Une rencontre à l'initiative du Comité pour la défense de Salman Rushdie[54], entre dirigeants européens et iraniens, devrait concrétiser les déclarations récentes de ces derniers : l'Iran pourrait renoncer à tout attentat contre la vie de Salman Rushdie, sans pour autant annuler la *fatwa*. Resterait enfin le problème de l'association « privée » du 15 khordad qui offre une prime de deux millions de dollars aux assassins éventuels.

Contrairement à ce que l'on dit souvent, la crise n'a pas commencé avec la *fatwa* de l'ayatollah Khomeiny, mais a débuté en Inde, par l'interdiction du livre deux semaines après sa sortie, à des fins électoralistes[55]. Un article paru dans le *Times of India* sous la plume d'un homme politique musulman, Syed Shahabuddin, lançait le débat, repris par une lettre ouverte de Salman Rushdie au Premier ministre indien de l'époque, Rajiv Gandhi. Les manifestations contre le roman prirent par la suite de l'ampleur au Pakistan, et on peut suggérer, comme le rappelle Tahar Ben Jelloun, que la nature des relations entre l'Iran et ce pays, dirigé à l'époque par une femme, n'y est pas étrangère[56]. On pourrait montrer enfin qu'en Iran les différents courants au sein du régime se sont servis de cet enjeu pour faire, littéralement, monter les enchères. Ce n'est que cinq mois après l'interdiction du livre en Inde que la *fatwa* de Khomeiny a été promulguée, et l'auteur taxé de blasphème. Cette sentence visait un Musulman, accusé d'apostasie, et coupable d'avoir repris des traditions hérétiques véhiculées notamment par les Chrétiens au Moyen Âge[57]. Mais c'est un citoyen britannique, un écrivain, qui était, de façon inacceptable, condamné pour des idées exprimées dans son propre pays.

Six aspects du roman sont en général mis en valeur pour justifier cette accusation. Appartenant au genre acéré de la satire, *Les Versets sataniques* aux cibles nombreuses n'a pas manqué de provoquer en retour les flèches des censeurs. Les épisodes contestés tournent tous autour de l'historicisation de la religion, du rapport entre le texte sacré et le texte profane, c'est-à-dire entre la littérature d'imagination et la littérature révélée, entre la foi et le doute : « Question : Quel est le contraire de la foi ?/ Pas l'incrédulité. Trop catégorique, certain, fermé. En soi une sorte de foi./ Le doute » (p. 108).

Le titre du livre renvoie explicitement et immédiatement à l'événement mentionné par la tradition, où Muhammad aurait reçu des versets sous la dictée de Satan. Cette fausse révélation, comme l'explique Maxime Rodinson, aurait permis inconsciemment au prophète de ne pas s'aliéner les Mekkois : « C'était montrer nettement que la prédication nouvelle n'avait rien de révolutionnaire, que la nouvelle secte honorait les divinités de la cité, respectait leurs sanctuaires, reconnaissait la légitimité de leur culte[58]. » Mais ces versets, pour marquer la spécificité de cette religion naissante, furent vite abrogés, ne figurent pas dans le texte sacré, mais ont donné lieu à une justification divine : « Nous n'avons pas envoyé avant toi d'envoyé ou de prophète en qui Satan, quand ils éprouvaient une aspiration, n'y mêlât de ses projections. Mais Dieu abroge les projections de Satan, et de plus rend péremptoires Ses propres signes[59]... » En donnant pour titre à son roman le

Salman Rushdie, Brick Lane, Londres, décembre 1988,
(photo Gilles Peress).

nom de ces versets, Salman Rushdie réintroduit le doute face à la certitude de la religion révélée.

Le deuxième chef d'accusation porte sur l'histoire de Salman le Farsi, le scribe qui teste Mahound et suggère par là que la Révélation n'est pas entièrement fiable. En changeant un mot ici ou là, Salman soumet au doute le Coran et perd la foi. Cet épisode repose en partie sur un récit fait par Tabari.

La troisième atteinte à l'Islam concerne l'utilisation du nom de « Mahound » pour désigner le prophète. Ce nom dont les Chrétiens usaient au Moyen Âge pour insulter le Prophète ou l'Islam est adopté dans le roman comme « le talisman du diable pendu par les *farangis* autour de son cou[60] » (p. 109). Comme les autres minorités, il revendique l'insulte pour la transformer en force.

L'absence de respect à l'égard d'Abraham le patriarche dont le roman rappelle qu'il abandonne ses enfants dans le désert constitue la quatrième offense faite aux Musulmans.

Quant à la cinquième, elle se situe après le retour du Prophète à Jahilia alors qu'il édicte les règles de comportement. Les Prostituées du bordel « Le Rideau » se font passer pour les femmes du Prophète, provoquant une ruée sur l'établissement et une augmentation de trois cents pour cent de sa fréquentation :

> Quand la nouvelle se répandit dans Jahilia que chaque putain du Rideau s'était approprié l'identité d'une des femmes de Mahound, l'excitation clandestine des mâles de la cité fut intense ; cependant, ils avaient si peur d'être découverts, à la fois parce qu'ils perdraient sûrement la vie si Mahound ou ses lieutenants découvraient qu'ils avaient été impliqués dans des actes à ce point irrévérencieux, et parce qu'ils désiraient que le nouveau service du Rideau soit maintenu, que le secret fut caché aux autorités. [...]
> Vers la fin de la première année les douze étaient devenues si expertes dans leur rôle que leur personnalité précédente commença à s'estomper. Baal, plus myope et plus sourd chaque mois, voyait les formes des filles qui passaient près de lui, leurs contours devenaient flous, leurs images se dédoublaient, comme des ombres qui se superposent à des ombres (p. 414-416).

Et Baal, caché dans ces lieux, commence à prendre l'identité de Mahound. Salman qui le retrouve dans le bordel lui raconte alors une anecdote concernant la plus jeune femme de Mahound, Ayesha, qui, revenant à Yathrib, se serait perdue et aurait été sauvée par Safwan :

Les deux jeunes gens avaient voyagé seuls dans le désert pendant plusieurs heures, et on laissait entendre, de plus en plus lourdement, que Safwan était un jeune homme plein de panache, et, après tout, le Prophète était bien plus âgé que la jeune femme, et dans ces conditions n'avait-elle pas pu être attirée par quelqu'un de son âge ? « Un vrai scandale, commenta Salman, heureux.
– Que va faire Mahound ? voulut savoir Baal.
– Oh, il l'a déjà fait, répondit Salman. Toujours le même. Il a vu son chouchou, l'archange, et il a informé tout le monde que Gibreel avait pardonné à Ayesha. » Salman ouvrit grand les bras avec une résignation profane. « Et cette fois-ci, monsieur, la dame ne s'est pas plainte que les versets tombent au moment propice » (p. 420).

C'est là le dernier point de litige : l'utilisation du nom de la plus jeune femme du Prophète, donné également à l'Impératrice Farah insultée à la radio par Bilal. Elle est encore considérée dans le monde chi'ite comme l'intrigante qui serait responsable de la division de la communauté des croyants au moment de la bataille du Chameau[61].

Il faudrait des volumes entiers pour discuter chacun de ces points, pour souligner qu'ils ne sont pas de l'invention de Salman Rushdie mais s'appuient souvent sur des faits historiques ou des récits plus anciens. On peut alors essayer de le dédouaner en suggérant qu'il n'y a pas blasphème puisque d'autres avant lui se sont servis de ces événements[62]. L'argument peut cependant être retourné facilement pour réitérer l'accusation. On pourrait aussi invoquer une phrase du roman qui rappelle que « là où il n'y a pas de croyance il n'y a pas de blasphème » (p. 413).

Le débat autour du livre excède son contenu. Nul doute qu'il choque les Musulmans croyants, que certains de ses épisodes sinon son propos général ne soient ressentis comme une atteinte à leur religion : de nombreux intellectuels britanniques, dont le philosophe Michael Dummett, ont reproché à Salman Rushdie d'être resté insensible aux blessures provoquées, notamment lorsqu'il insistait pour publier l'édition de poche du roman[63]. Face aux défenseurs du culte, les défenseurs de la liberté de parole opposent le droit à tout dire : entre les deux, les libéraux critiques, « occidentaux » ou non, occupent des positions diverses. C'est que la question de ce qui constitue un blasphème est difficile à résoudre. L'ethnologue Jeanne Favret-Saada a ainsi proposé de montrer que le blasphème ne dépend nullement de la personne qui en est l'auteur (on peut très bien blasphémer dans de nombreux écrits sans jamais encourir de *fatwa* ni voir sa salle de cinéma brûler)[64]. Le blasphème, selon elle, repose sur une utilisation particulière qui est faite de la société et des moyens de communication au sein de celle-ci. Un accusateur désigne à l'attention d'une autorité officielle, en invoquant une opinion publique (pour montrer qu'il ne s'agit pas d'une vengeance privée), un « blasphémateur » ; ce processus compliqué s'appuie nécessairement sur des interprétations théologiques et des sanctions répertoriées qui préexistent à l'événement. Dans cette analyse, qui semble confirmée par l'impossibilité pour Salman Rushdie d'échapper à la condamnation qui lui est imposée malgré ses protestations de bonne foi, le blasphème est un acte public d'accusation et non un acte personnel intentionnel.

L'enjeu principal du débat n'est pas de savoir s'il y a blasphème ou non, ne concerne pas uniquement la liberté d'expression, mais est un problème à la fois politique, culturel et sociologique[65]. La complexité littéraire de l'œuvre de Salman Rushdie qui explore le multiculturalisme de la société anglaise autant (sinon davantage) que l'Islam, et relit la fondation d'une religion d'un point de vue profane, aurait dû le mettre à l'abri des jugements tranchés sur le sens ou la nature de son entreprise. En revanche, la diversité des réactions hostiles au livre autant que certaines déclarations de soutien sont souvent et peut-être nécessairement motivées par des conflits qui échappent totalement à l'auteur des *Versets sataniques*, alors utilisé comme prétexte. La division n'est pas toujours claire entre les défenseurs et les pourfendeurs du livre, les uns comme les autres pouvant avoir recours à l'anathème.

L'« Affaire » a cristallisé des positions qui ne relevaient pas d'un débat théologique. La polémique a opposé principalement des membres de la classe politique anglaise qui voyaient là un prétexte pour reprendre un trop simple antagonisme entre l'Occident et l'Orient – que les adversaires de Salman Rushdie ne se sont pas fait faute de récupérer également. C'était là une occasion rêvée de jeter de l'huile sur le feu des relations alors tendues entre l'Islam et le monde occidental[66]. À l'échelle britannique, les réactions ont parfois dégénéré, faisant remonter des réflexes ouvertement racistes : un dirigeant conservateur de premier plan, Norman Tebbit, accusa l'écrivain d'avoir renié son éducation, sa religion, et d'avoir bafoué les lois de l'hospitalité alors qu'il n'était qu'un étranger[67]. Un député de Sa Gracieuse Majesté renchérissait en proposant d'envoyer l'auteur des *Versets sataniques* dans les silos nucléaires des îles

Hébrides – théoriquement pour le protéger, *à moindres frais*, et, pratiquement, pour l'exiler en lisière du monde civilisé[68].

Si les communautés musulmanes anglaises (à Bradford notamment), bien davantage qu'en France, se sont élevées contre le livre, c'est peut-être aussi parce que leur situation économique et juridique en Angleterre (où, rappelons-le, la loi sur le blasphème ne s'applique qu'à la religion d'État) pouvait les conduire à revendiquer, en cette occasion, leur identité. Ce qui n'a pas manqué, en retour, d'envenimer les tensions raciales. De l'avis unanime des assistants sociaux et des responsables d'association, l'affaire Salman Rushdie aurait même contribué, sur le terrain, à « ruiner l'essentiel du travail important réalisé dans les années 80[69] ». Il fut ainsi particulièrement pénible à Salman Rushdie d'apprendre que son nom était utilisé de manière provocatrice par les jeunes des communautés blanches de Bradford, « pour se moquer des enfants et des adultes asiatiques, musulmans et non musulmans, d'une façon que j'ai trouvée répugnante, dégradante et humiliante » (*Patries imaginaires*, p. 418).

En France, les intellectuels ont été unanimes à dénoncer la pusillanimité des pouvoirs publics qui ont longtemps refusé un visa d'entrée à Salman Rushdie, pourtant citoyen de la Communauté européenne ! Malgré quelques divergences internes, leur position peut être résumée par les propos de Claude Lefort : « C'est en tant qu'écrivain qu'il a encouru sa condamnation, et c'est en tant que tel qu'il faut aussi le défendre. C'est l'idée que l'œuvre échappe à l'autorité du politique et du religieux qu'il faut réaffirmer[70]. »

Le débat autour du roman, qui redonne une place centrale et vitale à la littérature, a aussi mobilisé les intellectuels arabes et musulmans qui ont courageusement exprimé leur soutien à l'auteur à l'occasion d'un volume : *Pour Rushdie*. On y retrouve les tendances rencontrées chez les intellectuels occidentaux. Le poète libanais Salah Stétié avoue par exemple ne jamais vouloir lire une ligne de Salman Rushdie : « Le scandale n'est pas ma tasse de thé, comme on pourrait dire outre-Manche. Puis, quel titre détestable... accrocheur et marchand à la fois ! » Pour autant, il revendique pour le romancier le droit à la liberté, « pour la garantie de laquelle tous les prophètes, l'un après l'autre, sont – ou seraient – venus[71] ». Tahar Ben Jelloun rappelle que si un livre peut faire mal, il ne devrait jamais inciter à commettre un meurtre : « Cela est intolérable, inadmissible, et n'a aucun rapport avec l'Islam tolérant qu'on m'a enseigné[72]. » Nombreux sont les intellectuels, comme le journaliste tunisien Khémais Khayati, à souhaiter s'opposer à « la raison d'État » et à appeler une renaissance du monde arabe « grâce à la critique libre et rigoureuse des termes qui le fondent [73] ».

Les rapports de la religion, de la littérature et de la politique sont complexes et il ne nous appartient pas ici d'en démêler l'écheveau. Rappelons seulement que les écrivains, qu'ils soient anglais ou algériens, qu'ils s'appellent Salman Rushdie, Naguib Mahfouz ou Farag Foda sont les premières victimes de conflits où ils sont utilisés comme symboles. Il y a deux cents ans, peut-être plus, que Salman Rushdie est condamné :

> Quant à son esprit, c'est un des plus cultivés que nous ayons ; il sait beaucoup de choses, il en a inventé quelques-unes : il n'avait pas encore deux cent cinquante ans, et il étudia, selon la coutume, au collège des jésuites de sa planète, lorsqu'il devina, par la force de son esprit, plus de cinquante propositions d'Euclide. C'est dix-huit de plus que Blaise Pascal, lequel, après en avoir deviné trente-deux en se jouant, à ce que dit sa sœur, devint depuis un géomètre assez médiocre et un fort mauvais métaphysicien. Vers les quatre cent cinquante ans au sortir de l'enfance, il disséqua beaucoup de ces petits insectes qui n'ont pas cent pieds de diamètre, et qui se dérobent aux microscopes ordinaires ; il en composa un livre fort curieux, mais qui lui fit quelques affaires. Le muphti de son pays, grand vétillard et fort ignorant, trouva dans son livre des propositions suspectes, malsonnantes, téméraires, hérétiques, sentant l'hérésie, et le poursuivit vivement : il s'agissait de savoir si la forme substantielle des puces de Sirius était de même nature que celle des colimaçons. Micromégas se défendit avec esprit ; il mit les femmes de son côté ; le procès dura deux cent vingt ans. Enfin le muphti fit condamner le livre par des jurisconsultes qui ne l'avaient pas lu, et l'auteur eut l'ordre de ne paraître à la cour de huit cents années [74].

7

Haroun et la mer des histoires : du rêve au conte

> *Ces vingt-quatre premiers contes et leur épilogue seront fameux à travers le monde. Ils porteront du mérite sur terre. Ce sera la suite de récits dénommés les* Vingt-cinq Contes du Vampire. *Quiconque en racontera avec diligence, fût-ce un seul verset, quiconque les écoutera, il sera immédiatement délivré du mal. Et partout où ces récits seront diffusés, coboldes et vampires, ogres, sorcières et démons ne prévaudront pas.*
>
> Contes du Vampire[1]

Comment, au plus fort de la crise qui secoue Salman Rushdie, continuer d'écrire? Comment revendiquer le droit de parler? Quelle forme littéraire permet de résister à la menace et au désespoir? L'auteur des *Versets* répond en publiant, en 1990, *Haroun et la mer des histoires*. Ce roman, dédié à son fils Zafar, veut tourner le dos à la tristesse du réel pour lui préférer la force des contes, la liberté du monde des histoires que les puissances des ténèbres, de l'obscurité, de l'obscurantisme ne peuvent réduire. L'équilibre entre réalisme et magie, marque de son œuvre, oscille cette fois nettement en faveur des contes. Un conteur public comme on en rencontre en Inde, Rachid Khalifa, y perd la parole que son fils Haroun tente de lui restituer, car l'enfant a l'intuition que le pouvoir des histoires est salvateur. Le titre du roman, les noms des personnages évoquent déjà le célèbre calife des *Mille et Une Nuits*, Haroun el Rachid. La « mer des histoires » appelle une référence indienne, celle des contes du XIe siècle recueillis dans le *Kathat-Sarit-Sagar*, l'« océan des rivières des histoires. » Salman Rushdie livre là une réflexion sur la littérature et une rêverie sur la matière.

À quoi servent des histoires qui ne sont même pas vraies ?

Comme les autres romans de Salman Rushdie postérieurs à *Grimus*, *Haroun et la mer des histoires* trouve ses racines en Inde, placée ici sous le signe du conte de fées : « Il était une fois, dans le pays d'Alifbay, une ville triste, la plus triste des villes, une ville si épouvantablement triste qu'elle en avait oublié son propre nom » (p. 11). Contrairement au début des *Enfants de Minuit*, nulle correction n'est apportée à cette première phrase car la réalité indienne n'est plus (vraiment) la préoccupation principale du romancier. L'Inde, selon une tradition solidement établie, n'est ici que le pays du conte, où peut surgir le merveilleux, où la magie est aussi présente que le réel. On l'aperçoit néanmoins derrière la contrée de l'Alphabet, dont les noms de villes et de lieux sont remplacés par des lettres. Sans être clairement identifiée, la métropole de Bombay est reconnaissable derrière la cité qui a oublié son nom, par la situation de la maison de la famille Khalifa :

> Elle n'avait rien de grandiose, pas comme les gratte-ciel dans lesquels habitaient les super-riches ; mais elle ne ressemblait pas non plus aux logements des pauvres. Les pauvres vivaient dans des cabanes délabrées faites de vieilles caisses en carton et de feuilles de plastique et le désespoir collait ces cabines les unes aux autres. Et il y avait des super-pauvres qui n'avaient pas de maison du tout. Ils dormaient sur les trottoirs et dans l'entrée des boutiques et, rien que pour ça, ils devaient payer un loyer aux gangsters locaux (p. 15).

Ce sont aussi les routes indiennes empruntées par Rachid et son fils qui apparaissent avec leur grands panneaux invitant à la prudence (« *Tous les fous du volant qui se croient les plus forts / À tant foncer ne font que rattraper la mort* », p. 30). C'est encore l'atmosphère énervée des autobus surchargés, le « match de catch » au milieu des poulets, des paquets, des enfants, pour parvenir à acheter le billet, la confusion générale où il est impossible de déterminer quel autobus va se décider à prendre la route. Ce sont enfin des tics de langage, intraduisibles, qui sont la marque de l'anglais de l'Inde : le chauffeur de bus qui se présente en disant « My good name is Butt [2] » (« Je m'appelle Mmais », p. 32), l'accent de Miss Oneeta qui ne sait pas prononcer « psychologie » ou qui, comme une passagère de l'autobus, utilise le redoublement caractéristique du hindi pour marquer l'insistance[3].

Rachid Khalifa part animer une réunion électorale dans la vallée de K derrière laquelle se dissimule à peine le Cachemire, avec ses jardins étonnants, ses lacs et ses châteaux. C'est la première migration, de l'univers triste de la ville sans nom vers les paysages colorés du Nord : migration horizontale, sur la carte, qui permet aux personnages d'espérer oublier, *ailleurs*, la crise initiale provoquée par la fuite de la mère avec le voisin. Rachid, surnommé l'« Océan des idées », le « Shah de Bla », parcourt le pays avec ses histoires : l'Inde sait l'importance de ces magiciens du verbe, de ces jongleurs de contes qui préfèrent les chemins longs et sinueux aux réponses directes. Mais voici qu'une chose impensable se produit : la perte de l'inspiration. Debout devant la foule, il ne peut que proférer des sons de « corbeau stupide : « Arch » » (p. 25). La crise initiale ébranle les fondements de l'univers de Haroun : absence de la figure de la mère, bris des horloges à l'heure où celle-ci est partie, perte de la parole.

Le monde est altéré par le langage et ses manifestations variées, il ne peut exister sans le discours. Une des histoires préférées de Rachid est celle du « Pays Changeant » qui se modifie au gré des humeurs de ses habitants, où la colère fait trembler la terre, où l'excès de soleil finit par amener une nuit irritée. Haroun se souviendra de cette histoire lors de son combat contre les forces de l'obscurité. Ce conte d'un pays modifié par les aventures du Verbe et des humeurs, c'est aussi l'histoire du romancier depuis la parution des *Versets sataniques* où le monde change à cause d'un livre, où la parole est affectée par le cours des choses, où la dialectique de la parole et du silence est placée sous le signe de la menace. *Haroun et la mer des histoires* s'interroge sur la place de la parole, sur son rôle et sa possibilité, sur sa nécessité absolue, comme sur la force des rêves qui l'alimentent. La question centrale de Haroun (« *À quoi servent des histoires qui ne sont même pas vraies ?* ») résonne dans le livre : c'est aussi l'objet de sa quête et le sens du roman.

Les histoires doivent se poursuivre, couler et se combiner, elles ne peuvent jamais s'interrompre. La fin, *Khattam-Shud* (qui veut dire « complètement terminé » en hindi), dont Haroun découvrira la personnification dans le monde où il s'apprête à pénétrer, est leur ennemi :

« Khattam-Shud... est l'ennemi juré de toutes les histoires et du langage lui-même. C'est le Prince du Silence et l'adversaire de la Parole. Et parce que tout a une fin, parce que les rêves finissent, que les histoires finissent, que la vie finit, à la fin de chaque chose nous disons : "C'est fini", "C'est terminé." Khattam-Shud : Fin » (p. 40).

Le roman prend la forme d'un grand combat contre ce Prince des ténèbres qui veut la fin du langage, contre la tendance au silence, contre le mépris des histoires, car il ne s'agit jamais « *seulement d'une histoire* » (p. 51). Les histoires sont l'essence du langage et de la vie et s'attaquer aux contes c'est menacer toutes les formes d'expression. Les refuser ou ne pas les considérer sérieusement revient à oublier leur fonction vitale :

Autrefois, le Maître du Culte, Khattam-Shud, ne prêchait la haine que contre les histoires, l'imagination et les rêves ; mais aujourd'hui, il est devenu plus sévère et il s'oppose à la Parole quelle qu'en soit la raison. Dans la ville de Chup, on a fermé les écoles, les tribunaux et les théâtres car ils ne peuvent fonctionner sous les lois du Silence. Et j'ai entendu dire que certains fanatiques du Mystère tombent dans de véritables délires et se cousent les lèvres avec de la grosse ficelle. Et ils meurent lentement de faim et de soif, en se sacrifiant par amour pour Bezaban... (p. 112).

De l'autre côté du miroir

La quête du petit Haroun débute au milieu de la nuit lorsqu'il découvre le Génie de l'Eau occupé à démonter le robinet à histoires installé pour Rachid dans la salle de bains. Il pénètre alors dans un monde extraordinaire, dans un au-delà aquatique, comme ils le sont souvent, où la mort est annoncée mais dont il triomphera. Telle Alice de Lewis Carroll qui voit un lapin blanc s'engouffrer dans un tunnel, il suit ce génie qui l'emmène dans un autre pays des merveilles, le pays des histoires. Comme Dorothy dans *Le Magicien d'Oz*, il quitte le noir et blanc du monde « réel » pour pénétrer dans l'univers en technicolor de la mer des histoires. Le génie, Ssi, avec son turban pourpre, son pantalon aubergine et ses favoris bleus l'entraîne dans un ouragan qui rappelle celui d'*Oz*, vers l'origine des vraies histoires : « N'importe qui peut raconter des histoires, dit Ssi. Les menteurs, les tricheurs, les escrocs par exemple. Mais pour des histoires avec cet ingrédient supplémentaire, ah, pour celles-là, même les meilleurs conteurs ont besoin des Eaux aux Histoires » (p. 63).

Haroun enfourche Mmais la huppe – cet oiseau matérialise l'esprit des anciens rois du Cachemire et, dans les anciennes histoires, « conduit tous les autres oiseaux, à travers des endroits dangereux, jusqu'à leur but ultime » (p. 71), rappelant ainsi l'intrigue de *Grimus*. Il parvient alors dans ce monde où il sera à la fois Dorothy Gale et Alice. C'est un monde d'eau et de couleurs dont Haroun découvre, émerveillé, la beauté :

> [...] la magie de l'Océan commença à avoir un effet sur Haroun. Il regarda dans l'eau et vit qu'elle était composée de mille et mille et mille et un courants différents, chacun d'une couleur particulière, et qu'il s'entrelaçaient les uns aux autres comme une tapisserie liquide d'une complexité époustouflante (p. 80)[4].

Son guide Ssi lui explique la vraie nature de cette mer. La fécondité de cette invention, qui fait d'une formulation apparemment métaphorique (la mer des histoires) une expression littérale, permet à Salman Rushdie d'exposer en même temps comme une théorie de l'origine des récits :

> [...] et Ssi expliqua qu'il s'agissait des Courants d'Histoires, que chaque fil de couleur représentait et contenait un conte unique. Différentes parties de l'Océan contenaient différentes sortes d'histoires et, comme on pouvait trouver là toutes les histoires qui avaient déjà été racontées et bien d'autres qu'on était encore en train d'inventer, l'Océan des Courants d'Histoires était en fait la plus grande bibliothèque de l'univers. Et parce que les histoires étaient conservées ici sous forme liquide, elles gardaient la possibilité de changer, de devenir de nouvelles versions d'elles-mêmes, de se joindre à d'autres histoires pour devenir encore de nouvelles histoires ; aussi, contrairement à une bibliothèque de livres, l'Océan des Courants d'Histoires ressemblait plus à une réserve de récits. Il n'était pas mort mais vivant (p. 80).

Tout récit en reprend toujours un autre plus ancien, le modifie, le transforme, le fait revivre en le renouvelant à partir d'une réserve, toujours vivante, d'histoires. Salman Rushdie a toujours procédé de la sorte, mais développe davantage cette tendance dans *Haroun et la mer des histoires*. Il trouve l'inspiration dans *Les Mille et Une Nuits*, dans la littérature et le cinéma merveilleux, dans la fable politique et le roman d'aventures. Le « postmodernisme » dans lequel on a parfois voulu l'enfermer, qui se caractériserait par des renvois plus ou moins ironiques à l'Histoire et à la littérature, n'a en ce sens rien inventé ; Salman Rushdie montre que la tâche de l'écrivain est de continuer, plutôt que de réécrire les histoires, de retrouver le sens des traditions littéraires. Se désaltérer à la mer des histoires, c'est se plonger dans une eau de Jouvence.

À la manière d'Alice, Haroun explore ce vaste monde. Elle mangeait du champignon qui lui permettait de modifier sa taille ; il boit un peu de l'eau de cette mer et se trouve face à un paysage qui, à l'image de celui rencontré par la petite fille de l'autre côté du miroir, ressemble à un immense échiquier indiquant les combinaisons possibles. Il est peuplé de monstres en tous genres, hydres ou marticores, qui habitent à l'ordinaire les mythes et les contes :

> Sur chaque case noire, il y avait un monstre : des serpents à deux langues, des lions à trois rangées de dents, des chiens à quatre têtes, des démons à cinq têtes, etc. Il regardait, si l'on peut dire, par les yeux du jeune héros de l'histoire. C'était un peu comme d'être dans une voiture à la place du passager ; il n'avait qu'à regarder le héros exterminer les monstres les uns après les autres et avancer sur l'échiquier en direction de la tour de pierre blanche à l'autre bout. Au sommet de la tour, il y avait (quoi d'autre) une fenêtre unique par laquelle regardait (qui d'autre) une princesse captive. Ce que vivait Haroun, sans toutefois le savoir, c'était l'histoire de la princesse sauvée, numéro S/1001/ZHT/420/41 (r) xi ; (p. 81).

L'enfant est à la fois héros du rêve et héros des histoires, car Salman Rushdie reproduit ici, en petit, le genre récent de ces « livres dont vous êtes le héros. »

Le cinéma inspire Salman Rushdie, *Le Magicien d'Oz* dont le monde coloré et les chansons annoncent *Haroun et la mer des histoires*, les films de science-fiction *(La Guerre des étoiles)* ou encore certaines œuvres de Satyajit Ray – on pense aux personnages de Goopy et Bagha (issus des *Aventures de Goopy et Bagha*). Ce monde imaginaire, dont Haroun questionne parfois la réalité, appartient à une tradition, cinématographique, littéraire, historique ; il rappelle les jardins étonnants du Genghis Khan de Coleridge (« Kubla Khan »), ceux des empereurs moghols, au Cachemire ou à Lahore, où, entre les pavillons et les fleurs coule l'eau, si précieuse en Inde.

L'univers de Salman Rushdie est peuplé de personnages qui sont des jouets, comme Mmais, des personnages de contes comme Ssi, le Prince Bolo ou la Princesse Batcheat que celui-ci veut libérer du château où elle est prisonnière, ou encore Babilbouche, femme déguisée en homme dans la tradition des

Mille et Une Nuits. Y défile une armée littéralement de papier (les personnages de jeu de cartes de Lewis Carroll ne sont pas loin), qui naît d'un des rares jeux de mots conservés dans la traduction :

> « Ce sont les célèbres Pages de Gup ; c'est-à-dire l'armée. Les armées ordinaires sont composées de pelotons, de régiments et de choses semblables ; nos Pages forment des chapitres, des volumes. Les volumes sont précédés de Pages de garde ou de titre ; et au-dessus, il y a le chef de toute la – "Bibliothèque" – c'est le nom que nous donnons à notre armée, le général Kitab lui-même » (p. 99)[5].

Et chaque page porte une histoire plus ou moins familière : « Bolo et la lampe merveilleuse », « Bolo et les quarante voleurs », « Bolo le marin », etc. Quant au jardinier flottant, Mali (qui veut dire « jardinier » en hindi), il ressemble à un tableau d'Arcimboldo :

> [...] la végétation, filant à toute vitesse, se dressa littéralement sur l'eau et se mit à s'enrouler et à se nouer sur elle-même jusqu'à ce qu'elle eût pris à peu près la forme d'un homme, avec la fleur couleur lilas située dans la « tête », là où aurait dû se trouver la bouche, et un bouquet d'herbes formait un chapeau champêtre. « En fin de compte, c'est bien un jardinier flottant », reconnut Haroun (p. 91).

Il est chargé d'entretenir les histoires, de démêler celles qui s'entortillent, de veiller à ce qu'elles ne soient pas étouffées par les mauvaises herbes. Car les histoires sont aussi comme une chevelure, comme celle d'Ophélie ou de l'Annie d'Edgar Poe, flottant dans les courants :

> Imagine l'Océan comme une chevelure, dit Mmais la huppe, en venant à son secours. Imagine qu'il est rempli de courants d'histoires comme une épaisse crinière est remplie de mèches souples et flottantes. Plus une chevelure est longue et épaisse, plus elle devient emmêlée et pleine de nœuds. On peut dire que les jardiniers flottants sont les coiffeurs de la Mer des Histoires. Ils brossent, ils nettoient, ils lavent, ils préparent (p. 92).

Pourtant, Mali a fort à faire puisque toutes les histoires sont en danger, que Khattam-Shud a juré de les annihiler, de les empoisonner au moyen de grands récipients dont il déverse le contenu mortel dans l'océan (vieille technique de guerre...) ; il bloque en même temps l'écoulement des eaux au moyen d'une gigantesque bonde qu'il est en train de faire poser lorsque Haroun intervient.

Contrairement au pays de Gup (« ragot » en hindi) toujours ensoleillé, le pays de Chup (« silence ») sur lequel règne Khattam-Shud est toujours plongé dans l'obscurité[6]. Entre les deux, la « Twilight Strip », « Bande de Crépuscule » dans la traduction française. L'univers entier de l'autre côté du miroir est conçu sur le principe du double, récurrent chez Salman Rushdie, et des antagonismes qui en naissent :

> « ...Gup est lumineux, Chup est obscur. Gup est chaud, Chup d'un froid glacé. Gup n'est que bavardage et bruit, Chup silencieux comme une ombre. Les habitants de Gup aiment l'Océan, ceux de Chup essaient de l'empoisonner. Les habitants de Gup aiment les histoires et la parole ; ceux de Chup apparemment haïssent tout cela. » C'était une guerre entre l'amour (de l'Océan et de la Princesse) et la mort (ce que le Maître du Culte, Khattam-Shud, avait en tête pour l'Océan et pour la Princesse) (p. 142).

Le Prince de l'obscurité, dont l'armée ne peut circuler que dans les ténèbres, possède la faculté de se dédoubler, en se séparant de son ombre, pouvoir qu'il a transmis à ses soldats. Le combat est multiplié et c'est par un effort de volonté et de concentration, aidé d'une potion qui l'aide à exaucer ses souhaits, que Haroun parvient à soustraire la « zone » à l'obscurité, et à faire « fondre » les ombres.

Si des conflits éclatent dans *Haroun* leur résolution fait tout le sujet de cette mini-épopée, de ce roman d'aventures où le personnage principal défait les armées de l'obscurité. Comme le lieu d'où vient Haroun, la mer des histoires est en crise parce qu'un despote veut mettre fin aux contes et à la parole. L'un des univers n'est pas simplement le reflet ou le parallèle de l'autre, mais leur dépendance est extrême. Parce que la mère est partie, Rachid ne peut plus raconter, parce que quelqu'un veut empoisonner la source des histoires, le conteur perd son art. Enfin, parce que le monde merveilleux est en crise, le nôtre l'est aussi. Il n'y a plus de contes : le monde se porte mal.

Comme dans *Le Magicien d'Oz*, il y a circulation entre rêve et réalité. Dans le film de Victor Fleming, c'est par exemple Margaret Hamilton qui incarne aussi bien la marâtre, Miss Gulch, dans le Kansas, que la mauvaise sorcière dans Oz. Dans le roman, les tics de langage du chauffeur de camion, son bégaiement, son nom (« Mmais »), sa profession, son dévouement au petit garçon rappellent à Haroun la huppe qui le transporte dans le monde des histoires :

> Quand le chauffeur de la voiture postale, Mmais, escaladait à toute vitesse les montagnes de M., j'ai eu la même impression de flotter, se souvint-il. À propos, cette huppe, avec sa crête de plumes, me rappelle ce vieux Mmais avec son toupet de cheveux dressé sur le sommet du crâne ! Et si les favoris de Mmais avaient quelque chose de la plume, les plumes de cette huppe – comme je l'ai remarqué quand on a décollé – ressemblent vraiment à des poils (p. 72).

De même Khattam-Shud rappelle à Haroun M. Sengupta, le voisin parti avec sa mère. Il est décrit dans les mêmes termes par le narrateur et par la mère une fois revenue : « Une espèce d'employé, membraneux, squameux, morveux, baveux, piteux, galeux, boutonneux, fouineux » (p. 223 et p. 247). Salman Rushdie est fidèle au principe de fonctionnement des univers merveilleux (citons aussi *La Femme au portrait* de Fritz Lang) qui déplace des éléments du quotidien pour les raconter à nouveau. Le rêve (« au cinéma, le rêve est la norme » *Patries imaginaires*, p. 139), le merveilleux est alors comme un double du réel. Mais, comme le suggère la lutte de Haroun contre Khattam-Shud, quelle est la copie ?

Le monde imaginaire de Salman Rushdie est à la fois littéraire, onirique, réel car les images y ont un référent et les métaphores n'y sont jamais complètement figées :

> Haroun : « Ce n'est pas le “monde réel”, pas du tout.
> – Oh, non ? répliqua Babilbouche. C'est le problème avec vous, les types des villes tristes : un endroit a besoin d'être misérable, sinistre comme un égout pour que vous le trouviez réel » (p. 129).

Comme Judy Garland qui se défend à la fin du *Magicien d'Oz* (« Ce n'était pas un rêve, c'était un endroit. Un vrai endroit réel et vivant ! Est-ce que personne ne me croit ? »), comme le spectateur qui croit aussi que ce n'était pas un rêve, Haroun apprend à comprendre la réalité du monde où il a pénétré. Il ne s'agit pas d'échapper au réel, de l'oublier, de pallier la tristesse du quotidien. La réalité n'est pas toujours celle qu'on croit, n'a pas toujours l'apparence supposée : « Mais si je crois (et je le crois) que le monde imaginaire est, doit être, relié au monde observable, alors je devrais pouvoir le situer, n'est-ce pas ? » (*Patries imaginaires*, p. 131.)

La frontière apparemment franchie par Haroun lorsqu'il pénètre avec le Génie de l'Eau dans ce monde n'est pas seulement celle du rêve, du rite de passage, mais celle du départ vers un monde meilleur (même si celui-ci est *rêvé*). L'autre côté du miroir, comme souvent chez Salman Rushdie, est le lieu de la migration, son fantasme aussi, un lieu réel où la magie est parfois menacée. Comme d'autres personnages de Salman Rushdie, Haroun et Rachid répètent cette migration. Passer de l'autre côté du miroir (même si les deux personnages reviennent à la maison à la fin du livre) est un acte personnel et politique. On y verra encore un acte poétique, reflet d'une évolution de Salman Rushdie du réalisme magique vers le merveilleux.

Affirmer la réalité du monde de la mer des histoires, c'est refuser de se laisser enfermer dans le langage ordinaire, dans les métaphores, dans la tragédie d'une situation politique. Dans un texte publié dans le monde entier pour le millième anniversaire de la *fatwa*, « Mille Jours en ballon[7] », Salman Rushdie se compare à un individu dans une nacelle à la merci des vents mauvais qui font descendre ou monter son ballon. Il se dit enfermé dans une bulle qui le prive de réalité et le réduit à une abstraction. Le problème de la réalité et de la vérité des histoires n'est pas purement théorique : c'est une question de vie ou de mort pour le romancier.

Le « sécularisme joyeux » du *Magicien d'Oz*

« De tous les films, celui qui m'a le plus aidé à trouver le ton juste pour *Haroun* est *Le Magicien d'Oz*[8]. » Salman Rushdie a consacré un petit livre au film de Fleming (1992), qui n'est pas son premier essai de critique cinématographique (on se souvient en outre qu'il a lui-même réalisé deux documentaires).

Dans ses textes sur le cinéma et l'Inde repris dans *Patries imaginaires*, Salman Rushdie s'attache à montrer les stéréotypes et les préjugés qui accompagnent la représentation du sous-continent. Il démonte par exemple le *Gandhi* d'Attenborough, *La Route des Indes* de David Lean (lequel raye d'une parole définitive tout le cinéma indien : « Personne n'a encore réussi à porter l'Inde au cinéma », p. 87), les séries télévisées. Son analyse à partir d'une critique d'Orwell prend pour cible la nostalgie du Raj, affirmant que la littérature comme le cinéma sont en prise directe sur le monde et la politique, qu'ils ne sauraient constituer un sanctuaire. « Nous vivons dans un monde sans cachettes » (p. 110), écrit Salman Rushdie de façon prémonitoire. La critique doit être politique ; s'attaquer au mythe du Raj est, pour Salman Rushdie, une façon d'insister sur l'importance et le rôle de l'écriture. Lorsqu'il se penche sur Satyajit Ray, sur sa place dans le cinéma indien et son rapport au cinéma commercial, Salman Rushdie témoigne de la même attention à la « situation » des œuvres et des auteurs.

Cette méthode se précise dans son livre sur *Le Magicien d'Oz*. Ce film, explique-t-il, est la première source d'inspiration de son œuvre, la référence de sa première nouvelle, « De l'Autre Côté de l'arc-en-ciel », écrite à l'âge de... dix ans. Le film raconte l'histoire d'une petite fille incarnée par Judy Garland qui, loin du Kansas où elle est traitée comme une enfant et martyrisée, rejoint Oz. Réalisant l'un des fantasmes de l'enfance, elle accède au statut de personnage à part entière. Là, elle peut affronter la sorcière et le magicien, comme Haroun, Khattam-Shud. Ce film qui est à la fois « pour enfants » et « pour adultes » est à bien des égards un modèle pour le roman de Salman Rushdie :

> [...] lorsque j'ai vu *Le Magicien d'Oz* pour la première fois, cela a fait de moi un écrivain. Beaucoup d'années plus tard, j'ai commencé à élaborer la trame de ce qui allait devenir *Haroun et la mer des histoires*, et j'étais sûr que si je pouvais trouver la tonalité juste, je pourrais écrire l'histoire de façon à ce qu'elle intéresse les adultes comme les enfants : ou, pour utiliser une des expressions préférées des publicitaires, « les enfants de sept à soixante-dix sept ans ». Le monde des livres est devenu divisé et compartimenté à l'extrême, où la littérature pour enfants est une sorte de ghetto qui est lui-même divisé en écrits pour différentes classes d'âge (*The Wizard of Oz,* p. 18).

Le film inspire l'équilibre entre le roman et le conte, un public d'enfants (son fils est le dédicataire du livre) et d'adultes, le merveilleux et le réel, comme l'ambiguïté du « réalisme » que Salman Rushdie démonte en parlant de la « réalité irréelle » du Kansas et de la « surréalité réaliste » d'Oz, regrettant en fait que la réalité d'Oz dans le roman d'origine n'ait pas été conservée (« dans le livre *il n'y aucun doute qu'Oz est réel* », p. 30).

Cette référence cinématographique accompagne tous les romans de Salman Rushdie. Dans *Les Versets sataniques* les déplacements de Gibreel, comme la peinture des villes lui doivent beaucoup. Dans *Les Enfants de Minuit* le cauchemar en noir et vert où apparaît Indira Gandhi s'inspire inconsciemment de la sorcière verte.

L'analyse de Salman Rushdie est méthodologiquement éclairante : il étudie les formes du film, met au jour la structure vide du *Tin Man*, de l'épouvantail, du Lion, leur antihéroïsme qui permet au spectateur de s'identifier à eux. Judy

Garland est, selon lui, la *tabula rasa* où s'écrit le film. L'innocence de l'enfant lui permet d'être à la fois celle qui accueille le merveilleux, qui abrite l'imagination du spectateur, mais aussi l'agent suprême, le moteur du film. Dans cette dualité de l'enfance, que l'on retrouve chez Haroun, s'inscrit un désir de recommencement, une capacité d'oubli assortie d'une recherche du nouveau. Et le spectateur, possédé par le monde d'Oz, s'identifie tour à tour avec le lion, ou le *Tin Man*, avec Dorothy, et devient comme leur doublure.

Les formes géométriques soigneusement agencées dans le plan, qui caractérisent les épisodes dans le Kansas et définissent visuellement le « *home* », la maison, s'opposent aux formes sinueuses ou spiralées qui trahissent le danger (la tornade par exemple, l'arrivée de la Mauvaise Sorcière dans un tourbillon). Toute forme claire est synonyme de sécurité. Salman Rushdie s'est attaché à mettre en valeur ce type de phénoménologie dans *Haroun et la mer des histoires*. Son roman a une dimension visuelle que n'avaient pas ses autres ouvrages. De même que les histoires ne doivent pas s'emmêler, même si elles peuvent se combiner, les lignes claires sont capitales dans *Haroun*. Les lignes, les couleurs, comme dans le somptueux technicolor du film jouent un rôle essentiel. Qu'il s'agisse des personnages, génies ou autres, des différents courants des histoires, ou encore des habitations, tout est couleurs, et Khattam-Shud voudrait les faire disparaître :

> [...] les poisons avaient eu pour effet d'étouffer les couleurs des courants d'histoires, et de les rapprocher du gris ; et c'était dans les couleurs que se trouvaient les meilleurs éléments des histoires de ces courants : leur vigueur, leur légèreté, leur vivacité (*Haroun*, p. 137-138).

Défaire Khattam-Shud, pour Haroun, permet de défendre les rêves de limpidité et de transparence contre la mer de l'ombre et de la mort. C'est retrouver un monde de couleurs et de lumière, en dépit d'une certaine forme d'attrait pour l'obscurité : « L'obscurité, messieurs, a ses fascinations : le mystère, l'inconnu, l'amour... » (p. 114).

Si Salman Rushdie doit au *Magicien d'Oz* une réflexion sur les formes, les couleurs, sur le merveilleux, le film annonce aussi une pensée politique qui transparaît dans *Haroun* : il analyse la figure centrale de la migration. Le premier événement est le départ de Dorothy, départ de la maison dont il est dit à la fin qu'il ne saurait y avoir de plus parfait sanctuaire,

Scène du film de Victor Fleming,
The Wizard of Oz (Le Magicien d'Oz), *1939.*

départ du pays, exil. Le film, selon Salman Rushdie, est une méditation parfaite sur le déplacement :

> [...] ce que [Judy Garland] incarne avec la pureté d'un archétype, c'est le rêve humain du *départ*, un rêve au moins aussi puissant que son pendant le rêve des racines. Au cœur du *Magicien d'Oz* il y a une forte tension entre ces deux rêves ; [...] Au moment d'émotion le plus intense, c'est sans aucun doute un film sur les joies du départ, de l'abandon de la grisaille pour entrer dans la couleur, pour construire une nouvelle vie « là où il n'y a pas de problèmes » ; « De l'autre côté de l'arc-en-ciel » est, ou devrait être, l'hymne des migrants du monde entier, de tous ceux qui partent à la recherche du lieu où « les rêves que vous osez rêver deviennent réellement vrais ». C'est une célébration de l'Évasion, un grand péan à l'identité déracinée, un hymne – l'hymne par excellence – à l'Ailleurs (*The Wizard of Oz*, p. 23).

Le pays de l'immigration, celui que l'on rêve de rejoindre, est toujours une contrée enchanteresse, un monde des histoires où celles-ci sont nécessairement vraies :

> Je me rappelle que lorsque la possibilité d'aller à l'école en Angleterre a été évoquée, cela paraissait aussi excitant qu'un voyage au-delà des arcs-en-ciel. C'est peut-être difficile à croire, mais l'Angleterre semblait aussi merveilleuse qu'une promesse d'Oz (*The Wizard of Oz*, p. 9).

Dans les rapports entre le Magicien et Dorothy, Salman Rushdie voit encore deux faces de l'immigration. Le Magicien, également originaire du Kansas, adopte la solution flamboyante qui consiste à faire beaucoup de bruit, pour s'apercevoir finalement que son pouvoir est illusoire. Dorothy conserve une attitude prudente et circonspecte, proche de celle de Haroun, mais elle comprend que la douceur n'est pas suffisante. « Il est difficile, écrit Salman Rushdie, pour un migrant comme moi de ne pas voir dans ces destinées mouvantes une parabole de la condition du migrant » (*The Wizard of Oz*, p. 54).

Parce qu'il accorde un autre statut au monde d'Oz et qu'il perçoit une contradiction typiquement hollywoodienne entre l'« anarchisme » intrinsèque du film et son message en apparence extrêmement moral, Salman Rushdie critique la fin du *Magicien d'Oz*, et en réinterprète la portée. La grande phrase censée conclure l'expédition de Dorothy est « There's no place like home » (On n'est jamais aussi bien que chez soi). Quand il s'agit de revenir au Kansas sordide, le spectateur peut se montrer sceptique... De plus on ne rentre jamais indemne à l'endroit d'où l'on est parti : Oz, le monde visité, deviennent le véritable « chez soi ». À la fin du roman, Haroun conserve une miniature de Mmais la huppe, à la manière d'une Dorothy qui aurait conservé les souliers de rubis ; elle lui rappelle qu'il ne s'agissait pas d'un rêve, que la mer des histoires appartient bien au monde dans lequel il vit. La grande leçon du film, selon Salman Rushdie, n'est pas que rien ne vaut le *home* ; au contraire, une fois que l'on a commencé de bouger, il ne peut plus y avoir un tel lieu, mis à part ces demeures que nous construisons nous-mêmes, ces patries imaginaires qui sont « n'importe où et partout, sauf là d'où nous sommes partis » (p. 57).

Le Magicien d'Oz, *Haroun et la mer des histoires* mettent en scène la condition du migrant, aident à réfléchir sur ces mouvements, sur cette hybridation qui naît des déplacements, et qui reste la préoccupation majeure de Salman Rushdie. Ils aident à penser et à repenser le rapport au réel. Le cinéma comme le conte en sont les lieux privilégiés :

> Et pour le résultat pluriel, hybride, métropolitain de telles imaginations, le cinéma, où ces fusions particulières ont toujours été légitimes [...] pourrait bien être le lieu idéal. Et si je dois conclure par la simple (mais peut être pas si simple) observation que la localisation de *Brazil* est le cinéma lui-même, parce qu'au cinéma le rêve est la norme, je devrais alors ajouter que ce *Brazil* cinématographique est un pays imaginaire dont tous ceux d'entre nous qui ont, pour une raison ou pour une autre, perdu un pays et ont échoué ailleurs, sont les vrais citoyens (*Patries imaginaires*, p. 139).

« La vente aux enchères des souliers de rubis[9] »

Si Salman Rushdie a commencé sa carrière littéraire par une histoire inspirée du film de Fleming, il a récemment écrit une nouvelle suggérée par une de ces ventes aux enchères où des studios proposent des costumes de films célèbres. À la vente en question, la paire de souliers de rubis portée par Judy Garland (à moins que ce ne soit par sa doublure) s'est vendue quinze mille dollars en 1970. Dans cette courte nouvelle, Salman Rushdie montre encore la perméabilité du réel et de l'imaginaire : les souliers de rubis, résultat du travail conjoint d'un cordonnier et d'un cinéaste, sont un objet hybride, lui-même au centre de la fiction de Salman Rushdie. Celle-ci, à son tour, articule le rêve, les fantasmes de déplacement et de retour.

Les souliers de rubis permettent à Dorothy de se déplacer instantanément : un petit claquement de talons autorise tous les départs pour des contrées imaginaires (« les occasions de rencontrer le miraculeux sont limitées dans notre univers nietzschéen, relativiste », p. 59). Dans leur vitrine, ils sont l'objet de convoitise des exilés de toutes sortes, des sans-abri à l'affût de l'impossible, des réfugiés politiques, des fondamentalistes qui veulent détruire toute possibilité de magie, des orphelins en quête de leur famille, de personnages de fiction condamnés à l'errance, car « Chez soi est devenu dans notre présente condition un concept disséminé, endommagé, protéiforme. Il y a tant à désirer. Il reste si peu d'arcs-en-ciel » (p. 61). Le narrateur lui-même, amoureux de sa cousine Gail (Dorothy s'appelle justement Gale), ou plutôt des souvenirs et de la reconstruction imaginaire qu'il fait d'elle, vient enchérir, pour les souliers, pour sa vie : « C'est aux ventes aux enchères que nous allons établir la valeur de notre passé, de notre futur, de notre vie » (p. 64). La vente est le moment suprême où, l'argent ayant cessé d'être une véritable valeur, elle permet de compter les points entre acquéreurs potentiels. La démarcation entre le réel et la fiction s'estompe, les deux mondes se mélangent : au sein de la fiction, au plus fort de la vente, nous sommes prêts à abandonner tout ce que nous possédons pour obtenir l'objet de nos désirs. Le narrateur s'endort alors... pour finir sur la promesse d'une autre fiction, d'un autre fantasme, son amour pour sa cousine Toto (le nom du chien de Dorothy...). La réalité des fictions, comme la fiction de la réalité sont les deux enjeux de cette nouvelle où s'exprime finalement la liberté du désir, la liberté au prix du renoncement au désir (« Lorsque je me réveille je me sens frais, et libre », p. 65).

L'eau et les rêves

> ... l'imagination matérielle *trouve dans l'eau la matière pure par excellence,* la *matière naturellement pure* [10]...

La perméabilité du réel et de la fiction apparaît dans *Haroun et la mer des histoires* : la narration y est placée sous le signe de l'eau. Le narrateur de *La Honte* tisse des toiles, celui des *Enfants de Minuit* élabore des *chutneys* ; dans *Haroun et la mer des histoires*, il règle l'écoulement des histoires. L'image de la mer des histoires, empruntée à la tradition sanscrite et dont un recueil figure dans le *houseboat* de M. Buttoo, semble au départ n'être qu'une métaphore. Quand Haroun interroge son père Rachid sur la *source* de son inspiration, celui-ci répond apparemment par une fable ; celle-ci se révèle être vraie dans l'univers du roman : « De la grande Mer des Histoires, répondait-il. Je bois les Eaux chaudes des Histoires et je me sens rempli de vapeur » (p. 14). Le robinet installé dans la salle de bains (les Muses se désaltèrent aussi à une fontaine) permet à Rachid d'avoir un accès direct, moyennant abonnement, à ces histoires. Tout le roman naît de ce jeu sur des expressions métaphoriques figées, empruntées à une tradition ou à une autre, prises souvent dans le langage ordinaire, et qui mettent toutes en valeur l'écoulement. En ce sens, l'eau n'est pas, pour Salman Rushdie, une simple image, elle est, selon Bachelard, une « image complète [11] ».

Le merveilleux naît d'une réactivation d'anciennes métaphores, parfois perdues, souvent oubliées dans la sédimentation du langage, prises à nouveau littéralement, auxquelles le romancier-conteur redonne un contenu et confère force de vérité au nom de la cohérence de son imaginaire. « Rien ne se crée à partir de rien ; les nouvelles histoires naissent des anciennes – ce sont les nouvelles combinaisons qui les rendent nouvelles » (p. 95-96) : tout conduit au flux dans ce monde ; la narration, de même, doit être, à la lettre, fluide. On reconnaît dans *Haroun et la mer des histoires* les vieilles histoires, les anciennes légendes, les références littéraires et cinématographiques, mais, intégrées à l'histoire d'Haroun, intégrées à la narration, elles définissent un rêve de rénovation et participent de cette nouvelle histoire sans en être parodie ni plagiat.

Le plagiat est le fait de Batcheat qui réécrit tous les contes en remplaçant les personnages célèbres des histoires par Bolo, son prince charmant. Ce que suggère alors Babilbouche, c'est qu'il y a là simple appropriation, répétition qui n'est que farce : « Elle fit réécrire toutes les grandes histoires du monde comme si Bolo en était le héros. Maintenant, au lieu d'Aladin, d'Ali Baba et de Sindbad, c'est Bolo, Bolo, Bolo, tu te rends compte, les gens de Gup nous rient au nez, sans parler de ce qu'ils font dans notre dos » (p. 119).

La fluidité des histoires, qui définit, pour Salman Rushdie, la nature de la tradition littéraire, se veut le modèle de la narration qui refuse toute forme figée, du roman ou du conte, du livre pour enfants ou pour adultes, pour privilégier l'écoulement et les mélanges. La réalité, son appréhension, ne peut être que placée sous le signe du flux : saisir le réel c'est comprendre ses mutations permanentes.

En ce sens le roman de Salman Rushdie est tout entier gouverné par une dialectique de l'écoulement et de l'assèchement. Toute l'histoire se passe sur, dans, sous l'eau, dans une grande piscine dont certains veulent bloquer l'écoulement, garant de la limpidité de l'eau et des histoires. Aquatique est donc l'épopée de Haroun, sur le modèle du film de pirates (attaque du bateau, combats sur le pont, etc.).

La structure du roman repose sur cette opposition. C'est le contraste de la ville sans nom qui se trouve « près d'une mer lugubre remplie de poissons-chagrins, si désagréables à manger que les gens rotaient mélancoliquement malgré le ciel bleu » (p. 11) et de la vallée de K où la présence du lac rend le paysage enchanteur. Cette ville sur laquelle pèsent les fumées des usines se voit à la fin soudainement rafraîchie, revivifiée par l'arrivée des pluies de mousson, par l'eau qui coule enfin. Toutes les créatures qui se rangent aux côtés de Haroun sont aquatiques, Mali le jardinier flottant, Ssi le Génie de l'Eau, Goopy et Bagha, Mmais la huppe qui peut circuler à la surface de l'eau. L'ennemi, lui, est toujours du côté de l'assèchement, empêche tout écoulement, combat l'eau et la lumière. La clarté de la trame narrative, de l'univers symbolique de *Haroun et la mer des histoires* participe de ce mouvement, procède de la polysémie du langage et s'appuie sur le renouvellement référentiel des métaphores pour construire un monde dont la complexité ne provoque aucune obscurité. L'eau qui pénètre partout est, pour parler comme Bachelard, l'élément essentiel de l'« imagination matérialisante » de Salman Rushdie ; elle définit et structure l'œuvre dans son entier.

De ces flux qu'il faut défendre contre la sécheresse, l'ensablement, l'ombre, resurgit également l'idée chère à Salman Rushdie d'hybridation, où aucune eau ne saurait être complètement unique, complètement pure par elle-même, où chaque courant a besoin des autres courants, où la mer (des histoires) ne saurait être constituée d'une seule rivière. Toute tentative d'assèchement, de contrôle central est du côté de l'ennemi, de la violence, des totalitarismes. L'eau de *Haroun* résume la recherche, développée de roman en roman, des mélanges et de la fluidité. Cette rêverie autour de l'eau entretient un désir de clarté, une passion pour la surface irisée et colorée, un refus de l'eau de l'ombre qui amène la mort.

Magie noire, magie blanche

Dès le début, Rachid, le conteur, est assimilé à un magicien, se produisant sur scène bien sûr, charmant toute vie par son art :

> Haroun accompagnait son père à chaque fois qu'il le pouvait, parce que c'était un magicien, on ne pouvait le nier. Il montait sur une estrade de fortune au fond d'une impasse où s'entassaient des enfants loqueteux et des vieillards édentés, assis dans la poussière ; quand il commençait, même les nombreuses vaches, qui erraient dans la ville, s'arrêtaient et dressaient l'oreille, les singes sur les toits jacassaient d'un air approbateur et les perroquets dans les arbres imitaient sa voix (p. 13).

L'enchantement que confère le verbe s'apparente à la magie, comme il ressemble à la virtuosité du jongleur, parce que les histoires tirent leur vitalité et leur force des mélanges :

> Haroun trouvait que son père était un vrai jongleur, parce que ses histoires se composaient en réalité de différents contes avec lesquels il jonglait, et Rachid les lançait sans cesse dans une sorte de tourbillon étourdissant et ne se trompait jamais (p. 13).

Haroun doit aussi combattre la magie. Khattam-Shud a réussi à se dédoubler en se séparant de son ombre ; sa mutabilité n'est pas créatrice mais destructrice. L'art du sorcier, la magie noire du Prince des ténèbres s'opposent à la magie blanche, salvatrice, qu'il faut employer pour remettre le monde en place. Ce manichéisme reprend le conflit traditionnel entre bonnes et mauvaises fées, rappelle que Prospero s'est installé sur son île après avoir vaincu Sycorax :

> La magie noire de Khattam-Shud a produit des résultats effrayants, révéla Mudra. Il s'est tellement plongé dans l'art obscur de la sorcellerie qu'il est devenu ombreux – changeant, sombre, plus une ombre qu'une personne. Et les choses en sont arrivées au point où il n'est plus possible de savoir qui est l'ombre de Khattam-Shud et qui est son être matériel – parce qu'il a réussi à faire ce qu'aucun autre Chupwala n'a rêvé – il s'est séparé de son ombre ! Il va dans l'obscurité, sans aucune ombre, et de son côté son ombre va où elle veut. Le Maître du Culte peut être à deux endroits en même temps ! (p. 152).

Contrairement à Peter Schlemihl, il n'a pas vendu son âme au diable, mais il est le diable lui-même, celui qui sait jouer des apparences, qui a le pouvoir de leur donner consistance et solidité. La perversité d'un tel ordonnancement, que l'on voit chez les Chupwalas forcés de combattre leur propre ombre, est cependant déjouée à la fin par Haroun qui éclaire ce monde et fait fondre les ombres.

Le langage joue, bien sûr, un rôle essentiel dans la magie, et le pouvoir créateur du Verbe y est toujours affirmé. Dans la magie, comme dans le conte, il crée des entités, fait apparaître des êtres étranges, provoque les situations les plus étonnantes :

> « Choisis un oiseau, ordonna le Génie de l'Eau. N'importe quel oiseau. » C'était embarrassant. « Le seul oiseau qu'il y a ici, c'est un paon de bois », fit remarquer Haroun, de façon tout à fait sensée. Ssi émit un bruit de dégoût. « On peut choisir ce qu'on ne peut pas voir », dit-il comme s'il expliquait quelque chose d'absolument évident à quelqu'un d'absolument stupide. « On peut citer le nom d'un oiseau même si l'oiseau n'est pas présent ni exact : corbeau, caille colibri, bulbul[12], mainate, perroquet, milan. On peut même choisir un être volant de sa propre invention, un cheval ailé par exemple, une tortue volante, une baleine aéroportée, un serpent de l'espace, une aérosouris. Donner à une chose un nom, une identification, un titre ; la sauver de l'anonymat, l'arracher du lieu sans nom, en un mot l'identifier – eh bien, c'est une façon de faire naître ladite chose. Ou, dans le cas présent, l'Oiseau ou l'Organisme Volant Imaginaire » (p. 69).

Si, en dépit des hésitations de Haroun, tout être peut accéder à l'existence par la magie du conte, par le pouvoir du Verbe, c'est que la parole est primordiale. Le langage donne force d'existence au monde et il faut en préserver la liberté par tous les moyens. Il ne saurait y avoir, finalement, de limite stricte entre le monde merveilleux et le monde observable : ils ont la même force de réalité, ou plutôt le même degré de réalité dans une imbrication dont Haroun comprend parfois l'importance en face des Buttoos et autres personnages terre à terre : « Haroun garda pour lui ce qu'il pensait de Mr. Buttoo. Il savait ce qu'il savait : que le monde réel était plein de magie, de telle façon que les mondes magiques pouvaient facilement être réels » (p. 53).

La fluidité du monde dépend donc aussi de la magie, de la capacité à communiquer sans paroles. La télépathie qui rappelle celle des *Enfants de Minuit* permet la communication immédiate entre Rachid et le Génie de l'Eau par des faisceaux de pensée que ce dernier capte. En ce sens, la pensée, au-delà du langage, permet d'agir sur le monde. Réaliser des vœux, processus compliqué comme le découvre Haroun après s'y être essayé en vain une première fois, à l'aide de l'eau brillante, « l'Eau des Vœux » (p. 77), participe de ce même pouvoir qui unit la magie, les contes et l'eau dans une forme narrative unique. La fluidité de la magie provoque l'émergence nécessaire de l'inattendu, dans un monde de changements et de mutabilité qui n'est pas celui de Khattam-Shud mais bien celui de l'éternelle nouveauté. La force de la métamorphose est donc de permettre le renouvellement du monde et des histoires, d'affirmer le pouvoir de l'imagination. Alors que l'immobilité, le rêve d'éternité, d'un ordre fixe dans les affaires humaines est « le mythe favori des tyrans » (*Patries imaginaires*, p. 322), le fait de savoir « que rien ne garde la même forme » *(ibid.)* fait de la métamorphose le cœur de l'art rushdien.

Le roman, par une narration qui repose sur ces principes, veut précisément lutter contre tous les ennemis des histoires et tous ceux qui veulent, dans une dualité terrible, opposer à chaque histoire une anti-histoire :

> Il se trouve que j'ai personnellement découvert que pour chaque histoire il existe une anti-histoire. Je veux dire que chaque histoire – et donc chaque courant d'histoires – a son antidote, et si on verse cet antidote dans l'histoire, les deux s'annulent mutuellement et boum ! Fin de l'histoire. [...] Graduellement, [les anti-histoires] vont suivre les courants de l'Océan, chaque anti-histoire recherchant sa victime. Chaque jour, nous synthétisons et nous libérons de nouveaux poisons ! Chaque jour, nous tuons de nouvelles histoires ! Bientôt, l'Océan sera mort – froid et mort. Quand de la glace noire se formera à sa surface, ma victoire sera complète (p. 187).

L'ombre, le silence, sont les limites de la parole qu'il s'agit pour Salman Rushdie, caché mais continuant à parler, de toujours combattre. Résister, c'est non seulement, comme le rappelle Mmais, réaffirmer que la liberté de parole est le plus grand des pouvoirs, c'est encore continuer d'écrire et faire entendre la voix du conteur, celle que Rachid n'aurait jamais dû laisser taire :

> Les plus anciennes histoires qu'on a jamais inventées, regardez-les maintenant. Nous les avions laissées pourrir, nous les avions abandonnées, bien avant cet empoisonnement. Nous avons perdu le contact avec nos origines, avec nos racines, notre source (p. 168-169).

Flux

La quête de Haroun réaffirme le pouvoir de l'imagination, découvre que le métaphorique, l'improbable, le merveilleux, ont force de vérité, que les « choses imaginaires sont vraies » (p. 87). Dans la bouche du narrateur on trouve cette même réflexion sur le statut de l'imaginaire. L'ordre des comparaisons va ainsi parfois contre l'attente du lecteur, dans les descriptions de la ville par exemple, où l'abstrait sert à expliquer le concret et non l'inverse :

> Les cheminées des usines de tristesse crachaient une fumée noire qui restait suspendue au-dessus de la ville triste *comme de mauvaises nouvelles.*
> Et dans les profondeurs de la ville, après un quartier ancien d'immeubles en ruine qui *ressemblaient à des cœurs brisés*, vivait un jeune garçon (p. 11 ; nous soulignons)...

La comparaison crée les correspondances et les flux, assure l'unité du monde. Déjà dans l'autobus, se révèle l'importance de l'eau : « Haroun avait l'impression qu'ils flottaient sur une mer de silence, qu'une vague de silence les soulevait de plus en plus haut, toujours plus haut, vers le sommet des montagnes » (p. 38). Donner un contenu aux métaphores, répondre aux questions « rationnelles » de Haroun sur le fonctionnement du monde par le « Système De Transmission Trop Compliqué À Expliquer » (p. 62 et *passim*), revivifier le littéral par le métaphorique, ramener la fable au vrai sinon au vérifiable dans un renversement du langage, tel est alors l'objectif de Salman Rushdie, telle est sa philosophie de la narration et de l'écriture.

Haroun, comme le lecteur, ne comprend pas le sens de certains discours. Alors qu'il ne sait pas encore la nature du monde des histoires, qu'il n'en saisit pas l'importance, il se heurte au langage. Il ne comprend pas les paroles de Rachid sur le robinet aux histoires, il est sceptique face au Génie de l'eau, il cherche, comme Alice au pays des merveilles, à comprendre ce qui se passe, quitte, comme la petite fille, à se lancer lui-même dans des raisonnements fondés sur le *nonsense* :

> « Qu'est-ce qu'un mutin ? » demanda Ssi, avec curiosité. « Est-ce une plante ? » voulut savoir Mali.
> « Vous ne comprenez pas, essaya d'expliquer Haroun. C'est un substantif.

– Absurde (*nonsense*), dit le Génie de l'Eau. Un substantif ne parle pas.
– On dit bien que l'argent parle, se retrouva en train de dire Haroun (toutes ces discussions autour de lui devenaient contagieuses), alors pourquoi pas les substantifs ? Et pourquoi pas n'importe quoi ? » (p. 133).

Car certains personnages de cet univers débridé prennent la parole, provoquent des débats, pour le simple plaisir de parler, comme le général Kitab : « Se mettant parfois d'un côté et, l'instant d'après (simplement pour le plaisir), il soutenait l'autre point de vue » (p. 134).

Il faut parfois savoir contourner le langage et son utilisation ordinaire, en démonter le fonctionnement. C'est la valeur créatrice des anagrammes que Salman Rushdie a toujours affectionnés[13], pour leur valeur ludique comme pour leur pouvoir de faire apparaître une autre réalité, insoupçonnée, sous le langage. Le « S2TTCAE », le « Système De Transmission Trop Compliqué À Expliquer » donne naissance au centre de contrôle des histoires sur lequel règne le Morse ; il contient les mille et une « Machines De Transmission Trop Compliquées À Décrire » (M2TTCAD). L'ironie de ces anagrammes est d'évoquer la science-fiction, de rappeler une quelconque Alphaville dans un futurisme qui apparaît dépassé. La transformation féerique de l'Inde en pays de l'Alphabet où les villes ont oublié leur nom ou sont désignées par des lettres, procède du même mouvement de créativité, de même que la retranscription phonétique de certains discours, comme celui de Mudra, adepte du langage des gestes, qui ne dit pas « Murder, Speak Obi New Year » (« Meurtre, Port l'habit noya ») mais « *Mudra. Speak Abhinaya* » (« Mudra. Parle Abhinaya »). Les noms des personnages, explicités dans un glossaire, sont tous déterminés par des jeux de mots sur le hindi, l'anglais ou la tradition littéraire.

Mudra, par exemple, qui veut dire geste, parle Abhinaya qui est le langage des gestes utilisé dans la danse indienne ; y sont importantes non seulement les positions des mains mais toute l'utilisation du corps. Mudra, dont le visage est peint en vert comme celui d'un acteur de Katakali, théâtre dansé du Kerala, révèle, au sein d'une histoire rongée par le risque de l'assèchement et de la perte de la parole, que tout silence n'est pas néfaste, que la valeur qui lui est attribuée, comme au discours, est essentielle :

« Mais ce n'est pas si simple », se dit [Haroun], parce que la danse du guerrier de l'ombre lui montrait que le silence avait sa grâce et sa beauté (tout comme la parole pouvait être inélégante et laide) ; et que l'action pouvait être aussi noble que les mots ; et que les créatures des ténèbres pouvaient être aussi belles que les enfants de la lumière (p. 142).

En ce sens, le roman invite à une réflexion sur les rapports entre la parole et le silence qui, pour être antagonistes, n'en sont pas moins complémentaires.

Chaque personnage est caractérisé par sa diction. Babilbouche par exemple met en relief par l'intonation la moitié des mots de son discours (procédé indiqué en anglais par des italiques, mais qui n'apparaît pas dans la traduction française). L'utilisation des clichés entend également renouveler le langage. Ssi le Génie les aligne avec délectation, qu'il s'agisse de citations de *Moby Dick* (« There she blows ! », p. 59[14]), ou de poncifs répétés à satiété (« En plein dans le mille,... Du premier coup, dix sur dix, tu as fait mouche » p. 64). Cette utilisation des clichés donne parfois naissance à de nouvelles créatures comme ces « Plentymaw fish » qui viennent du proverbe énoncé par Snooty Buttoo, « there are plenty more fish in the sea » (p. 43 ; « une de perdue, dix de retrouvées »).

Faire naître d'autres sens, sur le mode humoristique, relève d'une entreprise plus vaste de réflexion sur le sens du langage et sa fluidité essentielle. Le roman qui se conclut par une victoire du langage sur ses ennemis, répond à la fois à la question de Haroun (« *À quoi servent des histoires qui ne sont même pas vraies ?* ») et aux menaces qui pèsent sur le romancier. Opposer au silence le bruissement des Pages d'une armée de papier ou de ses propres romans, reconquérir le langage et ses métaphores contre tous les risques de sédimentation, le détourner à son profit, reste une façon de défendre tout mouvement et de rappeler avec Haroun :

Pendant toute ma vie, j'ai entendu parler de la merveilleuse Mer des Histoires, des Génies de l'Eau, de tout ; mais je n'ai commencé à y croire que quand j'ai vu Ssi dans ma salle de bains, l'autre nuit. Et maintenant que je suis effectivement venu à Kahani et que j'ai vu de mes propres yeux la beauté de l'Océan, avec ses courants d'histoires dans des couleurs dont je ne connais même pas le nom, et ses jardiniers flottants et ses poissons polypanses, enfin tout, eh bien, il se trouve que j'arrive peut-être trop tard, parce que tout l'Océan peut mourir à tout instant si nous ne faisons pas quelque chose. Et il se trouve que cette idée ne me plaît pas, monsieur, pas du tout. Je n'aime pas l'idée que toutes les belles histoires dans le monde puissent devenir mauvaises pour toujours, ou simplement mourir. Comme je l'ai dit, je viens juste de commencer à croire à l'Océan, mais il n'est peut-être pas trop tard pour que je fasse ma part » (p. 157).

L'enfant et les contes

Le rôle de l'enfant est essentiel dans cette entreprise. Enfant des *Mille et Une Nuits*, frère d'Aladin, cousin de Mowgli peut-être aussi, Haroun appartient à une tradition littéraire que Salman Rushdie remet à l'honneur : celle du conte. Une voix narrative, discrète, ordonne le récit et le langage, leur donne cohérence et force. Cette voix est celle du conteur que l'on entend parler plus qu'écrire : des tournures orales, des hésitations en sont la marque. À plusieurs reprises, cette voix apparaît dans *Haroun et la mer des histoires*. Dès la première page, la mention de la ville d'Alifbay et sa description sont rapportées à une mémoire, et non à une quelconque invention : « Au nord de la ville triste, il y avait d'immenses usines dans lesquelles *(m'a-t-on dit)* on fabriquait vraiment de la tristesse » (p. 11 ; nous soulignons). Le conteur tient toujours son récit d'un autre récit, il reprend une histoire passée de bouche à oreille et qui s'est transmise jusqu'à lui par des générations de conteurs. Il la raconte, la transforme éventuellement, mais ne l'invente jamais. À l'occasion il clarifie certains points pour son auditoire, qui est toujours supposé, toujours présent et dont le lecteur fait bien sûr partie :

> (Je dois expliquer que dans le pays d'Alifbay, beaucoup d'endroits portaient comme nom une lettre de l'alphabet. [...] Comme vous pouvez l'imaginer, les employés des postes avaient beaucoup de mal à le supporter et ils pouvaient parfois s'énerver un peu.) (p. 23).

Ce narrateur à la première personne n'appartient pas à l'histoire, il lui est extérieur, n'y joue aucun rôle déterminant, et reste le plus discret possible, littéralement entre parenthèses. Il permet au récit de se dédoubler à l'occasion. La narration suit toujours Haroun, mais lorsqu'il s'agit de relater des événements survenus dans un lieu où il ne se trouvait pas, la voix du conteur se fait plus nette : « Maintenant, il faut que je vous raconte rapidement ce qui s'est passé pendant qu'Haroun se trouvait dans la Zone ancienne » (p. 209). Car le conteur s'appuie sur l'expérience qu'il transmet et la sagesse (la morale) du conte repose sur la validité de cette expérience. Le conteur la tire de ses racines ou de son expérience du monde, de la tradition à laquelle il appartient ou de ses voyages, et Salman Rushdie incarne ces deux tendances par ses origines indiennes, par son passé d'émigrant.

Le personnage principal du conte est souvent l'enfant, ce héros dont l'innocence garantit le merveilleux. Le Génie le rappelle à Haroun qui veut réveiller son père : « Pas d'adultes. Règles et règlements, interdiction absolue, j'ai tout à perdre » (p. 61). Haroun organise le monde, ou le monde s'organise autour de lui ; le conducteur de l'autobus oublie ses passagers pour le satisfaire et arriver dans la vallée de K avant le coucher du soleil, Mmais la houppe, Ssi le Génie de l'Eau, faisant office d'initiateurs autant que de puissances tutélaires. Ils assurent Haroun de la vérité de l'expérience qu'il traverse et le protègent en lui donnant talismans et pouvoirs magiques pour faire face aux embûches de l'épreuve initiatique qui l'attend. Les adultes se posent la question de l'héroïsme, Rachid laissant le soin à Bolo d'être un héros s'il en a envie (« Sois un héros si tu le veux, Prince Bolo ; certains préfèrent le bon sens à l'héroïsme », p. 116) ; le Prince Bolo, lui, n'est qu'un héros de pacotille, par procuration, amoureux d'une princesse qui chante horriblement faux, et il se borne à faire retoucher les anciennes histoires pour y insérer son nom ; Haroun, en revanche, affronte les périls avec l'innocence de l'enfant. Il parcourt l'espace, conduit par Mmais, pénètre dans le vaste château, guidé par Babilbouche, il est à la fois libre et agissant.

Son innocence est garante de sa réussite et de son pouvoir. L'Eau des Vœux, utilisée avec sagesse, s'avère finalement efficace lors de la deuxième tentative. Surtout, parce que la volonté de l'enfant est affirmée et rien ne peut résister à son pouvoir : « Faire bouger la lune par la seule force de sa volonté ? Monsieur, je me suis dit, *aucun problème* » (p. 201). Que Haroun triomphe ainsi des S2TTCAE et autres forces des ténèbres fait bien ressortir le rôle particulier dévolu à l'enfant dans le conte. Il surmonte les épreuves et mène le monde à une situation à nouveau paisible, entreprise pour laquelle il reçoit à la fin les honneurs des « grands » et une récompense méritée :

> « Haroun Khalifa », dit le Morse, en se levant, encore un peu essoufflé et en se tenant les côtes toujours douloureuses, « pour t'honorer en fonction du service inestimable que tu as rendu aux peuples de Kahani et à l'Océan des Courants d'Histoires, nous t'accordons le

droit de nous demander n'importe quelle faveur et nous promettons de te l'accorder si cela est en notre pouvoir, même si cela implique l'invention d'un nouveau Système de Transmission Trop Compliqué À Expliquer » (p. 235).

Et ce que Haroun réclame, naturellement, c'est un *happy ending*...

En ce sens, Haroun est aussi la figure du lecteur, de celui qui écoute les contes, émerveillé, et attend que tout se termine bien, de celui qui voudrait être Haroun ou Aladin, parce qu'il en admire les exploits. Quand Rachid, revenu sur l'estrade dans la vallée de K, annonce son histoire : « Mesdames et Messieurs, le titre de l'histoire que je vais vous raconter est *Haroun et la mer des histoires* » (p. 241), le lecteur comprend que, s'il s'identifie à Haroun, c'est aussi parce que Rachid, qui peut dire le même conte que l'auteur du livre, est la figure de Salman Rushdie, son conteur délégué dans l'histoire. Ne commence-t-il pas son récit, devant son auditoire, par les mots qui ouvraient le livre : « Il était une fois, dans le pays d'Alifbay, une ville triste, la plus triste des villes, une ville si épouvantablement triste qu'elle en avait oublié son propre nom » (p. 11) ?

À la fin du roman, à la fin du conte, Haroun retrouve un monde remis en état, où la crise initiale est résolue et dépassée grâce au pouvoir des histoires ; le temps, qui s'était arrêté avec le départ de la mère, s'est remis en route. Contrairement au roman réaliste, contrairement aux autres romans de Salman Rushdie aussi, où le passage du temps dessine une évolution certaine, marque un terme véritable, la fin de *Haroun* pourrait être au contraire un début ; elle appelle un « Que se passa-t-il ensuite ? » caractéristique du conte. La sagesse acquise par Haroun, par le lecteur peut-être aussi, n'est pas celle que confère le passage du temps (qui s'était arrêté) mais celle de l'expérience vécue. Haroun, comme le lecteur, sait que les histoires sont vraies, non pas parce qu'elles se conforment à un quelconque cours des événements, mais parce que leur vérité est celle de l'expérience, de la sagesse issue de l'autorité du conteur, parce qu'elles incarnent la liberté aussi, la résistance à tous les Khattam-Shud du monde :

« Tous [les mondes] sont là pour être dirigés. Et dans chaque histoire unique, à l'intérieur de chaque courant d'histoires, il y a un monde, un monde-histoire que je ne peux contrôler » (p. 188).

Leur utilité tient à leur pertinence, leur importance quotidienne, leur pouvoir d'évocation et de compréhension :

> Et quand Rachid raconta au public que presque tous les Chupwalas détestaient le Maître du Culte mais qu'ils avaient peur de le dire, eh bien, un bruyant murmure de sympathie pour les Chupwalas s'éleva de la foule, *oui*, murmuraient les gens, *nous savons exactement ce qu'ils ressentaient* (p. 242-243).

L'utilisation par Salman Rushdie de la forme du conte n'est alors pas une fuite vers le merveilleux pour compenser la tristesse et les dangers du quotidien, elle n'est pas, elle n'est jamais chez lui, refus de la politique. Ce n'est pas non plus une simple fable sur sa condition présente. Le choix de cette forme est crucial puisqu'il permet d'affirmer l'importance vitale des histoires, puisqu'il rappelle leur appartenance au monde, que sans elles il serait difficile de vivre. Ce choix est poétique car il permet de rattacher la littérature contemporaine aux traditions les plus anciennes, en défendant les pouvoirs de l'imagination comme la prééminence du romancier-conteur. Le conteur n'est pas seul, il appartient à une filiation qui l'unit à son auditoire, qui le place au centre de la communauté, à la différence du romancier :

> Ce que le narrateur raconte, il le tient de l'expérience, de la sienne propre ou d'une expérience communiquée. Et à son tour il en fait l'expérience de ceux qui écoutent son histoire. Le romancier, par contre, s'est confiné dans son isolement. Le roman s'est élaboré dans les profondeurs de l'individu solitaire, qui n'est plus capable de se prononcer de façon pertinente sur ce qui lui tient le plus à cœur, qui est lui-même privé de conseil et ne saurait en donner[15].

En même temps qu'il résume une situation personnelle, sociale, politique, *Haroun et la mer des histoires* unit dans la figure du conteur tout ce qui, chez Salman Rushdie, appartient au Jongleur, son humour, son habileté, sa légèreté, sa maîtrise technique et sa magie :

> Haroun s'aperçut que, lorsque Babilbouche jonglait, cela lui rappelait les plus grandes représentations données par son père, Rachid Khalifa, le Shah de Bla. Il retrouva assez de voix pour dire : « J'ai toujours pensé que l'art du conteur ressemblait à celui du jongleur. On lance de nombreuses histoires différentes en l'air et on jongle avec elles, et, si l'on est adroit, on n'en laisse tomber aucune. Ainsi, jongler est peut-être aussi une façon de conter » (p. 121-122).

8

East, West : les nouvelles d'un romancier

Le titre de *East, West* (1994) évoque immédiatement, pour le lecteur anglophone, deux références au moins[1]. La première est un proverbe anglais dont le titre serait le début : *« East, West, home's best. »* Soit : que ce soit en Orient ou en Occident, c'est chez soi qu'on est le mieux. Dans l'œuvre de Salman Rushdie, ce titre souligne une continuité de réflexion sur l'appartenance, un nouvel angle d'approche des rapports entre l'Orient et l'Occident, une autre façon de considérer les problèmes de migration. La deuxième référence suggérée par ce titre est un poème de Kipling, *The Ballad of East and West* qui commence ainsi : *« Oh, East is East, and West is West, and never the twain shall meet*[2]. *»* Ce vers renvoie alternativement, selon l'interprétation qu'on privilégie, à une séparation nécessaire entre Orient et Occident ou au contraire à une abolition de la différence dans la rencontre des hommes que le poème raconte. Affleure dans ce titre la dialectique centrale chez Salman Rushdie de la séparation et du mélange, de la différence irréductible et de l'intégration nécessaire, de la transformation des hommes et de l'adaptation du monde.

Les nouvelles de ce recueil, inédites pour certaines jusque-là[3], sont groupées sous trois titres : « East », « West », « East, West ». De la première histoire, où une femme refuse de quitter l'Inde pour se rendre en Angleterre, à la dernière, où la difficulté de choisir est entrevue, un même mouvement anime ces nouvelles et cherche à saisir la diversité du rapport à une patrie qui n'est pas toujours imaginaire. La dimension politique de cette quête est parfois abordée, mais c'est la transformation poétique de ce conflit en autant de vignettes que de nouvelles qui fait l'unité du recueil.

Si les trois premières histoires se déroulent en Inde, au Haut-Commissariat de Grande-Bretagne à Islamabad, dans une toute petite ville qui n'est pas sans rappeler la Malgudi de R.K. Narayan, au Cachemire encore, la deuxième série quitte le sous-continent pour se tourner vers un Occident presque mythique : l'histoire de Yorick, bouffon du roi du Danemark avant de réapparaître chez Shakespeare et Sterne ; la vente aux enchères des souliers de rubis ; les rapports secrets entre Christophe Colomb et sa reine. La dimension « réelle » de l'Occident ne se manifeste que dans la troisième partie, comme si Salman Rushdie ne pouvait écrire sur l'Angleterre sans écrire en même temps sur l'Inde... : l'évolution d'un jeune étudiant de Cambridge, une histoire policière de diplomates sikhs à Londres, le rapport nostalgique d'un homme à son *ayah* indienne retournée au pays. Toute ces histoires esquissent un univers varié où l'on retrouve, derrière le nouvelliste, le romancier, où la variété des univers déployés se résout dans l'unité de propos, où la diversité des thèmes se fond dans la cohérence d'une écriture.

Vignettes

Les univers des nouvelles sont apparemment extrêmement hétérogènes, recouvrant une variété géographique (Inde, Angleterre, Danemark, Espagne), historique (du Moyen Âge à nos jours...), culturelle (de l'histoire du monde à des émissions de télévision), politique (du racisme dans la société britannique à l'assassinat d'Indira ou de Rajiv Gandhi). Mais ces situations diverses reprennent des attitudes identiques : refus de partir, de rester, de s'engager politiquement, de ne pas s'engager. Elles insistent sur des distances, physiques et narratives, qu'il s'agit parfois de combler, qui s'avèrent souvent impossibles à franchir. Chaque nouvelle est comme une scène où se joue une action unique, où évoluent des personnages parfois à la limite de la caricature, où des thèmes font écho à d'autres nouvelles ; nombre d'histoires reposent sur la mise en perspective, ironique à l'occasion, de clichés et de types.

Les Sikhs apparaissent sur un mode comique dans « Chekov et Zulu ». Leur nom, emprunté à des héros de *Star Trek* quoiqu'ils n'eussent jamais vu la série télévisée, leurs attitudes permettent à Salman Rushdie de les montrer sous un jour humoristique. Semblables à des personnages de bande dessinée, leur discours est tissé de faux et de vrais clichés, comme si l'humoriste P. G. Wodehouse avait introduit des Indiens dans la haute société de Blandings : « Jamais plus importants que dans cette triste crise actuelle, le cap doit être maintenu, les jalebis servis, le thé versé, quoi qu'il arrive » (p. 151)[4]. Leur perception éloignée des atrocités commises contre les Sikhs à la suite de l'assassinat de Indira Gandhi vient rappeler la brutalité des clichés véhiculés par la société indienne : « Il y a ceux qui désignent le peigne, le bracelet, le poignard *et cetera* comme signes de l'ennemi intérieur[5] » (p. 152). L'histoire policière dont ils sont les héros les divise – Zulu retourne vivre riche à Bombay, Chekov meurt dans l'assassinat de Rajiv Gandhi – avant de les réunir finalement grâce à un dernier épisode de *Star Trek* qui les propulse vers une victoire certaine. Empruntant à la série télévisée comme au récit policier, cette nouvelle compose, en liant la culture populaire et la réalité politique du statut des Sikhs dans la société indienne, une image à la fois sérieuse et ludique des parcours divergents de ces deux personnages.

Le jeu sur les stéréotypes apparaît dans la nouvelle « L'Harmonie des sphères » où le mysticisme indien, la figure du gourou, symbolisent une forme d'initiation ironique. Le personnage principal, envoûté en Angleterre par Eliot Crane qui incarne cette figure mystique, est confronté à une image de l'Inde qu'il fuyait dans son pays. On retrouve la trace de toutes les fascinations de l'Occident pour l'Inde, dont Salman Rushdie souligne ironiquement la vanité ; apparaît aussi comme un fantasme de rébellion inscrit dans la contre-culture : « Pentacles, illuminés, Maharishi, gandalf : la nécromancie faisait partie du *zeitgeist*, du langage privé de la contreculture » (p. 137). Les années d'apprentissage d'un jeune homme y sont décrites, ses errements et ses passions, ses fantasmes et ses rêves. Elles s'achèvent sur le renoncement définitif à toute forme de spiritualité et sur la destruction de l'aura du gourou. Un renversement clôt la nouvelle, une douloureuse révélation au sujet de ce personnage disparu qui n'avait pas rêvé ses rapports avec la femme du narrateur.

Salman Rushdie part de situations ou de personnages aisément identifiables, parfois à la limite du stéréotype – des personnages de *Star Trek*, un écrivain prisonnier de ses fantasmes de mysticisme, quelques personnages des *Mille et Une Nuits*, une paire de souliers de rubis venus du *Magicien d'Oz*, un pasteur sorti de *Vie et Opinions de Tristram Shandy*. Le nouvelliste interprète ces types de façon le plus souvent ironique, en modifie le contexte (les personnages de *Star Trek* sont des diplomates sikhs), invente un nouveau destin à ces références bien connues (les souliers de rubis vendus aux enchères), révèle une nouvelle dimension, cachée, des événements (la « consommation » des rapports entre la reine Isabelle et Christophe Colomb). Ces nouvelles remettent en cause attitudes répertoriables et opinions reçues.

La première histoire, « Un Bon Conseil est plus précieux que des rubis », peut paraître emblématique, parce que son titre évoque immédiatement un proverbe (énoncé par l'un des personnages de la nouvelle), et qu'elle est fondée sur un malentendu. Elle repose sur une situation bien connue des demandeurs de visas : à l'approche du consulat britannique à Islamabad, un « expert » propose ses services à une jolie femme visiblement perdue par la complexité de la démarche. Rien que de très banal dans cette scène quotidienne, rien que de très ordinaire chez ce spécialiste ès conseils qui vit de l'ignorance et de l'anxiété des gens. Derrière la vision figée de Muhammad Ali, se profile le renversement qui structure le récit. L'envoûtement progressif de l'homme, séduit par les yeux de Miss Rehana, vient remettre en cause la certitude de son savoir-faire. La découverte que la femme refuse de partir, son désir de ne pas obtenir le visa, ébranlent encore les convictions du petit expert et le laissent finalement médusé, au bord de la route : « Son dernier sourire, qu'il regarda depuis l'enceinte jusqu'à ce que l'autobus le dissimule dans un tourbillon de poussière, était ce qu'il avait vu de plus heureux dans sa longue vie, chaude, dure et sans amour » (p. 15-16). Cette bribe de bonheur sur laquelle se clôt la nouvelle naît de la résistance du réel à son ordonnancement préalable. Muhammad Ali découvre que la réalité n'est pas ce qu'il avait prévu, le lecteur comprend que derrière la familiarité des situations une autre voix peut se faire entendre, un autre sens apparaître, et ce jour de folie, pris entre les deux tourbillons de poussière qui ouvrent et ferment la nouvelle, est comme la promesse d'autres surprises.

La langue même de Salman Rushdie est l'objet de renversements. L'importance des dialogues dans ces récits courts est une autre caractéristique de l'art de nouvelliste de l'écrivain. De la première histoire qui oppose l'expert Muhammad Ali à Miss Rehana, jusqu'à la dernière, « Le Courtisan », où l'on entend les particularités linguistiques de certains personnages, Salman Rushdie semble s'être livré à un travail sur le langage et sur l'oralité. La parodie amusée de l'anglais indien « incorrect » du personnage masculin de la première nouvelle en est un bon exemple. Comme dans certains passages de ses romans (la scène de l'instituteur dans *Les Enfants de Minuit* par exemple), Salman Rushdie met dans la bouche des personnages des bribes de dialogue caractéristiques de certaines formes d'anglais que l'on rencontre en Inde. Il ne s'agit pas tant de satire, ni même peut-être de parodie, mais de donner la parole à des personnages dont la caractéristique linguistique première est de transformer légèrement la version « canonique » de l'anglais. Comme dans certains poèmes de l'écrivain Nissim Ezekiel, il s'agit d'une complicité amusée, d'un sens extrême de la variation, et d'une façon de faire entendre l'accent et la musique de ces intonations particulières. « Mademoiselle, commença-t-il, vous êtes venue chercher permis pour Londres, je crois ? Alors, s'il vous plaît, vous me laisser donner avis ? Pas cher. » (p. 6) Ce discours identifie immédiatement l'appartenance du personnage à la catégorie des rapaces pour touristes innocents en tout genre.

Le premier dialogue entre Chekov et Mrs. Zulu présente des traits semblables. C'est ici l'excès de formules de politesse, la recherche de la circonvolution mêlée aux mots et aux marques phatiques pendjabis (« na ? », « yaar ») qui caractérisent la langue de Chekov[6]. On entend jusqu'à l'accent pendjabi de Mrs. Zulu, qui prononce le mot « rien » (*nothing*) avec un « th » particulier : « noth-*thing* » (p. 150).

Dans la dernière nouvelle, les personnages ont un rapport compliqué à la langue anglaise : le narrateur est par exemple l'objet de sarcasmes à l'école, à cause de son anglais de Bombay ; ses parents ont des problèmes identiques de désignation des objets. Le personnage de Certainement-Mary y est identifié par les particularités de son rapport aux langues : son surnom lui vient de l'utilisation abondante de l'adverbe qui ponctue ses paroles. Sa prononciation même est heurtée et certain son qu'elle peut prononcer en hindi ou en konkani, comme le son « p », devient dans son anglais un « f » ou un « c ». Mais c'est cette difficulté même, ce rapport difficile à la langue qui attire le vieux Meli-Mélo *(Mixed-Up)* vers Certainement-Mary[7]. C'est un langage particulier, un langage presque privé qui les unit, le langage du jeu d'échecs. Un peu comme dans la nouvelle de Stefan Zweig, « Le Joueur d'échecs », Méli-Mélo qui a perdu la faculté de s'exprimer clairement en anglais a conservé son agilité de Grand Maître, et Certainement-Mary trouve dans ce même langage qu'elle apprend à une vitesse surprenante, la possibilité de communiquer parfaitement :

> Les échecs étaient devenus leur langage privé. Le vieux Méli-Mélo, ne sachant comme toujours que dire, conservait, devant

l'échiquier, presque toute la clarté et la subtilité qui avait abandonné son discours. À mesure que Certainement-Mary gagnait en habileté – et elle apprenait avec une vitesse stupéfiante, pensai-je amèrement, pour quelqu'un qui ne savait ni lire ni écrire ni prononcer la lettre p – elle comprenait mieux, et réagissait à l'esprit du maître diminué avec qui elle avait forgé un lien aussi inattendu (p. 194).

Appartenir

L'unité du recueil procède des rapports entre Orient et Occident : la progression des nouvelles place le thème de l'appartenance au centre du livre. Dans le premier récit, Miss Rehana en vient à confesser qu'elle ne veut pas rejoindre son époux en Angleterre parce que le mariage arrangé auquel elle a été soumise à l'âge de neuf ans n'a pas de sens. La confrontation entre les principes rigides de Muhammad Ali et l'attitude de Miss Rehana, la contradiction entre ce que celui-ci tient pour de la sagesse et la confession qui le prend par surprise fait toute la force de la nouvelle. L'échec de son obtention de visa qui la laisse libre de retourner à Lahore afflige Muhammad Ali qui ne comprend pas, prisonnier de ses schémas, que cette histoire soit celle d'une femme qui ne veut pas partir : « C'est gâché, tout est gâché, et ç'aurait été si facile si on avait accepté conseil en temps voulu » (p. 15). C'est dire, dès le début du recueil, que tout rêve n'est pas de départ, que le bonheur est aussi de rester.

Les autres nouvelles de la partie indienne du recueil sont placées sous le signe d'une certaine futilité des rêves : les rêves tout faits, les chimères tendues aux gens pour qu'ils s'y abandonnent apparaissent ici. Miss Rehana en montre la vanité. Ramani, le jeune homme de « La Radio gratuite », y succombe totalement. Il ne s'agit pas là de rêve d'exil, même si la nouvelle se clôt sur le départ de Ramani pour Bombay, mais de crédulité. Sensible aux sirènes des propagandistes d'Indira Gandhi en faveur de la stérilisation, il échange sa progéniture future contre la promesse d'une radio. Dans ce récit dont le style et la technique ne sont pas sans rappeler R.K. Narayan[8], l'impuissance du narrateur qui observe la scène souligne l'anxiété du jeune homme perdu dans l'irréalité de ses rêves les plus absurdes. Mais contrairement à Narayan, chez qui l'ironie reste un regard amusé, pour qui la permanence de l'univers de la petite ville de Malgudi est la leçon essentielle – les transformations, dans les petites villes de l'Inde, sont extrêmement lentes –, Salman Rushdie adopte un ton plus tragique, lié à l'occultation des traditions :

> Qui écoute la sagesse des anciens de nos jours ?
> Je vous le demande : qui l'écoute ?
> Exactement ; personne, surtout pas une tête de pioche comme Ramani le rickshaw-wallah (p. 19).

Dans l'oubli de la sagesse « locale », il y a comme la trace d'un éclatement du monde qui amène tous les départs, tous les fantasmes illusoires, provoqués par la dissolution du lien qui relie l'individu à sa communauté.

C'est aussi le sujet de la troisième nouvelle consacrée à l'Orient : « Le Poil de la barbe du Prophète. » Elle commence comme un récit policier (un jeune homme se rend dans un quartier mal famé pour y louer les services d'un voleur) et se poursuit comme un conte des *Mille et Une Nuits*. La découverte par le chef de famille Hashim de la petite fiole contenant le poil de la barbe du prophète volé à la mosquée, amène sur lui et sa famille la malédiction de l'objet sacré déplacé de son sanctuaire[9]. La violence de la nouvelle ne se résorbe que dans la mort des différents protagonistes. Le rêve de richesses, la fascination pour l'objet manquant à la collection, même s'il est illégalement acquis, autant de passions dont Salman Rushdie, s'appuyant sur une tradition littéraire, souligne la vanité. Seule la veuve du voleur, ayant retrouvé la vue par une sorte de miracle, peut finalement rester à sa fenêtre, à contempler les beautés du Cachemire. Cette vallée autrefois « plus proche que tout autre endroit sur terre du Paradis » (p. 57), à présent scène d'une guerre violente, lieu dans la nouvelle où la destruction règne, est promise sous le regard de la veuve à des jours plus heureux : « elle pouvait passer ses derniers jours à contempler à nouveau les beautés de la vallée du Cachemire » (p. 58).

L'anxiété domine dans ces premières nouvelles orientales, une inquiétude devant l'illusion des rêves, mêlée d'un rapport complexe à certaines sources d'inspiration : la référence à Narayan ainsi qu'aux contes des *Mille et Une Nuits* est à la fois appuyée et tragiquement détournée par une noirceur peu compensée par l'humour.

La deuxième partie du recueil qui transporte le lecteur en Occident n'est peut-être pas la plus réussie, parce qu'elle est, à notre sens, trop forcée. Le point commun de ces trois nouvelles tient à l'éloignement de la fiction. Contrairement aux passages de ses romans qui traitent de l'Occident, notamment certaines scènes des *Versets sataniques*, ces histoires ne se situent jamais dans un univers contemporain. « Yorick », reprend la vie du bouffon du roi du Danemark. La deuxième porte sur le monde mythique du *Magicien d'Oz*.

La troisième, « Christophe Colomb et la reine Isabella d'Espagne consomment leur liaison (*Santa Fé, 1492 après J.-C.*) », pose dès son titre le rapport distant à l'histoire. Elle oppose d'entrée la reine d'Espagne à Colomb, « un étranger » (p. 107). Il fait partie de ces gens qu'il faut garder à la cour pour lui donner un air cosmopolite, même si, après un temps, ils tendent à oublier leur rang et à se comporter en égaux :

> *Les étrangers peuvent être têtus. Et peuvent aussi, à cause des difficultés de compréhension, ne pas saisir une allusion. Mais aussi, ne l'oublions pas, il est* de rigueur *d'avoir quelques étrangers dans le décor. Ils donnent aux lieux un parfum cosmopolite. Ils sont souvent pauvres et subséquemment prêts à effectuer diverses tâches nécessaires mais subalternes. De plus, ils vous mettent en garde contre les périls de la fatuité, leur existence parmi nous nous rappelant qu'il y a des parties du monde (aussi difficile que cela soit à accepter) où nous serions aussi considérés comme étrangers* (p. 108).

Entre la reine Isabelle qui rend grâce à Dieu pour toutes ses victoires militaires et Colomb qui les célèbre à sa façon en se soûlant, le contraste est total. Il la poursuit, elle se joue de lui. Tout la nouvelle est construite sur cette opposition ironique, dans l'attente de la « consommation ». Des voix commentent l'action, le narrateur l'interprète avec humour. Colomb perd tout : argent, patronage, amour. Et invisible, il rêve de mondes invisibles, il rêve qu'elle lui demande de les découvrir. Il se réveille enfin entouré des hérauts de la reine qui le convoque. Une dernière hésitation qui eût pu faire basculer le sort du monde termine l'histoire : « Il ouvre la bouche, et ce qui est à deux doigts de s'échapper est ce refus amer : non./

Oui, dit-il aux hérauts. *Oui. Je viendrai* » (p. 119).

L'ambiguïté du mot « consommation » est au cœur de la nouvelle : il indique à la fois la consommation sexuelle que recherche désespérément Colomb, et l'achèvement de cette relation, sa fin. Cette hésitation joue aussi sur l'exil intérieur de cet étranger italien, sur son invisibilité progressive, jusqu'à ce que le rêve le ramène à la réalité de l'histoire. Elle fait enfin entendre ces multiples voix qui commentent l'évolution du personnage de Colomb, dialoguant avec humour dans une typographie distincte. L'ironie qui consiste à faire de Christophe Colomb un personnage un peu ridicule, à réécrire l'Histoire de façon comique caractérise Salman Rushdie, dans ses nouvelles, comme dans ses romans.

« Yorick » repose également sur une réécriture, sur une confusion des références, sur une ironie qui n'est plus historique, mais textuelle. Le personnage, bouffon du roi, apparaît dans *Hamlet* sous l'espèce d'un crâne déterré par les fossoyeurs vers la fin de la pièce. Il réapparaît chez Sterne où il est tour à tour le pasteur de *Tristram Shandy*, l'auteur des sermons du Révérend Sterne, l'auteur-narrateur du *Voyage sentimental*. « Yorick » commence comme un pastiche :

> Remercions le ciel ! – ou la diligence des antiques fabricants de papier – pour l'existence sur notre terre de ce matériau connu sous le nom de vélin ; qui, comme le monde dans lequel je l'ai imaginé (même si ses points de contact avec la *terra firma* sont très rares, puisque les étagères constituent son habitat naturel, en bois ou non, certaines poussiéreuses, d'autres très bien rangées...) (p. 63).

Et cette première phrase ne se termine qu'à la page suivante, s'étant perdue dans de nombreuses circonvolutions. La référence stylistique de ce morceau de bravoure est clairement l'imitation de style oral et spontané de *Tristram Shandy* et plus particulièrement le début du chapitre qui livre la généalogie de Yorick :

> Ce pasteur se nommait YORICK et, fait très remarquable (comme il appert d'une certaine généalogie de la famille écrite sur un fort parchemin en parfait état aujourd'hui), l'orthographe de ce nom était restée la même depuis presque j'allais dire neuf cents ans, mais je ne veux pas affaiblir mon crédit par une affirmation improbable, si indiscutable qu'elle soit ; je me contenterai donc de dire que l'orthographe de ce nom était restée la même sans la moindre variation ou permutation de lettres depuis je ne sais combien ; je n'oserais en dire autant d'une bonne moitié des meilleurs noms du royaume, lesquels souffrent d'ordinaire au cours des ans autant de coups et vicissitudes que leurs propriétaires[10].

Cette référence se poursuit par la suite, parce que le parchemin trouvé qui raconte la vie de Yorick existait déjà chez Sterne, et que les références ironiques à l'historien du Danemark, Saxo Grammaticus, se retrouvent chez les deux auteurs. Toute la nouvelle fait usage de procédés qui se veulent sterniens : reprises, interruptions, représentations graphiques du bruit de pas vers la porte, air fredonné, etc. La dernière phrase reprend presque textuellement la dernière phrase de *Tristram Shandy*.

Ce parchemin dont le narrateur déroule le texte, permet à Salman Rushdie de réécrire *Hamlet*. Prenant appui sur l'antiquité de cette histoire qui rend un récit aussi fiable qu'un autre[11], la nouvelle retrace des événements antérieurs à ceux que conte Shakespeare, dans une version subalterne où Yorick est l'époux d'Ophelia, où Hamlet pousse le bouffon du roi à tuer son père Horwendillus, où Claudius tue Yorick en châtiment de son crime, où Hamlet enfin invente une histoire qui lui permet d'accuser son oncle d'avoir tué son père. La nouvelle allie les références à Sterne, les emprunts ironiques à Shakespeare, introduit des passages théâtraux, invente une scène primitive qui explique tout le comportement de Hamlet. La tradition littéraire plus qu'historique, ironiquement utilisée, domine. C'est dire en même temps les limites peut-être de cette nouvelle, qui souffre d'être un tour de force, qui pastiche un style déjà ironique, celui de Sterne, courant le risque de n'être qu'une caricature.

Avec la troisième partie du recueil, « East, West », où la juxtaposition donnée dans le titre semble indiquer une synthèse des deux premières, on touche aux meilleures histoires, comme si la force de l'auteur tenait dans les récits hybrides, dans l'écriture du mélange. Cette juxtaposition est celle de l'Angleterre et de l'Inde, de l'Inde en Angleterre plus exactement, un peu à l'inverse de Kipling[12]. Dominent dans ces trois histoires des réflexions, des allusions aux synthèses des cultures. Dans « L'Harmonie des sphères », la fascination pour l'occulte et le mysticisme s'exprime par une longue énumération d'auteurs indiquant le chemin du « Monde du Mystère » (p. 137) ; elle se termine sur une mention du mouvement de Raja Rammohun Roy, Brahmo Samaj, « cet effort courageux pour réaliser la synthèse des pensées indienne et anglaise » (p. 138). C'est en même temps suggérer toute la difficulté d'une telle tentative, rappeler peut-être les risques de telles spiritualités. Dans « Chekov et Zulu », les conséquences du colonialisme sont indiquées par Chekov : « Ils nous ont volés, dit-il [...]. Et maintenant nous leur volons ce qu'ils nous ont pris. C'est la même situation que les frises du Parthénon » (p. 156-157). Mais le commentaire de Zulu, comme une caricature de discours apolitique, les renvoie dos à dos :

« Tu devrais être plus content de toi, dit Zulu. [...] Tu devrais être moins vorace, moins amer. Regarde tout ce que tu as ! Ca suffit. Détends-toi et profites-en. J'en ai moins que toi, et ça me suffit. Le soleil brille. La période coloniale est un livre refermé » (p. 157).

Car toute hybridation, toute synthèse est un processus complexe qui ne se résout dans aucun discours mystique ou politiquement simpliste.

La dernière nouvelle, sans doute la plus belle du recueil, « Le Courtisan », s'interroge sur les modes de contact entre l'Inde et l'Angleterre. Sur le mode ironique d'abord, où l'insurmontable escalier que doit franchir Certainement-Mary pourrait bien être des Ghats, c'est-à-dire à la fois des montagnes et des marches. Le rapport du narrateur à la mémoire, à son pays natal, est au centre de la nouvelle, comme son enfance ; l'émigration met en jeu une distance temporelle autant que spatiale. La lettre de la nièce de Certainement-Mary réveille en lui des sentiments complexes que le récit, fondé sur le souvenir, va tenter d'explorer :

Ce message d'une étrangère intime me parvient dans mon exil forcé, loin du pays chéri de ma naissance, remuant des souvenirs très profondément enfouis (p. 178).

La perception de l'Angleterre peut s'avérer conflictuelle : la figure d'Enoch Powell, dirigeant d'extrême droite, apparaît sous les traits d'un « Anglais rusé à la fine moustache et au regard de possédé qui proférait des menaces contre les immigrants » (p. 189). Les commandos racistes qui poignardent le portier s'expriment dans une langue qui n'a rien d'inventé :

« Putain de Bougnoules, dit-il. Putain, vous vous pointez ici, putain, on va vous apprendre la politesse. Putain de merde, pourquoi vous retournez pas dans votre putain de Bougnoulistan » (p. 204).

Pour le narrateur cependant, l'obtention de la nationalité anglaise est synonyme de liberté, liberté de mouvement, liberté de résister à son père : « Mais j'aurai peut-être bientôt un passeport et alors je ferai tout pour le quitter » (p. 202). Le conflit entre l'Inde et l'Angleterre rejoint l'évolution du personnage, qui se souvient de la fin de son adolescence. Ces moments de doute et d'angoisse, dont la résorption ne se fait même pas dans la musique et les chansons, ponctue ses années de formation et sa solitude.

Ces années cruciales de révolte et de quête d'identité se

déroulent dans une atmosphère qui rappelle, malgré une légère différence de génération, le roman de Hanif Kureishi, *Le Bouddha des banlieues*. Dans les deux textes, un adolescent indien en Angleterre, confronté à la nécessité de comprendre son identité, est placé au centre de l'action. Le narrateur de Kureishi construit son identité face à un père devenu « Bouddha », face à un beau-frère indien qu'il commence par mépriser, dans des situations où il est obligé de « jouer à l'Indien » – il interprète par exemple le rôle de Mowgli au théâtre. Le narrateur de la nouvelle de Salman Rushdie est pris entre le souvenir de l'Inde, le désir de son père de retourner au Pakistan, la volonté de s'affranchir de cette figure paternelle, et le personnage de l'ayah, aussi importante que la mère dans son éducation.

Pareillement à Miss Rehana qui, au début du recueil, voulait rester au Pakistan plutôt que se rendre en Angleterre, Certainement-Mary, malade du cœur, décide finalement de retourner en Inde :

> « Je sais ce qui ne va pas, dit-elle à mes parents, à l'improviste. J'ai besoin de rentrer au pays.
> Mais Aya, répliqua ma mère, le mal du pays n'est pas une vraie maladie.
> Dieu sait pourquoi nous sommes tous venus ici, dit Mary. Mais je ne peux pas rester plus longtemps. Non. Certainement pas » (p. 209).

Le cœur littéralement brisé par la différence entre l'Inde et l'Angleterre, l'ayah repart. Mais son départ est peut-être aussi dû à l'opposition entre ses deux amours, entre Mecir et l'Inde, à la conscience de la nécessité de choisir pour pouvoir vivre :

> Ou est-ce que son cœur, lié par deux amours différentes, était tiraillé entre l'est et l'ouest, hennissant et se cabrant, comme ces chevaux de films tirés d'un côté par Clark Gable et de l'autre par Montgomery Clift, et savait-elle que pour vivre elle devrait choisir ? (p. 209).

Le narrateur comprend à la fin de la nouvelle qu'il est lui aussi tiraillé entre ces deux pôles, qui l'enjoignent également de choisir. Le masque tombe, et l'on devine alors qu'à travers son double, c'est Salman Rushdie qui parle, exprimant avec force son refus : entre l'Orient et l'Occident, il ne tranchera pas, leur préférant un entre-deux plus inconfortable, gros de toutes les tensions, mais ô combien plus fécond. Ce choix n'a pas lieu dans la nouvelle qui se termine sur un retour nostalgique vers l'appartement de son enfance, vers une dernière visite à Mecir, une dernière partie d'échecs, mais celui-ci a disparu. Parce que Certainement-Mary et Mecir se sont trouvés confrontés à des choix, et qu'ils hésitaient, leur histoire est aussi celle du narrateur : « Je comprends maintenant que ce n'est pas simplement leur histoire, mais la nôtre, la mienne, également » (p. 178).

Le recueil dessine des modes d'appartenance variés dont la résolution est, d'une certaine façon, l'absence de résolution. La dernière nouvelle suggère la difficulté de s'enraciner, d'appartenir complètement à un lieu, de choisir entre là-bas et ici. Comme en contrepoint au reste du livre, beaucoup plus assertif, « Le Courtisan » redonne une vision problématique, incertaine de l'identité. Le mouvement des autres nouvelles, leur cohérence culturelle et poétique conduit finalement au suspens, à l'interrogation, à la résistance au choix. La dernière nouvelle se termine nostalgiquement sur le départ de Certainement-Mary, sur la disparition de Mecir, sur des absences qui obligent à retourner fouiller le souvenir.

Du rêve à la fiction

Toutes les nouvelles de ce recueil mettent en scène des rêves. Colomb rêve de départ, Certainement-Mary de retour, le tireur de Rickshaw de « La Radio gratuite » rêve d'amélioration, tous les personnages se projettent dans un futur plus ou moins idéalisé. Ce sont des rêves de paradis, semblable à la vallée du Cachemire, d'inconnu, d'un là-bas plus ou moins idéalisé.

Mais la limite du rêve est la folie ou l'inconscience. La folie d'Eliot Crane dans « L'Harmonie des sphères » est alimentée par la lecture de textes occultes et la fascination pour les différentes écoles de mysticisme qui, loin d'apporter l'harmonie de l'esprit, créent un vacarme invraisemblable à l'intérieur d'Eliot Crane et risquent un moment d'égarer le narrateur : « S'il m'est impossible de me détacher du souvenir d'Eliot, c'est peut-être parce que la séduction des arcanes qui ont rendu Eliot Crane fou a failli m'emprisonner également » (p. 137). Ce que le narrateur espère trouver dans ces synthèses extraordinaires, dans ces voies cachées, c'est la réponse à des problèmes d'identité qui ont trait, comme dans « Le Courtisan », à son statut d'immigrant. Il est d'abord comparé par Eliot Crane à un Martien, reproduisant sur le mode ironique les discours racistes les plus simplistes :

> Eliot avait élaboré une théorie de la conspiration selon laquelle la plupart de ses amis se révélaient être des agents de puissances ennemies, à la fois terrestres et extraterrestres. J'étais un envahisseur venu de Mars, un de ces nombreux êtres dangereux qui s'étaient introduits en Grande-Bretagne profitant d'un moment de relâchement général de la vigilance (p. 127).

Les questions existentielles qu'il se pose à propos de son identité, de son appartenance à un pays ou à un autre sont partiellement résolues par Crane qui le présente aussi à Mala, sa future femme. L'harmonie rêvée, qui parcourt les récits de Salman Rushdie comme un fantasme toujours entrevu, impossible à atteindre, et qui, dans cette nouvelle, côtoie la folie, cette harmonie des sphères qui est à la fois le titre de la nouvelle et le titre du livre que Crane prétend écrire, semble pouvoir être atteinte par l'occultisme :

> Je croyais avoir trouvé une autre manière de jeter un pont entre ici et là-bas, entre mes deux étrangetés, ma double non-appartenance. Dans cet univers où régnait la magie il semblait y avoir une fusion des philosophies, européenne amérindienne orientale levantine, à laquelle je voulais croire à tout prix (p. 141).

Mais la cacophonie d'écoles et de maîtres ne peut mener qu'à l'explosion de l'esprit : « *Bang!* Et, enfin, le silence. *Requiescat in pace* » (p. 142). Dans un dernier ressaisissement le narrateur renonce pour toujours à ces chimères destructrices, sans pour autant trouver la réponse aux questions existentielles ni saisir la nature de son appartenance. Il a cependant compris que tout rêve peut mener à la destruction de l'esprit, au suicide d'Eliot Crane comme à celui de Gibreel dans *Les Versets sataniques*.

« La Radio gratuite » montre le personnage principal, le tireur de rickshaw, totalement abandonné à ses fantasmes. Subjugué par la veuve d'un voleur, il s'abandonne à toutes les chimères agitées par les militants du Parti du Congrès, à toutes les tentations d'amélioration, au désir un peu simple de devenir étoile de cinéma. Il manque totalement de distance vis-à-vis de ses ambitions imaginaires, possédant, dit le narrateur, « cette qualité rare de croire totalement à ses rêves » (p. 27). L'ironie acerbe du vieux sage déplacé, son impuissance

Rickshaw, (photo Philippe Lissac).

à influer sur le cours des événements rendent le ton de l'histoire très amer.

Il y a dans cette nouvelle comme une définition de la fiction. Le jeune homme, dans l'attente de la radio promise, se promène la main sur l'oreille, annonçant les émissions, et plaçant les autres habitants du village en spectateurs d'une fiction, en lecteurs d'une histoire :

> Ram possédait depuis toujours cette rare qualité de croire totalement à ses rêves, et parfois sa foi en la radio imaginaire nous donnait presque le change, et pour un peu nous aurions cru qu'elle allait vraiment arriver, ou même qu'elle était déjà là, qu'il la tenait invisible contre son oreille, pendant qu'il conduisait son rickshaw dans les rues de la ville (p. 27).

Autant les rêves de Ramani conduisent littéralement à sa destruction, autant la volonté qu'il met à croire aux fictions est impressionnante. Elle lui permet d'éviter de faire face à la réalité de la mutilation à laquelle il a consenti. Sa croyance aux rêves les plus fous lui permet de compenser son incapacité à faire face au réel, et sa dernière lettre, envoyée de Bombay, reproduit la même fascination pour les histoires, de succès cinématographique cette fois.

Salman Rushdie semble opérer un déplacement, analogue à celui du conteur de « La Radio gratuite » obligé de laisser sa place sous le banian à la roulotte des militants de la Jeunesse du Congrès. Cette place sous le banian est le lieu où se tient à l'ordinaire le conteur, le sage, l'endroit où se rassemblent les villageois pour écouter des histoires, comme dans la nouvelle de R.K. Narayan, « Sous le banian[13] ». Mais cet exode physique du conteur, cet emprunt narratif à Narayan, chez qui le pessimisme était tempéré par une forme de nostalgie, par l'absence de références historiques ou politiques directes, par la forme du conte en somme, revêt chez Salman Rushdie une certaine amertume. Le conte et sa sagesse qui repose sur l'expérience vécue, sont ici partiellement détruits par la violence de ce qui s'y joue, par la disparition soulignée de la sagesse des anciens. On peut comprendre le mouvement de réécriture du conte des *Mille et Une Nuits* de la même façon et voir dans la destruction qui y est montrée, dans l'anéantissement généralisé, comme un ébranlement du statut des histoires.

Les déplacements opérés à partir de la culture dite « populaire » (série télévisée, chansons dans la dernière nouvelle, film-culte, etc.) contribuent à souligner la distance entre le mouvement narratif et la quête qui s'y développe, entre les

Salman Rushdie, soirée londonienne
à l'occasion du lancement du roman de Martin Amis,
The Information, *avril 1995.*

modalités de l'écriture et les conflits (d'appartenance ou non, par exemple) qui s'y définissent. Le principe d'Edgar Allan Poe selon lequel la nouvelle vise à l'unicité de l'effet et à la concentration des moyens en vue de celui-ci, est mis à mal par la manière de Salman Rushdie. Un certain didactisme du propos (voir « La vente aux enchères des souliers de rubis » par exemple, « Yorick » surtout), un effet d'accumulation des références et des passages parodiques peuvent lasser quand le récit est court. Car il n'y a rien de « simple » – au sens des *Simples Contes des montagnes* de Kipling – dans l'art de la nouvelle selon Salman Rushdie. L'interprétation passionnante des traditions culturelles et littéraires qu'autorisent les romans, où peuvent se développer échos et parodies discrètes, court le risque de devenir, appliquée au cadre de la nouvelle, un procédé. Ces nouvelles restent les récits d'un romancier.

C'est pourquoi l'on préférera celles où la voix du narrateur sait rester discrète, où l'identification aux personnages, comme dans « Le courtisan », interdit les effets narratifs trop appuyés. Dans le suspens de la dernière phrase du livre on entend la nostalgie d'un passé disparu que seule la fiction sait (savait ?) restaurer, on saisit la perplexité de l'adolescence, on goûte enfin l'hésitation sur le sens des histoires : « Jamais entendu parler d'aucun Méli-Mélo » (p. 211).

9

Le Dernier Soupir du Maure, ou le désenchantement

Quand paraît *Le Dernier Soupir du Maure*, en septembre 1995, Salman Rushdie est attendu au coin du bois : ses lecteurs fidèles comme ses détracteurs s'interrogent. Quelles traces ont pu laisser le battage médiatique, la *fatwa* suspendue au-dessus de sa tête, la clandestinité à laquelle il continue d'être astreint, malgré certains assouplissements récents ? *Haroun et la mer des histoires*, ainsi qu'*East, West*, avaient apporté des réponses, mais seulement partielles. Le conte, les nouvelles ne sont pas le roman, or c'est publiquement que Salman Rushdie s'inquiétait : à tant plaider sa cause, à la radio ou à la télévision, n'allait-il pas se condamner à la langue de bois de ses interlocuteurs ? Passé maître dans l'art de décrypter les silences du monde diplomatique, pourrait-il encore mobiliser les mots du romancier ? À ceux qui ont juré d'avoir sa peau, surtout, quel démenti apporter ? « Parce que si je n'écris plus, alors l'attaque contre moi aura réussi[1]. »

Allait il, en outre, aborder l'affaire, fût-ce indirectement ? Profiterait-il de son retour littéraire pour régler ses comptes ? Au lieu de faire amende honorable – attitude peu conforme au tempérament de Salman Rushdie –, continuerait-il comme si de rien n'était ? À toutes ces questions, *Le Dernier Soupir du Maure* répond de manière savamment allusive. À défaut d'être le plus achevé de ses livres, il offre un émouvant portrait oblique de son auteur, et rassemble les formes, motifs et figures successivement inscrits dans la trame du tapis magique rushdien. Reste, malgré les ressemblances, une différence majeure. Privé du contact physique avec la terre nourricière, Salman Rushdie aura conçu son roman poivré, son récit *masala*, comme un substitut d'Inde et vécu son écriture comme une compensation au voyage, à la « normalité » impossibles. Loin d'être une pirouette, sa formule tient à la fois de l'aveu et du bilan : « Pour pousser ce dernier soupir, il m'a fallu reprendre (profondément) mon souffle[2]. »

Expulsions

Toujours, Salman Rushdie s'est plu à cultiver l'élément « mineur » à l'intérieur d'une culture, d'une religion « majeure ». Les musulmans lui ont servi de levain pour faire monter la pâte de ses romans : ils cristallisent sur leur personne les réactions de rejet d'une Inde tournant le dos à ses origines. Désireux de remonter dans la préhistoire des migrations, Salman Rushdie introduit ici deux ferments « extérieurs » : résolument « excentrique » (p. 87)[3], son nouveau bouillon de culture inclut, à côté des colons anglais, évoqués à la marge, les descendants de catholiques portugais et de juifs espagnols, installés à Cochin depuis la fin du XVe siècle. Plus que jamais, Salman Rushdie refuse de plier ses fictions à la loi de la « Majorité », « puissant éléphant, flanqué de son compère, Minorité-Majoritaire » (p. 87). Chrétiens, portugais, juifs, anglais dessinent ensemble la trame d'un paradoxal « récit indien » (p. 87).

1492. Avec la défaite et l'exil du dernier calife nasride, Abû 'Allâh Muhammad XII, surnommé Boabdil par les Espagnols et « Malchanceux » par les Arabes, c'est un nouvel exode qui commence pour les juifs andalous. Salman Rushdie puise dans cet événement historique la matière d'une forte identification imaginaire aux persécutions du peuple élu – la *fatwa* n'y est pas étrangère. Expulsés d'Espagne par la Reconquista, les Andalous embarquent à Cadix, forçant un autre grand voyageur, Christophe Colomb, à partir de Palos de Moguer. Après leur départ, Salman Rushdie imagine le Maure inconsolable, se laissant séduire par une prostituée juive, une paria comme lui, devenue sa maîtresse. Mais la courtisane convoite surtout la couronne qu'elle emporte dans ses bagages en partant rejoindre la colonie juive installée en Inde, vingt-deux ans plus tôt. La belle anonyme donnera naissance à un garçon, ancêtre d'Abraham Zogoiby, père du narrateur Moraes, le Maure du titre.

1502. Venus du Portugal par le cap de Bonne Espérance, les galions de Vasco de Gama, le *capitan-mor* dont Camoëns chantera les exploits, font escale sur la côte occidentale du Deccan, entre Goa et le cap Cormorin. Un comptoir est fondé à Cochin, pour le commerce des épices, justifiant le propos cynique et spirituel de la mère de Moraes : si les Européens sont partis pour le « sous-condiment indien », chez « Mother-India », c'est à cause de « ce quelque chose de pimenté que vient chercher tout homme qui monte chez une fille » (p. 5). Fort de ce substrat réaliste, le romancier peut à son tour emprunter la route des épices et exploiter leur mythique et fabuleux pouvoir d'insémination, sans craindre d'être accusé de naïveté. Clous de girofle, noix de cajou, gingembre, cumin, cannelle, pistache, cardamome, sénégré, nigelle, grains de café et feuilles de thé, ces produits exotiques aux noms évocateurs sont bien plus que des invitations au voyage. Instruments du destin planétaire, les épices ont mis l'Histoire en marche et œuvré au rapprochement entre l'Occident et l'Orient, cheval de bataille de Salman Rushdie.

On se souvient qu'à l'instar du narrateur proustien, Saleem Sinai faisait sortir toute l'Inde (et le temps perdu) d'une madeleine orientalisée en *pickle* ou en *chutney*. Aujourd'hui, Salman Rushdie relève un autre défi, en proclamant les grands arbres généalogiques inversement proportionnels à la petitesse... des grains de poivre qui en furent le germe. À l'origine d'un empire familial, l'« or noir convoité de Malabar » sert tout à la fois d'antidote à la fadeur des récits d'amour, de puissant aphrodisiaque, quand l'étreinte a lieu à même les sacs de poivre, et que les corps enlacés s'imprègnent de son arôme tenace, et de mobile pour de criminels desseins.

1939. À cette Cochin provinciale, entre synagogues carrelées de céramique chinoise et entrepôts croulant sous les épices, Salman Rushdie donne des allures de Venise marchande : une prêteuse sur gages très shakespearienne y exigera de son fils une livre de chair humaine... Chaque communauté, juive et portugaise, suit sa trajectoire : le déclin, et bientôt l'extinction pour les juifs, la fortune pour les négociants dont les bateaux sillonnent les mers du globe. À l'aube de la Seconde Guerre mondiale, leurs destins se croisent, à la faveur de « l'amour poivre » qui unit le contremaître Abraham Zogoiby à la jeune peintre Aurora Da Gama, héritière de la fortune poivrière. Fidèle à sa pratique, le romancier provoque les mariages les plus improbables, à l'origine de résistances et de perturbations maximales. Se voudrait-il proche d'Uma Sarasvati, personnage mythomane et calculateur du roman, qui ne peut vivre sans sa dose quotidienne de dévastation et de trahison ? À la faveur d'une allusion discrète, on croit entendre le romancier confier qu'en semant le vent on récolte la tempête (p. 322). Incorrigible trublion, Salman Rushdie nourrit son art de la charge explosive – « atomisante » (p. 104) – véhiculée par l'impureté. À propos du mot bâtard (*bastard* en anglais), il fait dire à son narrateur : « J'aime le son de ce mot. *Baas*, une odeur, une sale puanteur. *Turd* [étron], aucune traduction n'est requise. Ergo, *Bastard*, merde puante, comme, par exemple, moi » (p. 104).

1947. Dix ans avant la naissance de Moraes dans un Bombay cosmopolite, une autre expulsion. Le départ des colonisateurs, repoussés à la mer, marque la fin d'une fiction intenable, celle d'une Angleterre reconstruite en terre étrangère. Rythmant en alternance le récit, évictions publiques et privées, divisions nationales et familiales, entraînent le narrateur à sa perte. Défait par son amour incestueux (hamletien ?) pour sa mère, Moraes est mystifié par les deux figures paternelles du roman, Abraham, son père biologique, et Vasco Miranda, l'amant de sa mère. Ce sont les deux seuls hommes à imposer secrètement leur loi à un monde de femmes, où grands-pères et arrière-grands-pères se noient en mer. Dans un monde sans Dieu, il n'y a personne pour arrêter le bras sacrificateur d'Abraham et de son épouse qui s'abat sur leur enfant. Le retournement de l'épisode biblique accentue la désolation de ce récit d'après la Chute.

L'expulsion des verts jardins de l'Eden maternel précède le reniement par l'Inde de son fils indigne. À la question « comment être Indien ? », Salman Rushdie n'a, semble-t-il, jamais donné de réponse plus désenchantée : il n'est point de salut hors de la norme :

> D'une certaine façon j'avais vécu toute ma vie au pays des Indiens, apprenant à lire ses signes, à suivre ses pistes, me réjouissant de son immensité, de son inépuisable beauté, luttant pour de nouvelles terres, envoyant des signaux de fumée, frappant sur ses tam-tams, repoussant ses frontières, me frayant un passage au milieu des dangers, espérant y trouver des amis, redoutant sa cruauté, aspirant à son amour. Pas même un Indien n'était en sécurité dans son pays, surtout pas un mauvais Indien, portant la mauvaise coiffe, parlant la mauvaise langue, dansant les mauvaises danses, adorant les mauvais dieux, voyageant en mauvaise compagnie. [...] Au pays des Indiens, il n'y avait pas de place pour qui ne voulait pas appartenir à une tribu, qui rêvait de dépasser tout cela, de se dépouiller de sa peau et de révéler son identité secrète – qui n'est autre que le secret d'une identité partagée avec tous les hommes –, de se tenir devant les braves avec leurs peintures de guerre et de mettre à nu l'unité de sa chair d'écorché vif (p. 414).

1993. Au soir de sa (jeune) vie, Moraes s'envole pour l'Espagne, inversant le sens des migrations. Mais la terre des ancêtres n'a rien de la Jérusalem espérée. À la dernière page

L'Alhambra, Grenade.

du roman, Moraes, baigné par une lueur crépusculaire, contemple depuis *El Suspiro del Moro*, lieu-dit près de Mortil sur la route nationale 323, les enceintes de pisé rougeoyantes de l'Alhambra. Il accomplit le dernier geste de Boabdil, dont la légende veut qu'il se soit retourné en soupirant pour contempler « la gloire des Maures, leur chef-d'œuvre triomphant et leur dernier réduit » (p. 433) – et s'entendre dire de la bouche de sa mère, la terrifiante Ayxa : « Ne pleure pas comme une femme ce que tu n'as pas su défendre comme un homme. » Dans ce paysage montagneux et dénudé, l'oasis luxuriante ressemble à la terre promise par Dieu à Abraham, Isaac et Jacob, et interdite au Moïse de la Bible et de Vigny, à qui s'offre depuis le sommet du Pisga en face de Jéricho, « tout Chanaan, et la terre promise/Où sa tombe, il le sait, ne sera point admise[4] ». Au terme de son pèlerinage, le Maure est pareillement tenu à l'écart, en lisière du paradis perdu.

Le portrait volé

Ce titre à la Poe, pour évoquer une sombre histoire de portraits dérobés et finalement retrouvés, un roman de « meurtre, de vengeance et d'art » (p. 419). Pour la première fois, Salman Rushdie entre dans l'atelier du peintre, manie ses pinceaux, et élabore au travers de l'art pictural la métaphore du travail du romancier, lui aussi frappé de « suspicion » (p. 130). Ne sacrifiant que fort peu à la valeur d'ornementation de la peinture, il la conçoit comme une narration, qu'il charge du soin de rythmer l'action en l'illustrant : à chacune des trois « périodes » d'Aurora Da Gama, de 1957 à 1987, correspond une phase de l'Inde moderne. De même, le regard en technicolor qu'elle porte sur l'existence de son modèle unique se veut un contrepoint à la version monochrome que Moraes en donne à la première personne.

Après la mort du peintre, s'engage une enquête, qui fait de la narration filiale une recherche (de la mère perdue), mais aussi une *restauration*. Il s'agit de nettoyer les tableaux volés de la croûte de peinture qui les recouvre, faisant d'eux des « tableaux-palimpsestes » (p. 226) dissimulant d'épouvantables secrets de famille. En parallèle à cette intrigue policière, se développe une histoire d'amour. Éprise de son art, et de son fils, qui ne font qu'un, Aurora compose d'étonnants montages « palimpsestueux » où elle se représente en Desdémone victime du Maure Othello, quand elle n'imagine pas de reconfigurer les

Ménines de Velazquez à la lumière de sa jalousie et de la légende du Cid. Par la peinture, le romancier nous entretient d'un certain art indien, et de ses désillusions nationales. Après une incursion dans le réalisme social, Aurora se rallie à ce qui est le cœur ardent de son inspiration : la matière des rêves, la veine « épico-fabuliste » (p. 174), aussi appelée « mode mythico-romantique » (p. 203), qui brasse histoire, politique, famille et *fantasy*. Même un lecteur distrait aura reconnu là un prolongement en peinture du réalisme magique pratiqué par Salman Rushdie. Gagnée à la cause du « mythe romantique de la nation hybride et plurielle » (p. 227), Aurora rêve d'un brillant avenir pour son fils au sang mêlé, dont elle « hispanicise » pour la circonstance les habits losangés d'Arlequin, la bigarrure de paon et les métamorphoses baroques :

> – Appelle-le Mooristan, me dit Aurora. Ce bord de mer, cette colline et ce fort au sommet. Jardins aux mille bassins et jardins suspendus, tours de guet et tours du silence aussi. Lieu où les univers entrent en collision et s'interpénètrent, avant de se dissiper. Lieu où un homme des airs peut se noyer dans l'eau, ou développer des branchies ; où l'air peut soûler une créature des eaux, mais aussi l'étouffer. Un univers, une dimension, un pays, un rêve, se télescopant, se chevauchant à tour de rôle. Appelle-le Palimpstine. Et, pour couronner le tout, au milieu du palais, toi (p. 226).

On jurerait une marine d'Elstir, quand le peintre imaginé par Proust, « comparant la terre à la mer, supprimait entre elles toute démarcation. C'était cette comparaison, tacitement et inlassablement répétée dans une même toile qui y introduisait cette multiforme et puissante unité[5] ». L'atelier du peintre, comme la table du romancier, sont bien ce laboratoire où s'élabore « une sorte de nouvelle création du monde[6] ». Nous ne sommes pourtant pas à Balbec, sur la côte normande, mais à Bombay, sur Malabar Hill (rappel de Cochin). Une Bombay métissée, au sein de laquelle l'artiste aura tissé une image de Grenade, à des fins polémiques : « Elle se servait de l'Espagne arabe pour imaginer à nouveau l'Inde, et ce paysage de marine terrestre, où la terre pouvait être fluide et la mer dure comme une pierre, lui servait de métaphore – idéalisée ? sentimentalisée ? sans doute – du présent et de l'avenir qu'elle souhaitait pour son pays » (p. 227).

Mais, cousue de fil... rouge, la parabole imaginée par le romancier sonne le glas des espoirs de « pollinisation croisée » (*Patries imaginaires*, p. 31). De la prise de l'Alhambra (la « Citadelle rouge ») à la destruction, dans l'Inde contemporaine, des mosquées (et autres « forts rouges ») à l'appel des leaders ultranationalistes, c'est le même appel à extirper les traces « étrangères » du palimpseste national : « À présent notre liberté, notre patrie bien-aimée, sont enfouies sous les constructions des envahisseurs. La véritable nation est à regagner sous les couches laissées par les empires étrangers » (p. 299). Cinq siècles plus tard, conclut Salman Rushdie, en une formule quelque peu dogmatique, la même tragédie se répète : le « Pluriel » est partout vaincu par l'intolérance de l'« Un » (p. 408)[7].

À l'exception d'une poignée de toiles, nul ne verra jamais l'œuvre peinte d'Aurora Da Gama. Il revient au récit, aux mots de la confession, de restituer quelque chose de l'œuvre absente. Mais au terme de sa descente aux enfers de Dante, le fils éploré ne peut croiser le regard de l'« ombre » maternelle : son portrait enfin mis à nu ne renvoie qu'un énigmatique sourire de Joconde. Il est de même difficile, par la seule description de surfaces, de donner à voir l'être profond d'une peinture fictive. Salman Rushdie doit se résoudre à invoquer des peintres réels, Matisse, Münch, Velazquez, mais aussi Goya, Rembrandt, Cimabue, aux fins de rapprochement ou de contraste. Ce recours à des figures connues, dans un contexte de réalisme magique, résonne comme un aveu d'impuissance, notamment à exprimer par écrit « le pouvoir de l'image[8] ». Il est vrai que les portraits du Maure peints par une Aurora visionnaire sortent du cadre de la représentation :

> Le Maure était entré dans le monde invisible, le monde des fantômes, des gens qui n'existaient pas, et Aurora l'y avait suivi, rendant ce monde visible malgré lui, par la seule force de sa volonté artistique (p. 302-303).

La démarche rejoint le mouvement du livre, qui part à la rencontre des bas-fonds de Bombay, univers en marge, sans existence légale, réservoir de main-d'œuvre pour une économie souterraine. Mais force est de s'interroger sur le sens caché de ce tropisme, repris par toute la fiction rushdienne : qu'elle soit « trouée » ou traversée de lignes de fuite, elle lorgne de l'autre côté des barrières du visible et du dicible. À croire que dans les hors-champs autant improbables que providentiels vers lesquels elle se déporte, elle trouve ce que, par ailleurs, elle récuse : un possible substitut à la transcendance absente.

Je me souviens

« et nous avons pleuré au souvenir de Sion »
Psaume CXXXVI

Dans la tiédeur parfumée de Cabral Island, une grande demeure ouverte sur la nuit. Par les fenêtres entrent, pêle-mêle, les rumeurs du monde. De proche en proche, de Cochin à Bombay, c'est toute l'Inde qui s'y engouffre, portée par « la marée montante de l'Histoire » (p. 9). La fiction de Salman Rushdie est à l'image de cette maison : ouverte, accueillante, poreuse, perméable à tout ce qui l'environne. Sans la moindre discrimination, elle assimile et incorpore ce dont elle a besoin pour vivre et respirer. Aujourd'hui tenu au secret, Salman Rushdie ne peut plus ouvrir ses fenêtres sur l'Inde ; il étouffe : son narrateur est asthmatique et le chemin du retour est coupé. Aussi nous donne-t-il ce dernier roman élégiaque et baigné de larmes. Son art se fait « passage » – passage vers l'Espagne, transparent substitut à la « Route des Indes » forsterienne. Avec une infinie tendresse, qu'on ne lui soupçonnait pas, il mêle sa voix à la nostalgie du Maure, à son mal du pays. Ensemble, ils ressuscitent les choses vues dans la patrie lointaine, grouillante et chaleureuse :

> [...] les charrettes à bras chargées de balles de coton enveloppées dans des sacs de jute et cerclées de métal, les étals vendant des bananes, des mangues, des chemises kaki, des magazines de cinéma et des ceintures, les coolies portant d'énormes paniers sur la tête, les scooters, les vélos, la vérité (p. 194).

En d'intermittentes bouffées, le passé remonte des profondeurs de la mémoire, alors que s'égrène la litanie des « noms de pays », qui aimantaient autrefois les désirs :

> Mahabaleshwar, Lonavla, Khandala, Matheran... O fraîches stations de montagnes que j'aimais tant et ne reverrai plus, dont les noms résonnent, pour les gens de Bombay, des souvenirs de rires d'enfants, de tendres mélodies d'amour, de journées et de nuits passées dans les fraîches et verdoyantes forêts, à marcher et à se reposer. À la saison sèche avant les pluies, ces montagnes bénies semblent flotter légèrement dans un halo, un miroitement magiques. Après la mousson, quand le ciel est dégagé, du haut, par exemple, de Matheran's Heart Point ou de One Tree Hill, à la faveur de cette surnaturelle clarté, on peut parfois, sinon découvrir l'avenir tout

entier, du moins en avoir un petit aperçu, une prévision à un ou deux jours peut-être (p. 142).

L'horizon est aujourd'hui bouché et s'impose la conscience amère de l'irréversibilité du temps. Moraes « s'accroche » (p. 288) à l'ambivalence de son passé. Mélancolique, il regrette « le berceau des tout premiers commencements » [9], son enfance, et l'auteur qui sut le mieux raconter ses îles au trésor et ses méchants pirates, Robert Louis Stevenson. La musique de la langue est un puissant antidote au pathos d'exil. Loin de tout illusionnisme, la vraie magie opère et toute une géographie sentimentale se recompose par le seul pouvoir du verbe, de l'écriture :

> (Apollo Bunder, Colaba Causeway, Flora Mountain, Churchgate, Narinam Point, Civil Lines, Malabar Hill, Kemp's Corner, Warden Road, Mahalaxmi, Hornby Vellard, Juhu, Sahar, Santa Cruz. Ô mantra béni de ma cité perdue ! Ces endroits m'ont filé entre les doigts à jamais ; tout ce qui me reste d'eux, c'est le souvenir. Ne m'en veux pas, je te prie, si je cède à la tentation de les faire apparaître, en les nommant, devant mes yeux absents. La librairie Thacker, La librairie Bombelli, le Cinéma Eros, Pedder Road. *Om mani padmé hum...*) (p. 260).

Ubi sunt ? S'il y a quelque vertu orphique à évoquer une Bombay qui aujourd'hui n'est plus, le charme est de courte durée. Le romancier ne craint pas de se retourner, dans un dernier soupir, sur *Mother India*, sur la mère et sur l'Inde : il sait qu'il ne les remonte pas vivantes des enfers.

Au cimetière [10]

Le roman se déroule à l'ombre de la mort. La fuite du héros-narrateur pour échapper aux horreurs de la forteresse de Vasco Miranda, l'a conduit au seuil de son dernier voyage, écrivant à la hâte sa confession :

> [...] moi dans un pays lointain, la mort aux trousses, et leur histoire entre les mains, une histoire que je crucifie sur une porte, sur une barrière, sur un olivier, l'étalant sur ce paysage de mon dernier voyage, cette histoire qui pointe vers moi (p. 3).

La destruction est proche, et la fin, imminente. Comme dans *Les Enfants de Minuit*, où Saleem Sinai devait consigner son

Vue du centre de Bombay.

récit avant qu'il soit trop tard, Moraes Zogoiby, essoufflé d'avoir trop couru et trop respiré, livre son testament. C'est en même temps, comme le souligne le narrateur, une manière de conjurer l'angoisse, « un baroud d'honneur, un dernier écheveau scandaleux d'histoires à dormir debout (les mots doivent suffire puisqu'on ne dispose pas de vidéo) et un recueil de chansons braillardes pour la veillée funèbre » (p. 4).

Ce début, qui est aussi une fin, rappelle les premières pages du *Sous-sol* de Dostoïevski, où le personnage, bileux, malade du foie, livre son journal, au bout de son existence. Cette ouverture évoque encore *Invisible Man* de Ralph Ellison, quand, dans son souterrain, le narrateur, devenu invisible alors que des émeutes se déchaînent à la surface, attend son heure pour ressortir. Salman Rushdie, qui prolonge cette filiation eschatologique, place son roman entre l'accélération du temps et la nécessité de le ralentir. Le héros du *Dernier Soupir du Maure*, comme Saleem Sinai, s'en remet au pouvoir des histoires et à la volonté de tout raconter dans l'ordre pour exorciser ou peut-être simplement retarder la fin prochaine, à la manière des conteurs. L'art du récit contrarié rejoint « l'éternel problème du biographe : même quand les gens racontent l'histoire de leur propre vie, ils en améliorent toujours les événements, réécrivent leur récit, ou l'inventent carrément » (p. 135). Ne pas se perdre dans les histoires, c'est la seule façon de garder un semblant de contact avec le réel : Uma, comme Gibreel dans *Les Versets sataniques*, succombe à sa croyance dans les récits qu'elle invente et les personnalités qu'elle se construit.

Et ce Maure-là est l'héritier pessimiste de Saleem Sinai et de Haroun, car il ne restera jamais du monde, selon lui, que des contes : « Finalement, les histoires sont ce qui reste de nous, nous ne sommes rien de plus que les quelques contes qui survivent » (p. 110). Elles laissent apercevoir, en filigrane, la mort : retracer la généalogie des Zogoiby permet à Moraes de tenir un moment face à Vasco qui lui impose le rôle d'une Schéhérazade grotesque. Mais la certitude de la fin est plus forte, et rien, pas même les contes, ne pourra la retarder. La seule vie, le refuge ultime, c'est cette fiction-testament, écrite dans une préfiguration de la mort, à l'ombre des pierres tombales.

Le souffle du prisonnier

L'image de la fin est inscrite dans le corps de Moraes, dès le début de sa vie, avant peut-être. L'asthme dont il souffre lui vient de ses ancêtres, d'un Abraham Zogoiby déjà en proie aux troubles de la respiration, de Belle aussi, atteinte de tuberculose ; une de ses sœurs meurt par « manque de souffle » (p. 275). L'hérédité du nez, dans *Les Enfants de Minuit*, s'est transformée en malédiction des poumons. Le Maure inspire trop, n'expire pas assez, se réveille la nuit aux sons montés de la jungle de ses bronches et s'identifie à sa respiration dans une méditation ironiquement cartésienne : « *Suspiro ergo sum* » (p. 53). Ces difficultés croissantes d'asthmatique ponctuent le récit, entravent la narration. Dans ses cauchemars les plus violents, il se voit étranglé par sa mère : « Tes mains se referment autour de son cou, et pressent, et serrent ; l'air fuit son corps par tous les orifices disponibles, sa vie le quitte par un pet, tout comme toi, sa mère, la lui avait insufflée par un pet... et maintenant il ne reste qu'un souffle en lui, une dernière bulle frissonnante d'espoir... » (p. 288).

Le roman se dessine dans cette respiration hésitante et empêchée. Le lecteur des *Enfants de Minuit* devait avaler tout un monde pour comprendre son histoire ; il lui faut ici inspirer pour comprendre l'univers et sa diversité :

> [...] le souffle divin, le premier hurlement du bébé, l'air modelé de la parole, les rafales saccadées du rire, les airs exaltés des chansons, le grognement de l'amant heureux, la complainte de l'amant malheureux, le gémissement de l'avare, le croassement de la vieille bique, l'exhalaison fétide de la maladie, le soupir de la mort, et au-delà, au-delà encore, le vide silencieux, sans air.
> Un soupir n'est pas seulement un soupir. Nous inspirons le monde et nous expirons du sens. Tant que nous le pouvons. Tant que nous le pouvons (p. 53-54).

L'étau qui enserre les poumons de Moraes n'est que l'une des difformités qui l'affligent. Il naît avec une main bote (dont il se servira par la suite comme d'une arme) qui l'oblige à être gaucher contre sa nature, et à s'adapter dans un monde de droitiers. Mais le plus grave, source de tous ses malheurs, source aussi de l'éternelle course en avant dans laquelle il est engagé, c'est ce secret qu'il finit par divulguer :

> *Je traverse le temps plus vite que je devrais*. Me comprends-tu? Quelqu'un quelque part garde le doigt sur le bouton marqué « FF », ou, pour être plus précis, « x2 ». Lecteur, écoute attentivement, enregistre chaque mot, car ce que j'écris est la vérité simple et littérale. Moi, Moraes Zogoiby, connu sous le nom de Maure, je suis – pour mes péchés, pour mes nombreux péchés, pour ma faute, pour ma très grande faute – un homme qui vit deux fois trop vite (p. 143).

Le temps qu'il ne faut pas perdre est, pour Moraes, deux fois plus précieux car il s'écoule deux fois plus rapidement. La gestation, déjà, avait duré quatre mois et demi, et chaque anniversaire compte double, portant sur son corps les marques d'un temps accéléré. Gargantuesque à sa naissance, il est monstrueux à l'âge de dix ans, semblable au héros de série télévisée Hulk, véritable Gulliver au « non-pas-Raj-mais-Lilli-putana » (p. 188). Toute son enfance est placée sous le signe de cette difformité qu'il n'accepte pas; il cherche la « décélération » (p. 152) de son évolution, se refuse à brûler la chandelle par les deux bouts, et désire ralentir l'écoulement des heures, surtout à l'occasion de sa liaison avec Uma. Rien de surnaturel, aucun pouvoir magique dans cette vie rapidement avancée, mais un simple « cafouillage de l'ADN » (p. 145).

L'étau qui a pris possession du corps de Moraes est à l'image de ces lieux dans lesquels il est enfermé et qui traversent tout le roman : espaces privés où s'isolent aussi Aurora, Abraham ou Vasco, qui préfigurent le cloaque de Bombay Central et rappellent l'emprisonnement de Saleem Sinai. Dans les entrailles de Bombay, prison excrémentielle où il expie ses crimes, Moraes apprend à accepter sa condition et à n'être que ce qu'on veut bien faire de lui. Confronté à l'horreur, il tente de s'accrocher au passé, à des rêves qui se transforment en cauchemar. Lorsque, à la fin du roman, il tente de pénétrer dans la forteresse de Vasco, qui n'est pas sans ressemblances avec le palais de Xanadu de cinématographique mémoire, c'est avec le sentiment solidement ancré en lui, à présent, de son ignorance totale et de sa non-existence. Il reste cependant mû par l'urgence de la quête : « Je devais me rappeler que je ne savais rien, ne comprenais rien. J'étais seul au milieu du mystère. Mais au moins il y avait une quête ; je devais m'accrocher à cette idée » (p. 383).

L'exceptionnel et le monstrueux expriment ici, sous la forme la plus primitive, la décadence de toute la famille. Ils ne sont plus synonymes de pouvoirs magiques façon Saleem Sinai ou d'expiation collective façon Saladin Chamcha, mais ils représentent pour Moraes un handicap dramatique auquel il s'efforce d'échapper dans des rêves illusoires de normalité : « C'est l'idée de la norme qui est bizarre, cette notion selon laquelle les êtres humains ont une vie *normale, de tous les jours...* » (p. 206). Comme si ce sentiment de non-appartenance était finalement le lot de tous, la matérialisation du satanisme que suggérait *Les Versets*. Tout le roman tisse cette *étrangeté* de Moraes (« un Kaspar Hauser, un Mowgli », p. 241) qui culmine dans son expulsion de la famille, et dans l'image de lui-même fragmentée en mille et un morceaux qu'il perçoit dans un miroir brisé. Le cauchemar de la disparition, de l'abstraction, de la désintégration l'habite et hante le récit, dans l'attente toujours différée et sans cesse renouvelée de la déflagration finale.

L'Apocalypse[11]

Moraes est un survivant qui attend la mort – comme Miranda qui vit dans l'angoisse du moment où l'aiguille infiltrée dans ses veines lui transpersera le cœur. Des premières lignes du récit aux dernières, le narrateur tisse cette présence funèbre, cette image d'une mort prochaine qu'il ne souhaite ni ne repousse, mais qu'il sait inéluctable. Comme *L'Arc-en-ciel de la gravité* de Thomas Pynchon, pris tout entier entre le départ d'une fusée et sa chute imminente, *Le Dernier Soupir du Maure* se situe dans un temps privé de sa durée, au seuil infinitésimal avant l'ultime instant. La première phrase élimine toute temporalité : « J'ai perdu le compte des jours écoulés depuis que j'ai fui la forteresse démente de Vasco Miranda » (p. 3). Le retour nostalgique sur cinq cents ans et un an d'histoire familiale ou l'accélération effrénée de la vie de Moraes sont relativisés par la suspension finale du temps où s'écrit le récit :

> Physiquement, aussi, j'avais l'impression d'être dans une sorte d'interrègne, dans une zone sans temps sous le signe d'un sablier dont les particules seraient immobiles, ou d'une clepsydre dont le mercure aurait cessé de couler (p. 404).

Moraes écrit son journal non pas pour reconstruire de la durée mais pour en chasser tous les restes et se tenir prêt : « Ce sont de vieux fantômes, des ombres lointaines, et je livre leur histoire pour m'en débarrasser ; c'est tout ce qui me reste et je les libère » (p. 11). Car la fiction apocalyptique qui transforme l'immanence de la mort en imminence de la fin met le monde à distance.

Le roman est parcouru de déflagrations, de violences non maîtrisées que l'on peut lire comme des préfigurations amèrement ironiques de l'explosion qui mettra fin à ce monde-ci pour mener à une époque meilleure, pour échapper, dans la version indienne du temps du monde, à « Kaliyuga », ce temps noir déjà mentionné dans *Les Enfants de Minuit*. Une tendance de l'Inde conduit les habitants à s'entre-déchirer, à se tourner périodiquement les uns contre les autres, à libérer la force mauvaise qui les habite ; l'Indépendance par exemple, dont Moraes note : « Quand le soleil de l'empire s'est couché, nous n'avons pas massacré nos ci-devant maîtres, préférant nous appliquer à nous-mêmes ce privilège » (p. 33). Les commandos de Mainduck mettent à feu et à sang la ville, avec l'aide d'un Moraes provisoirement enrôlé. L'imminence d'un conflit entre les factions mafieuses qui règnent sur Bombay et les bandes armées de Mainduck laisse entrevoir un « Armageddon » (p. 332). Les différents membres de la famille d'Indira Gandhi meurent : Sanjay s'écrase en avion, Indira est assassinée par ses gardes du corps, ce qui conduit à des pogroms de Sikhs dans la capitale. Rajiv Gandhi meurt dans une explosion au Tamil Nadu. Abraham Zogoiby, le même jour, fait part à Moraes de son projet de bombe H. Partout, dans l'histoire de l'Inde comme dans le roman de Salman Rushdie, la mort se dresse : « Lorsque je me projetais en avant, je voyais la Mort qui attendait » (p. 344). C'est encore la destruction de la mosquée d'Ayodhya qui a pour conséquence les déflagrations qui secouent Bombay, comme les émeutes de Harlem avaient déchiré la fin de *Invisible Man* :

> Bombay explosa. Voici ce qu'on m'a dit : trois cents kilogrammes d'explosif RDX furent utilisés. Deux mille cinq cents kilos de plus furent par la suite saisis, une partie à Bombay, l'autre dans un camion près de Bhopal. Et aussi des retardateurs, des détonateurs, tout le tremblement. Il n'y avait jamais rien eu de semblable dans l'histoire de la ville. Rien qui fût accompli avec un tel sang-froid, d'aussi calculé, d'aussi cruel. *Dhaaiiyn !* Un autobus d'écoliers. *Dhaaiiyn !* Le bâtiment d'Air India. *Dhaaiiyn !* Des trains, des maisons, des chawls, des docks, des studios de cinéma, des usines, des restaurants. *Dhaaiiyn ! Dhaaiiyn ! Dhaaiiyn !* Des bourses de commerce, des immeubles de bureaux, des hôpitaux, les rues commerçantes les plus animées du cœur de la ville. Des morceaux de corps traînaient partout ; du sang animal et humain, des boyaux, et des os. Des vautours ivres de chair titubaient sur les toits, attendant que l'appétit revienne (p. 371-372).

Mais il n'y a pas de cause unique à cette violence, elle ne vient pas de l'extérieur ; Abraham Zogoiby, le Parrain, est incapable de l'avoir organisée tout seul ; c'est la part mauvaise, obscure, du peuple et de chacun, qui en est responsable : « Nous étions à la fois les poseurs de bombes et les bombes » (p. 372).

Si ces explosions qui ébranlent la ville et font couler des fleuves de sang ne représentent pas encore l'Apocalypse (« la fin d'un monde n'est pas la fin du monde », p. 376), pour le narrateur Bombay n'existe plus, ce n'est plus la ville spéciale, magique, hybride, joyeuse qui était la sienne. Il part Ailleurs, vers l'Espagne, attendre la fin annoncée. Et le roman s'achève sur cette promesse, dans un ultime compte à rebours (Pynchon, là encore) : *« Mes souffles sont comptés, comme les années du monde antique, à l'envers, et le compte à rebours vers le zéro est bien avancé »* (p. 432-433). Moraes comprend à la fin de son entreprise d'écriture, dans un temps présent qui était déjà celui de la première page, quel doit être son dernier acte : pareil en cela aux héros mythiques, il s'endormira dans l'attente du retour :

> *Le monde est plein de dormeurs qui attendent le moment de leur retour : Arthur dort à Avallon, Barberousse dans sa grotte. Finn MacCool repose dans les collines irlandaises et le serpent Ourobores au fond de la mer Infranchissable. Les ancêtres de l'Australie, les Wandjina, se prélassent sous terre, et quelque part, dans un buisson d'aubépines, une belle attend dans un cercueil en verre le baiser d'un prince. Vois : ceci est mon flacon. Je boirai un peu de vin ; et puis, comme un Van Winkle des derniers jours, je vais me reposer sur cette pierre gravée, poser la tête sous les lettres RIP, et fermer les yeux, suivant la coutume ancestrale de notre famille qui veut que nous nous endormions pendant les époques troublées, et je vais espérer m'éveiller, revivifié et joyeux, dans des temps meilleurs* (p. 433-434)[12].

L'ambiguïté des hybrides

L'espoir d'une Inde hybride survivait à la fin des *Enfants de Minuit*. Il semblait s'éteindre, sous le poids du réel, dans *Les Versets sataniques*. *Le Dernier Soupir du Maure* achève de ruiner les mélanges créateurs et la bâtardise plus qu'assumée, revendiquée. Le monde se ferme, en proie au mal qui l'anime et à un satanisme triomphant, plus fort que toutes les nostalgies :

> Je voulais encore m'accrocher à l'image de l'amour reposant sur l'union des esprits, sur le mélange, sur le triomphe du meilleur de nous-mêmes, impur, bâtard, rassembleur, sur ce que nous portons de solitude, d'isolement, d'austérité, de dogmatisme, de pureté ; l'amour comme démocratie, comme victoire de personne-ne-peut-vivre-seul, de deux-valent-mieux-qu'un, du Pluriel, sur l'Un et son apartheid propre et mesquin (p. 289).

Dans un monde résistant aux différences, incapable de les accepter, l'Inde succombe à ses démons. La série « noire » des tableaux des Maures révèle la mutation de l'idée d'hybridité où apparaît la noirceur, comme une fleur du mal :

> [...] *Aux objets répugnants nous trouvons des appas ;*
> *Chaque jour vers l'Enfer nous descendons d'un pas,*
> *Sans horreur, à travers des ténèbres qui puent* (p. 303).

Tout le roman dit cette perversion du mélange, dans la faillite même des croisements familiaux comme dans l'inaptitude à inventer une autre façon d'être indien. Moraes (Salman Rushdie ?) livre un procès de l'Inde de l'Indépendance, où Nehru n'est plus qu'un chien empaillé, symbole ultime de cette inaptitude à se donner une destinée. La dualité à laquelle Saleem Sinai continuait de vouloir échapper, le manichéisme que *Les Versets sataniques* recomposait sans le dire, éclatent à présent dans les luttes finales :

> [...] la prochaine guerre des mondes, Dessous contre Dessus, sacré contre profane, dieu contre mammon, passé contre avenir, caniveau contre ciel : ce combat entre deux couches de pouvoir dans lequel moi, Nadia Wadia, Bombay, et même l'Inde elle-même nous allions nous retrouver pris, comme de la poussière entre deux couches de peinture (p. 318).

Les grains de poussière qui devaient se répandre à la fin des *Enfants de Minuit* sont maintenant pris au piège, écrasés. Moraes, contrairement à Saleem Sinai, rejette tout rôle héroïque ou mythique pour lui-même ou sa famille ; ce ne sont que des clowns, des bouffons qui occupent le devant de la scène parce que l'époque des grands hommes est révolue. *Les Enfants de Minuit* revendiquait une *Mother India* nourricière ; Moraes déplore l'absence d'un *Father India* que le film *Mr. India*, au manichéisme trop explicite, ne saurait incarner. Le mal se répand dans le monde, dont il devient l'un des principes de fonctionnement jusqu'à l'enserrer dans un étau : le père de Moraes en est même l'incarnation ultime et secrète. La révélation du nom du Parrain de la mafia de Bombay achève d'anéantir les illusions de Moraes : le monde n'est que la scène d'une lutte entre la corruption et le fanatisme.

Ce roman est celui de la perte de l'espoir, de la révélation des identités cachées, de la vanité des fantasmes ; qu'il s'agisse de la *nursery* au décor de contes de fées, des héros de bandes dessinées auxquels Moraes voudrait s'identifier, de la gastronomie d'Ezekiel qui semblait un temps pouvoir livrer la clé de l'avenir, tous ces refuges cèdent peu à peu devant la violence et le mal, devant les morts qui envahissent le présent : « Ah, les morts, les morts sans fin n'en finissant pas de finir : comme leur histoire est longue et riche. Nous, les vivants, devons nous faire une petite place à leurs côtés ; les morts géants que nous ne pouvons pas immobiliser, même si nous les attrapons par les cheveux, même si nous les attachons dans leur sommeil » (p. 136)[13]

L'œuvre en noir

Le lecteur de Salman Rushdie n'est pas dépaysé par l'inventivité verbale, le rythme des phrases oscillant entre oralité et très grande littérarité, la diversité de ton qui va de la parodie (version postmoderne, y compris une parodie de postmodernisme) au récit réaliste. L'équilibre entre les genres qui fait la force de son style est cependant ici légèrement altéré : le centre de gravité s'est un peu déplacé. La veine satirique semble s'accentuer et peser davantage sur le ton de l'œuvre. Le désespoir, la culpabilité, la lâcheté aussi de Moraes qui a vu mourir deux femmes près de lui sans pouvoir les rejoindre ou les sauver, habitent le récit. Le Maure se retrouve les mains couvertes d'un sang qui rougit jusqu'aux papiers, jusqu'aux mots qu'il couche sur la feuille, comme si le texte portait les traces physiques de l'horreur.

La satire y est morale et politique, proche de la manière d'un James Ellroy. Le monde de l'Inde contemporaine apparaît dominé par l'argent, et le roman, sur le mode de la presse à sensation, en révèle la face cachée. Les vieilles familles industrielles tiennent fermement la ville et ne sont pas près de passer la main. Tout le talent des nouveaux capitaines d'industrie, à l'instar d'Abraham Zogoiby, est alors de savoir s'immiscer dans ce cercle très fermé qui contrôle Bombay, de pouvoir détourner de l'argent, de connaître les ressorts invisibles de la corruption. L'invisibilité est le maître mot en matière de circuits financiers, comme d'identité. La vision rushdienne s'est restreinte : *Les Enfants de Minuit* cherchait à exprimer la diversité de l'Inde, depuis ses marges ; *Le Dernier Soupir du Maure* met en scène les riches et la pègre, la mafia et ses ramifications. Le roman ou le film noir américains en sont les modèles les plus apparents : les luttes qui déchirent la ville font ouvertement référence à *Scarface,* tandis qu'Abraham Zogoiby rappelle les personnages d'Orson Welles, Citizen Kane ou Mr. Arkadin.

Plus encore que l'univers financier, la dimension spécifiquement politique domine dans la satire rushdienne. On voit ou l'on devine nombre de personnages réels de la vie indienne dans le roman, à commencer par celui par qui le scandale commence à arriver : Bal Thackeray/Raman Fielding. L'influent maire d'extrême-droite de Bombay, ancien dessinateur humoristique, figure dans le roman sous les traits d'un chef de bande hindouiste voulant jeter à la mer les musulmans. Bal Thackeray cherche à interdire à l'équipe du Pakistan de jouer à Bombay ; Raman Fielding accuse Abbas Ali Baig de s'être fait volontairement éliminer lors du match de cricket contre le Pakistan (p. 229). Bal Thackeray vient d'imposer le changement de nom de Bombay en Mumbay ; c'est le cricket, conçu comme un jeu hindou, qui donne à Raman Fielding sa première plate-forme politique et le mène à fonder « l'axe de Mumbai », du nom de la déesse mère de la ville. Et l'on voit grandir l'influence de ce parti qui vit des luttes entre communautés religieuses en Inde, qui réécrit l'histoire du pays d'un point de vue hindouiste, attend le règne du Seigneur Ram et veut donner une leçon aux « Moghols » du pays. Les conflits communalistes culminent, dans le roman comme dans l'histoire de l'Inde, avec la destruction de la mosquée d'Ayodhya que Zeenat Vakil attribue à la victoire d'une fiction sur une autre (p. 351). Comme cet édifice était prétendument construit sur un site sacré mentionné dans le *Ramayana*, une longue marche d'extrémistes hindous se termina par son démantèlement total :

> La mosquée d'Ayodhya fut détruite. Des accros de la lettre, des « fanatiques », ou, selon une autre appellation, des « dévots libérateurs de ce site sacré » (rayer la mention inutile) prirent d'assaut cette Babri Masjid du XVIIe siècle et la mirent en pièces avec leurs mains nues, avec leurs dents, avec la force élémentaire de ce que Sir V. Naipaul a approuvé sous l'appellation de « leur éveil à l'histoire » (p. 363).

Et si, dans l'éruption de violence qui suit, Moraes finit par tuer Raman Fielding à qui il avait pourtant cherché à s'identifier, retrouvant dans ses os le désir du sang, Bal Thackeray sévit toujours, multipliant les obstacles techniques et administratifs à la vente du *Dernier Soupir du Maure* dans l'État du Maharashtra...

Cette inscription de la satire dans le roman place différemment la politique au centre de l'œuvre de Salman Rushdie. La rupture de ses liens avec l'Inde se fait sentir ici. La noirceur, le caractère implacable des luttes qui déchirent le pays, et ce dernier regard porté par Moraes survolant Bombay en flammes, sa mer des histoires transformée en flots de sang, semblent indiquer la fin d'un processus qui a conduit Salman Rushdie à couper le cordon qui le reliait à l'Inde. Comme si Saladin Chamcha était resté coincé en Angleterre, les ponts se coupent entre l'Orient et l'Occident, dans l'imaginaire de l'écrivain. À moins que l'exagération qui est aussi l'une des marques de la satire autorise ce romancier-caméléon à réapparaître au centre de l'Inde, sous une autre forme, sous d'autres mots. La complexité de ce genre, dans la droite ligne de Jonathan Swift et de Byron, relève à la fois de l'interrogation et de la provocation, du jeu et du discours sérieux. La perte des repères y est manifeste et les interprétations hasardeuses, témoignant de la difficulté à s'orienter dans un monde où les étoiles n'indiquent plus aucune route : « Il est vrai que si vous contemplez un moment la roue du ciel vous verrez un météore tomber, prendre feu et mourir. Ce n'est pas une étoile digne d'être suivie ; c'est simplement un roc malchanceux. Notre destin est ici sur la terre. Il n'y a pas d'étoiles qui servent de guides » (p. 62). Dans cet univers, Moraes n'a plus sa place. Son identité se dissout, les formes de l'hybridité sonnent creux, et Salman Rushdie, lucide, découvre la vanité des mélanges :

> *Je suis un juif d'Espagne, comme le philosophe Maimonide*, me dis-je, pour voir si les mots avaient un accent de vérité. Ils sonnaient creux. Le fantôme de Maimonide se moqua de moi. *Je suis comme la mosquée catholicisée de Cordoue*, expérimentai-je. *Un exemple d'architecture orientale avec une cathédrale baroque plantée au milieu.* Cela sonnait faux également. Je n'étais personne, venu de nulle part, ne ressemblant à personne, n'appartenant à rien. Ça sonnait mieux. Ç'avait un air de vérité. Tous mes liens s'étaient relâchés. J'étais arrivé dans une anti-Jérusalem : non pas un chez-soi, mais un là-bas. Un lieu qui loin de créer des attaches, les détruisait (p. 388).

De là vient peut-être, à la lecture de ce roman, le sentiment d'une fantaisie verbale qui n'a plus l'urgence des livres passés, d'une prolixité qui tourne à vide, de mots dont le pouvoir s'est amoindri. Un certain didactisme transparaît dans le ton et le propos, prenant le pas à l'occasion sur le réalisme magique et sur la verve comique. L'histoire de l'Inde, la métaphore picturale, la conceptualisation un peu forcée pèsent sur le texte et le plaisir de la lecture. Moraes dénonce dans les tableaux d'Aurora une tendance à trop expliquer. Comment ne pas y lire un début d'autocritique de la part du romancier ?

> Donc, oui, il y avait là un certain didactisme, mais grâce à ses images franchement surréalistes, ses couleurs brillantes de martin-pêcheur et ses coups de pinceau, rapides et nerveux, il était aisé d'oublier qu'elle prêchait, de profiter du carnaval sans écouter le bonimenteur, de danser au rythme de la musique sans prêter attention au message de la chanson (p. 227).

10

« La route de l'excès mène au palais de la sagesse »

Bâtard magnifique, Salman Rushdie a pour la roture du roman les yeux de Chimène. À ses quatre « appels [1] », il répond présent. L'appel du jeu, tout d'abord. Fidèle à l'esprit de *Tristram Shandy* et de *Jacques le Fataliste*, deux romans conçus comme un jeu grandiose, il refuse de se laisser ligoter par l'impératif de la vraisemblance, par le décor réaliste, par la rigueur de la chronologie. Derrière la fantaisie apparaît un jeu plus périlleux. Selon Georges Bataille, le joueur authentique « est au contraire celui qui met sa vie en jeu » et le jeu véritable, « celui qui pose la question de la vie et de la mort [...] Loin d'être [...] contraire au jeu, le risque de mort est le sens d'une démarche qui veut justement que chacun de nous aille aussi loin qu'il le peut dans le sens contraire de l'intérêt [2] ». En jouant avec le feu, Rushdie révèle avec quel sérieux il s'acquitte de la tâche « puérile » de la littérature, appliquée à braver les interdits et à différer par la ruse l'imminence de la sanction. L'appel de la pensée ne vise plus, après l'échec de *Grimus*, à transformer le roman en philosophie, mais à mobiliser sur la base du récit « tous les moyens, rationnels et irrationnels, narratifs et méditatifs, susceptibles d'éclairer l'être de l'homme ; de faire du roman la suprême synthèse intellectuelle [3] ». L'intérêt porté par Rushdie aux découvertes de la physique quantique, à la théorie des mondes multiples, l'accent placé très tôt dans l'œuvre sur les « Dimensions », répondent à l'appel du temps. Débordant le problème proustien de la mémoire personnelle, il l'élargit à l'échelle d'une collectivité et d'un sous-continent où chaque individu condense plusieurs destins. Le dernier appel est celui du rêve. Cette ancienne ambition esthétique du roman, pressentie par Novalis, exige un art de l'alchimie, notamment illustré par Kafka. Plutôt partisan de la méthode forte, Rushdie dynamite le réel et met à bas les frontières sous l'impact de son explosive imagination. Farouchement attaché à son « identité secrète » – définie comme non-ressemblance, exception, impossibilité pour l'écrivain de « rester dans le rang » (*Patries imaginaires*, p. 452) – il fertilise notre vieux monde blasé et rétréci, sur lequel il ambitionne de faire souffler un vent de renouveau. On imagine mal un Rushdie minimaliste, adepte d'une littérature de l'épuisement. Son ardeur le rapproche d'un William Blake, le poète romantique de l'énergie et de la dissidence, avec lequel il partage le goût de la polémique, la foi dans la positivité des contraires et l'interpénétrabilité du bien et du mal. Parmi tous ses « Proverbes de l'Enfer », il en est d'ailleurs un aux résonances étrangement rushdiennes : « La route de l'excès mène au palais de la sagesse[4]. »

Vingt années de travail s'achèvent avec son *Dernier Soupir du Maure*. « Après ? Ce sera un moment très effrayant. Je ne sais pas. Qui le sait ?[5] »

Décembre 1995.

Salman Rushdie, 1995.

Notes

Notes du chapitre 1 (p. 5-18)

1. Entretien sur Arte, février 1994.
2. Le romancier américain John Irving a dédié à Salman Rushdie son dernier roman : il a pour cadre l'Inde, pour décor le cirque et pour titre français *Les Enfants de la balle*, Paris, Éd. du Seuil, 1995.
3. Gilles Deleuze (en collab. avec Claire Parnet), *Dialogues*, Paris, Flammarion, 1977, p. 55.
4. Gilles Deleuze et Félix Guattari, *Kafka. Pour une littérature mineure,* Paris, Éd. de Minuit, Critique, 1975.
5. Olivier Mongin, « La France en mal de fiction », *Le Monde*, 3 juillet 1992.

Notes du chapitre 2 (p. 19-32)

1. Louis Marin, *Utopiques, jeux d'espaces*, Paris, Éd. de Minuit, 1973.
2. Clément Rosset, *Le Réel et son double*, Paris, Éd. de Minuit, p. 7.
3. T. S. Eliot, *Four Quartets.* trad. fr. par Pierre Leyris dans T. S. Eliot, *Poésie*, Paris, Éd. du Seuil, 1969, p. 159.
4. James Harrison, *Salman Rushdie*, New York, Twayne's English Author Series, 1992, p. 38.
5. On notera le retour de la montagne de Q, au bord des mondes connus, au début de *La Honte*.
6. Il est plaisant de noter qu'Attar naît (et meurt) dans la ville de Neshapur, là même où, un siècle plus tard, viendra au monde Omar Khayyâm, l'auteur des *Robâiyât* évoqué dans *La Honte*. Avec la Perse, on touche encore au symbolisme géographique, dans la mesure où c'est par elle qu'aurait transité l'invasion aryenne de l'Inde.
7. *Le Langage des oiseaux*, Paris, Sindbad, 1982, p. 295 (trad. fr. par Garcin de Tassy).
8. La formule est d'Henri Corbin, cité par Garcin de Tassy dans les notes à sa traduction de l'ouvrage, *Le Langage des oiseaux*, *op. cit.*, p. 333.
9. Propos recueilli par John Haffenden, *Novelists in Interview*, Londres, Methuen, p. 245.
10. Jean Cayrol, *Lazare parmi nous,* Paris, Éd. du Seuil, 1950.
11. *Les Mots et les Choses*, Paris, Gallimard, 1966.
12. Article non repris dans la version française.
13. Pierre Péju, *L'Archipel des contes*, Paris, Aubier, 1989, p. 162.
14. *Ibid.*, p. 163.
15. Ils ont les mêmes souvenirs d'enfance : les séances de cinéma dans les salles obscures, à Phoenix comme à Bombay.
16. C'est déjà là l'argument des *Patries imaginaires*.
17. Dans la version originale, Rushdie parle du visage *lumpen* de la vie, soit l'aspect « en haillons » du vagabond.

Notes du chapitre 3 (p. 33-62)

1. De nombreux Indiens ne lui pardonnent d'ailleurs pas cette vision très négative de la réalité du pays, jugée de l'extérieur.

2. *Ganga*, le Gange, est féminin en sanscrit.

3. Titre d'un film très célèbre d'Ayub Khan tourné en 1957.

4. Edward Said, *Culture and Imperialism*, Londres, Chatto & Windus, 1993, p. 260-261.

5. Indira Gandhi elle-même, la Veuve, porte sur sa chevelure la marque de ce manichéisme, un côté blanc, l'autre noir...

6. Sur le rapport du mythe et de l'histoire dans *Les Enfants de Minuit*, voir Timothy Brennan, *Salman Rushdie and the Third World*, Londres, Macmillan, 1989, chap. IV, p. 79-117. Brennan écrit par exemple : « Malgré tous les épisodes directement historiques, accompagnés de minutieuses allusions directes à la politique dans le déroulement de l'histoire, *Les Enfants de Minuit* filtre les débats quotidiens au travers de la mythologie indienne, renversant ainsi le sens de la plupart des romans nationalistes indiens qui reposent sur l'histoire en revendiquant solennellement leur attachement au folklore. Si les personnages principaux du roman ont un rôle double – dans le domaine du ici-et-maintenant, et dans le monde devenu ridicule du folklore –, ils se battent non seulement contre des politiques, mais contre le style fictionnel, qui s'occupe en vain d'orienter et de restreindre le terrain politique sur lequel le combat se déroule » (p. 101-102).

7. « Demain je prendrai un bain et je me raserai ; je vais mettre une toute nouvelle kurta, brillante et empesée, et un pajama assorti. Je porterai des pantoufles serties de petits miroirs, à la pointe recourbée, mes cheveux seront parfaitement coiffés (mais non séparés au milieu), mes dents brilleront... en un mot, je n'aurai jamais eu l'air aussi bien » (p. 153).

8. Notre traduction. La traduction française donne : « Il était une fois... je naquis à Bombay ». Cela inverse l'ordre des propositions de l'anglais *(« I was born in Bombay... once upon a time »),* et n'est pas sans conséquences : le texte original commence par l'autobiographie, ensuite corrigée par le conte ; le texte français place d'emblée le roman sous le signe du conte.

9. Les deux histoires ont déjà commencé ; l'histoire de Saleem commence trente-deux ans avant sa naissance, et celle de l'Inde...

10. Nous avons légèrement modifié la traduction ici.

11. Nous avons rétabli l'alternance du « je » et du « il ».

12. Nous avons légèrement modifié la traduction ici.

13. François Rabelais, *Gargantua, La Vie tres horrificque du Grand Gargantua*, éd. Françoise Joukovsky, Paris, Flammarion, 1993.

14. Chez Sterne aussi, le « conte de Slawkenbergius », dans *Tristram Shandy*, est une histoire autour d'un nez. Les connotations sexuelles du nez sont fréquentes ; on les retrouve encore dans le conte de Gogol du même nom.

15. Dans le texte anglais, on lit *partitioned woman*.

16. Traduction de *whatsitsname*.

17. Voir par exemple Linda Hutcheon, *A Poetics of Postmodernism*, Londres, Routledge, 1988.

18. Un intéressant lapsus du traducteur le fait traduire *reality* par *vérité*. Car, dans *Les Enfants de Minuit*, il n'y a guère que la vérité des événements garantie par Saleem qui puisse tenir lieu de réel, en dépit de protestations historico-narratives.

19. Nous avons légèrement modifié la traduction ici.

20. Nous avons légèrement modifié la traduction ici.

Notes du chapitre 4 (p. 63-82)

1. Entretien donné à la *Paris Review*, 23 mars 1987.

2. Voir Sara Suleri, *The Rhetoric of English India*, Chicago, Chicago UP, p. 174-206.

3. *Ibid.*

4. John Affenden, ed., *Novelists in Interview*, Londres, Methuen, 1985, p. 231-61.

5. *Ibid.*

6. Cf. E. A. Poe : « Donc, la mort d'une belle femme est incontestablement le plus poétique sujet du monde », « La Genèse du Poème » dans *Contes-Essais-Poèmes*, éd. Claude Richard, Paris, Laffont, coll. « Bouquins », 1989, p. 1012.

7. *Richard III*, acte IV, scène 4.

8. Rushdie aime à citer l'exemple des *Robâiyât* et sa première traduction, réécriture plutôt, en 1859, par le poète irlando-britannique Edward Fitzgerald, à l'origine de sa consécration en dehors du monde persan.

9. C'est en tout cas ce qu'affirme Rushdie, dans un entretien accordé à Michael Kaufman, du *New York Times Book Review*, 3 novembre 1983, cité par James Harrison, *Salman Rushdie*, New York, Twayne Publishers, 1992, p. 77.

10. Cf. *Robâiyât. Les quatrains du sage Omar Khayyâm de Nichâpour et de ses épigones,* présentation, traduction et notes de Hassan Rezvanian, Paris, Imprimerie nationale, 1992.

11. Bruno Tritsman, « Rêves de cartes », *Poétique*, n° 82, avril 1990, p. 175.

12. Célèbre jeu de mots qui veut que le général anglais qui avait conquis la province du Sindh malgré les ordres reçus en ait envoyé la nouvelle sous la forme latine *« Peccavi »,* qui se traduit en anglais par *« I have sinned »*... (« J'ai péché »).

13. Fehti Benslama, *Une fiction troublante*, La Tour d'Aigues, Éd. de l'Aube, 1994, p. 40.

14. Le narrateur de *La Honte* rappelle que l'acronyme Pakistan fut élaboré par un groupe d'intellectuels musulmans refugiés en Angleterre : « Ainsi c'est un mot né en exil qui s'en alla en Orient, qui fut conduit et traduit, et qui s'imposa à l'histoire ; un migrant de retour s'installant sur une terre ayant subi la partition, formant un palimpseste sur le passé » (p. 99).

15. Michel Dupuis, Albert Mingelgrün, « Pour une poétique du réalisme magique », *Le Réalisme magique*, ed. J. Weisberger, Genève, L'Âge d'Homme, 1987, p. 219-232.

16. Michel Foucault, *Ceci n'est pas une pipe*, Montpellier, Fata Morgana, p. 65. L'analyse qui précède doit beaucoup à la lecture foucaldienne de Magritte.

17. À l'occasion de la parution des Mémoires de Benazir Bhutto, Rushdie dénoncera ce coupable aveuglement de la fille de l'ancien Premier ministre.

18. Jacques Henric, *La Peinture et le Mal*, Paris, Grasset, 1983, p. 43.

Notes du chapitre 5 (p. 83-88)

1. La traduction française parle simplement de « la situation de l'opprimé sous la botte de l'envahisseur » (p. 12).

2. C'est ce qu'il confie, au détour d'une phrase, et sans jamais nommer ledit roman. Parmi les incidents les plus romanesques de son séjour, il en est d'ailleurs un qui trouvera immédiatement sa place dans la deuxième version des *Versets sataniques*. Une nuée de papillons aux ailes tachetées de noir l'enveloppe alors qu'il se dirige vers son avion, sur la piste d'un aérodrome. Plus tard, Rushdie apprendra que son avion a échappé de justesse à un violent ouragan. « Les papillons m'avaient peut-être porté chance » (p. 152). L'épisode, transposé, sera repris à l'occasion du pèlerinage d'Ayesha.

3. Le limerick est un petit poème de cinq vers, de forme fixe, et d'inspiration fantaisiste, obscène ou absurde, pratiqué notamment par Edward Lear (1812-1888).

4. L'anglais dit plus précisément *« the view from elsewhere »*, expression qui peut se traduire par « la vue d'ailleurs » et que nous avons adoptée pour le titre de ce chapitre.

Notes du chapitre 6 (p. 89-136)

1. Timothy Brennan, *Salman Rushdie and the Third World*, Macmillan, 1989, p. 148.

2. Pierre Mertens, *L'Agent double. Le regard littéraire*, Éd. Complexes, 1989, p. 245.

3. Milan Kundera, « Le jour où Panurge ne fera plus rire », *L'Infini*, n° 39, 1992, p. 33-50.

4. Cité par Philippe Sollers, *La Guerre du goût*, Paris, Gallimard, 1994, p. 182.

5. Fethi Benslama, p. 19.

6. Michel Cardoze, *La Quinzaine littéraire*, 1er-15 avril 1993.

7. Le nom de Najmuddin signifie « Étoile de la foi ». Le nom de Gibreel se traduirait en français par Gabriel, comme l'Archange.

8. Ce nom est formé sur celui de l'héroïne du roman de Richardson, *Pamela*, et celui du roué de l'autre grand roman de Richardson, *Clarissa*.

9. Gaston Bachelard, *L'Air et les Songes*, Paris, José Corti, 1943, p. 20. Pierre Pachet a attiré notre attention sur cette dynamique bachelardienne. Voir *Un à un*, Paris, Éd. du Seuil, 1993.

10. Salman Rushdie, « The Empire Writes Back with a Vengeance », *The Times*, 3 juillet 1982.

11. *Poétique de la relation*, Paris, Gallimard, 1990, p. 23.

12. Nous avons légèrement modifié la traduction ici.

13. Fethi Benslama, p. 66.

14. Julia Kristeva, *Étrangers à nous-mêmes*, Paris, Fayard, 1988, p. 50.

15. Notons que la traduction ne peut rendre la forme *« Proper London »* qui révèle une parole indienne en anglais. Vilayet est le nom de la métropole au temps du Raj.

16. Ce dernier apparaît dans le roman sous des traits qui ne sont pas sans rappeler Salman Rushdie lui-même : barbu, légèrement bedonnant, chauve et couvert de pellicules.

17. Dans le texte anglais, la ville de Londres est *« London shareef »* c'est-à-dire la ville sacrée.

18. L'expression est employée par Gilles Deleuze pour parler de l'objet de l'écriture : « Il appartient à la fonction fabulatrice d'inventer un peuple » (*Critique et Clinique*, Paris, Éd. de Minuit, 1993, p. 14).

19. Jamel Eddine Bencheikh, Claude Bremond, André Miquel, *Mille et Un Contes de la nuit*, Paris, Gallimard, 1993, p. 67-68.

20. Le mot anglais *fantasist* introduit une dimension de rêve que ne conserve pas le français *fantaisiste*, utilisé par la traduction.

21. Daniel Sibony, *Entre-deux : l'origine en partage*, Paris, Éd. du Seuil, 1991, p. 20.

22. Milan Kundera, p. 43.

23. Nous avons légèrement modifié la traduction ici.

24. « The Gateway of India », monument construit à Bombay pour accueillir le roi George au début du siècle.

25. *Patries imaginaires*, p. 65.

26. *Patries imaginaires*, p. 91-94

27. Voir par exemple Homi K. Bhabha, *The Location of Culture*, Londres, Routledge, 1994.

28. Nous avons légèrement modifié la traduction ici.

29. La chanson est tirée du film de Raj Kapoor, *Sree 420* (et le numéro du vol d'Air India d'où tombent les deux héros est bien sûr AI 420...). L'autre chanson vient de l'opéra de Kurt Weill, *Mahagonny*.

30. Patrick Chamoiseau, Raphaël Confiant, *Lettres créoles*, Paris, Hatier, 1994, p. 140.

31. En cela, il s'inscrit dans une dimension spécifiquement européenne de la littérature, inspirée d'Ovide, et obsédée par « le problème de l'identité individuelle, c'est-à-dire aussi de la différence par rapport aux "semblables" » (Bernard Lortholary, introduction à Adelbert von Chamisso, *L'Étrange Histoire de Peter Schlemihl*, Paris, Gallimard, coll. « Folio », 1992, p. 21).

32. « La Métamorphose » dans *La Métamorphose et autres récits*, Paris, Gallimard, coll. « Folio-classique », Paris, 1989, p. 79 (trad. fr. par Claude David).

33. Nous avons légèrement modifié la traduction ici.

34. Nous avons légèrement modifié la traduction ici.

35. Voir Sumita S. Chakravarty, *National Identity in Indian Popular Cinema*, Austin, University of Texas Press, 1993.

36. Pierre Pachet, *La Force de dormir*, Paris, Gallimard, 1988, p. 75.

37. Nous avons légèrement modifié la traduction ici.

38. Guy Debord, *La Société du spectacle*, Paris, Gallimard, 3e éd., 1992, p. 166.

39. « Mille jours en ballon », *Libération*, 13 février 1992. C'est nous qui soulignons.

40. Lisa Appignanesi et Sara Maitland, *The Ruhsdie File*, Londres, Fourth Estate, 1989, p. 29.

41. Milan Kundera, p. 36.

42. Voir Northrop Frye, *Le Grand Code*, Paris, Éd. du Seuil, 1989.

43. Fethi Benslama, p. 15.

44. *Ibid.*, p. 10.

45. Dans la traduction de Régis Blachère, Paris, Maisonneuve & Larose, 1956-1980. Notons que cette traduction est la seule à inclure dans le texte, sous les numéros 20 *bis* et 20 *ter*, les versets hérétiques.

46. Youssef Seddik, « L'épreuve d'humanité », *Pour Rushdie*, Paris, La Découverte/Carrefour des littératures/Colibri, 1993, p. 273.

47. Fethi Benslama, p. 12.
48. Michel Serres, *La Légende des anges*, Paris, Flammarion, 1994, p. 142.
49. C'est ainsi que Michel Serres définit les anges, p. 147.
50. Fethi Benslama, p. 60
51. Daniel Sibony, p. 47.
52. Milan Kundera, *L'Art du roman*, Paris, Gallimard, 1986, p. 21-22
53. Entretien avec Cécile Wajsbrot, *La Quinzaine littéraire*, 1er-15 juin 1983. C'est nous qui soulignons.
54. Le comité français, sous la présidence de Claude Lefort, a été particulièrement actif dans la défense de l'écrivain.
55. Il s'agissait, comme le notèrent de nombreux commentateurs à l'époque, pour le parti du Congrès, menacé, de s'assurer le vote de la communauté musulmane. Voir *Economic and Political Weekly*, repris dans Lisa Appignanesi et Sara Maitland, *The Rushdie File*, Londres, Fourth Estate, 1989. Cet ouvrage comprend une intéressante sélection de réactions à la publication du livre et à la promulgation de la *fatwa*.
56. « Pour Rushdie », *Pour Rushdie*, p. 101.
57. Sur toutes ces questions, voir Norman Daniel, *Islam and the West : The Making of an Image*, Edimbourg, Edinburgh University Press, 1960. Notamment le chap. 3.
58. Maxime Rodinson, *Mahomet*, Paris, Éd. du Seuil, 1961, p. 136.
59. Sourate XXII, verset 52, Paris, Sindbad, 1990 (trad. fr. par Jacques Berque).
60. La traduction omet le mot *farangis* qui désigne étymologiquement les étrangers chrétiens, c'est-à-dire les Francs, donc les croisés.
61. Voir Fatima Mernissi, *Le Harem politique : le Prophète et les femmes*, Paris, Éd. Complexe, 1992, qui développe l'idée selon laquelle cet épisode permet de conforter une certaine forme de misogynie.
62. Voir par exemple Michael M. J. Fischer et Mehdi Abedi, « Bombay Talkies, the Word and the World : Salman Rushdie's *Satanic Verses* » dans *Debating Muslims*, Madison, University of Wisconsin Press, 1990, p. 107-159.
63. Michael Dummett, *The Independent on Sunday*, 11 février 1990.
64. Jeanne Favret-Saada, « Le blasphème et sa mise en affaire », *Gradhiva*, 15 (1994), p. 27-33.
65. Voir Fred Halliday, « L'enjeu au cœur de la saga Rushdie est la légitimité du meurtre politique, et cela seulement : non pas de savoir si Rushdie est un bon romancier, ou un mauvais romancier ; un millionnaire ou un pauvre ; un critique légitime de la société britannique ou un « étranger » ; un membre d'une communauté religieuse ou non », « The Fundamental Lesson of the Fatwa », *New Statesman & Society*, 12 février 1993, p. 16.
66. Richard Webster, *A Brief History of Blasphemy : Liberalism, Censorship and « The Satanic Verses »*, Southwold, The Orwell Press, 1990, p. 138.
67. Cité par Fred Halliday.
68. Sir Philip Goodhart, « What is Safety Worth to Salman Rushdie », *The Sunday Telegraph*, 12 mars 1989. Cité par Srinivas Aravamudan, « Being God's Postman is no fun, yaar » : Salman Rushdie's *The Satanic Verses* », dans *Diacritics*, vol. 19, n° 2, été 1989, p. 18-19.
69. Voir Richard Webster, p. 107.
70. *Le Monde*, 8 janvier 1994.
71. « L'Hôte d'Abraham », p. 284-286.
72. P. 102.
73. « Lettre à Salman Rushdie », p. 193.
74. Voltaire, *Micromégas*, *Romans et Contes*, éd. Frédéric Deloffre et

Jacques Van Den Heuvel, Paris, Gallimard, coll. « Bibliothèque de la Pléiade », 1979, p. 20.

Notes du chapitre 7 (p. 137-164)

1. Traduits du sanskrit par Louis Renou, Paris, Gallimard, 1963, p. 202.
2. P. 33 de l'édition anglaise.
3. Par exemple : *« It will be like a little holiday, and no need to worry about me, sitting sitting all by myself »* (p. 25 ; p. 23 dans l'édition française).
4. Rushdie décrit déjà le lac Dal de la même façon au début des *Enfants de Minuit* : les hommes du Cachemire « voient – ici ! comme le squelette d'un fantôme, juste sous la surface du lac Dal ! – le réseau délicat, l'entrelacs confus de lignes transparentes, les nervures froides de l'avenir qui attendent » (p. 16-17).
5. *Kitab* veut dire livre en hindi.
6. Voir Bachelard : « Dans bien des récits, les lieux maudits ont en leur centre un lac de ténèbres et d'horreur » (*L'Eau et les Rêves*, Paris, José Corti, 1942, p. 138).
7. « Mille jours en ballon » (1991).
8. *The Wizard of Oz*, p. 18.
9. Cette nouvelle a paru dans la revue *Granta* et est reprise en deuxième partie du livre sur *Le Magicien d'Oz*. Elle est reprise plus récemment dans *East, West*.
10. Gaston Bachelard, *L'Eau et les Rêves*, *op. cit.*, p. 181.
11. *Ibid.*, p. 52.
12. En fait, il s'agit du rossignol.
13. Voir *Grimus*.
14. Dans l'édition anglaise.
15. W. Benjamin, « Le narrateur » dans *Écrits français*, Paris, Gallimard, 1991, p. 205-229.

Notes du chapitre 8 (p. 165-182)

1. Le titre de *East, West* pourrait se traduire littéralement par *Est, Ouest* mais n'évoquerait pas immédiatement le rapport entre l'Orient et l'Occident, ne mettrait pas en jeu les deux références dont il est ici question. Notons qu'un recueil de nouvelles de S. Maugham porte le titre *East and West*.
2. « Oh, l'Est est l'Est et l'Ouest est l'Ouest, et jamais les deux ne se rencontreront. »
3. Des neuf nouvelles qui composent le livre, trois n'avaient jamais paru : « The Harmony of the Spheres », « Chekov and Zulu », « The Courter ».
4. Les traductions sont de M. Porée et A. Massery, la traduction française n'ayant à ce jour pas été publiée. Les numéros de pages renvoient à l'édition anglaise.
5. Le peigne, le bracelet et le poignard sont parmi les attributs des Sikhs.
6. On se permettra de donner ici le texte original, qui ne peut conserver son parfum en traduction :

« Fixed the place up damn fine, Mrs. Zulu, wah-wah. Tasteful decor, in spades, I must say. So much cut-glass ! That bounder Zulu must be getting too much pay, more than yours truly, clever dog.

No, how is it possible ? Acting Dipty's tankha must be far in excess of Security Chief.'

No suspicion intended, ji. Only to say what a bargain-hunter you must be.'

Some problem but there is, na ?'
Beg pardon ? » (149).

7. La même particularité de prononciation transforme le portier *(porter)* en courtisan *(courter).*

8. On pense plus particulièrement à son roman *Le Peintre d'enseignes*, qui confronte une zélatrice des campagnes de stérilisation à un jeune homme qui tombe amoureux d'elle. Dans les deux cas, il y a comme une façon de montrer l'absurdité de ces illusions par l'ironie qui se porte sur des personnages dans une petite ville de l'Inde.

9. Ce thème du conte se retrouve dans d'autres romans de Rushdie : l'orteil volé dans *Les Enfants de Minuit* par exemple, ou le poil de la barbe du prophète déjà.

10. Laurence Sterne, *Vie et Opinions de Tristram Shandy, Gentilhomme*, t. I, chap. XI, trad. fr. par Charles Mauron (1946), rééd., Paris, Flammarion, 1982, p. 44.

11. *« Pour toute défense, je dirais que ces faits se perdent dans la nuit des temps et qu'aucune certitude n'existe à leur propos ; aussi je propose de laisser coexister les différentes versions de l'histoire, car il n'y a nul besoin de choisir entre elles* » (p. 81).

12. D'autres écrivains indiens ont écrit sur les Indiens en Angleterre ; voir par exemple Anita Desai, *Bye Bye Blackbird*, Vikram Seth, *Un garçon convenable*, et, même s'il n'est pas à proprement parler indien, Hanif Kureishi, *Le Bouddha des banlieues*.

13. C'est la dernière nouvelle du recueil qui porte le même titre, Paris, Belfond, 1994 (trad. fr. par Anne-Cécile Padoux).

Notes du chapitre 9 (p. 183-204)

1. Entretien à *Newsweek*, 6 février 1995.

2. Interview accordée à *Sky Channel*, 9 septembre 1995.

3. En l'absence de traduction française existante (décembre 1995), les traductions sont de M. Porée et A. Massery.

4. Alfred de Vigny, « Moïse », vv. 21-22.

5. Marcel Proust, *À la recherche du temps perdu*, Paris, Gallimard, coll. « Bibliothèque de la Pléiade », t. II, 1988, p. 192.

6. *Ibid.*, p. 190.

7. Comparaison n'est pas raison, dit-on souvent. Le romancier n'en a cure, qui préférera toujours la fantaisie du conte à la logique (p. 86).

8. Cf. Louis Marin, *Des pouvoirs de l'image*, Paris, Éd. du Seuil, 1994.

9. Vladimir Jankélévitch, *L'Irréversible et la Nostalgie*, Paris, Flammarion, 1974, p. 347.

10. Il y a là comme un écho d'un *topos* préromantique de la littérature anglaise, celui de l'« Élégie composée dans un cimetière de campagne », d'après le poème de Thomas Gray (1716-1771).

11. Le livre de Frank Kermode, *The Sense of an Ending*, Oxford, OUP, 1967, guide certaines des réflexions qui suivent.

12. Notons que Washington Irving (1783-1859), le créateur de Rip Van Winkle, redécouvrit, à l'époque romantique, au travers de ses *Alhambra Tales* (1832), une Andalousie de rêves et de mélanges.

13. Nathalie Sarraute a récemment brodé autour d'une association d'idées entre Maure et mort : *Ici*, Paris, Gallimard, 1995, p. 98.

Notes du chapitre 10 (p. 205-208)

1. Milan Kundera, *L'Art du roman*, Paris, Gallimard, 1986, p. 31.

2. Cité par Gilles Lapouge, *Les Pirates*. Forbans, flibustiers, boucaniers et autres gueux de mer, Paris, Phébus, 1987, p. 227.

3. Kundera, *op. cit.*, p. 32.

4. William Blake, *Œuvres III*, Paris, Aubier/Flammarion, 1980, p. 163 (trad. fr. par Pierre Leyris).

5. Entretien à *Libération*, 8 novembre 1994.

Bibliographie

ŒUVRES DE SALMAN RUSHDIE

Romans et essais

Grimus. Londres, Grafton Books, 1977.
Les Enfants de Minuit. (*Midnight's Children*. Londres, Jonathan Cape, 1981.) Traduction française Jean Guiloineau, Paris, Stock, 1983, 1987.
La Honte. (*Shame*. Londres, Jonathan Cape, 1983.) Traduction française, Jean Guiloineau, Paris, Stock, 1984, 1989.
Le Sourire du Jaguar. (*The Jaguar Smile*. Londres, Pan Books, 1987.) Traduction française Anne Rabinovitch, Paris, Stock, 1987.
Les Versets sataniques. (*The Satanic Verses*. Londres, Viking Penguin, 1988.) Traduction française A. Nasier, Paris, Christian Bourgois, 1989.
Haroun et la mer des histoires. (*Haroun and the Sea of Stories*. Londres, Granta Books, 1990.) Traduction française Jean-Michel Desbuis, Paris, Christian Bourgois, 1991.
Patries imaginaires. (*Imaginary Homelands : Essays and criticism 1981-1991*. Londres, Granta Books, 1991.) Traduction française Aline Chatelin, Paris, Christian Bourgois, 1993.
The Wizard of Oz. Londres, BFI publishing, 1992.
East, West. Londres, Jonathan Cape, 1994.
Le Dernier Soupir du Maure. (*The Moor's Last Sigh*. Londres, Jonathan Cape, 1995.) Traduction française Danielle Marais, Paris, Plon, 1996.

Articles

Ne figurent pas dans cette liste les textes repris dans *Patries imaginaires*.

« Exemplary Lives », *Times Literary Supplement*, 7 août 1981.
« The Empire Writes Back with a Vengeance », *The Times*, 3 juillet 1982.
« Truth Retreats when the Saint Goes Marching In : *Gandhi* », *The Times*, 2 mai 1983.
« Magnificient Obsession », *Observer Magazine*, 26 mai 1983.
« She [Margaret Thatcher] Has Persuaded the Nation that Everything Which Goes Wrong Is an Act of God », *The Guardian*, 23 mai 1983.
« The Indian Writer in England », in *The Eye of the Beholder*, ed. Maggie Butcher, Londres, Commonwealth Institute, 1983.
« The Raj Revival », *The Observer*, 1er avril 1984.
« After Indira, an Awakening or the Whirlwind », *The Times*, 1er novembre 1984.

« Shame about the Pirates », *The Times*, 24 novembre 1984.
« The Council Housing that Kills », *The Guardian*, 3 décembre 1984.
« Fictions are Lies that Tell the Truth », *The Listener*, 27 juin 1985.
« Midnight's Real Children », *The Guardian*, 17 janvier 1987.
« The War Widow Pressing for Peace », *The Guardian*, 17 janvier 1987.
« An End to the Nightmare », *The Independent*, 19 août 1988.
« Minority Literatures in a Multi-Cultural Society », in *Displaced Persons*, ed. Kirsten Holst Petersen, Anna Rutherford, Sidney, Dangaroo Press, 1988.
« The Book Burning », *New York Review of Books* 33, n° 3, 2 mars 1989.
« Mille jours en ballon », *Libération*, 13 février 1992 (parution mondiale).
« Une victoire et une défaite », *Libération*, 11 février 1993 (parution mondiale).

Entretiens

Contemporary Authors, vol. 3, 1984.
Kunapipi 4, n° 2, 1982, entretien avec Jean-Pierre Durix.
Libération, « Ma vie, caché », 15 octobre 1992, entretien avec Antoine de Gaudemar.
New York Review of Books 38, n° 6, 1991, « Keeping up with Salman Rushdie », entretien avec James Fenton.
New York Times Book Review, 3 novembre 1983, entretien avec Michael T. Kaufman.
New York Times Magazine, « Rushdie in Hiding », 4 novembre 1990, entretien avec Gerald Marzorati.
New York Times, « Rushdie Seeks to Mend his Rift with Islam : The Writer's Statement », 25 décembre 1990.
Newsweek, 12 février 1990 ; 6 février 1995.
Novelists in Interview, Londres, Methuen, 1985, entretien avec John Haffenden.
La Quinzaine littéraire, n° 448, 1985, entretien avec Cécile Wajsbrot.
Vidéo Salman Rushdie, direction du Livre, ministère de la Culture, coll. « Écrivains », 1993.

Émissions de télévision

« The Riddle of Midnight », Channel Four, 1987.
« Salman Rushdie écrivain », réalisation Bernard-Henri Lévy, La Sept/Arte, 7 février 1994, entretien avec Claude Lanzmann, Bernard-Henri Lévy, Pierre Nora et Fritz Raddatz.

TRAVAUX CONSACRÉS À SALMAN RUSHDIE

Ouvrages

Appignanesi, Lisa et Sara Maitland eds., *The Rushdie File*, Syracuse, Syracuse University Press, 1990.
Benslama, Fehti, *Une fiction troublante* : De l'origine en partage, Montpellier, éditions de l'Aube, 1994.

Brennan, Timothy, *Salman Rushdie and the Third World*, Londres, Macmillan, 1989.
Grant, Damian, *Salman Rushdie*, Plymouth, Northcote House, 1996 [à paraître en mai 1996].
Harrison, James, *Salman Rushdie*, New York, Twayne Publishers, 1992.
Ruthven, Malise, *A Satanic Affair : Salman Rushdie and the Rage of Islam*, Londres, Chatto & Windus, 1990.
Webster, Richard, *A Brief History of Blasphemy : Liberalism, Censorship and The Satanic Verses*, Southwold, The Orwell Press, 1990.

Ouvrages partiellement consacrés à Salman Rushdie

Ahmad, Aijaz, *In Theory*, Londres, Verso, 1992.
Ashcroft, Bill et Helen Tiffin, *The Empire Writes Back : Theory and Practice in Post-Colonial Literature*, Londres, Routledge, 1989.
Bhabha, Homi K., *The Location of Culture*, Londres et New York, Routledge, 1994.
Boehmer, Elleke, *Colonial and Post-Colonial Literature*, Oxford et New York, Oxford University Press, 1995.
Buisine, Alain, *L'Orient voilé*, Cadeilhan, Zulma, 1993.
Lefort, Claude, *Écrire à l'épreuve du politique*, Paris, Calmann-Lévy, Agora, 1992.
Mertens, Pierre, *L'Agent double*, Paris, Éditions complexes, 1989.
Pachet, Pierre, *Un à un* : De l'individualisme en littérature (Michaux, Naipaul, Rushdie), Paris, Éd. du Seuil, 1993.
Suleiri, Sara, *The Rhetoric of English India*, Chicago, Chicago University Press, 1990.

Numéros spéciaux de revues, ouvrages collectifs

La Règle du jeu, « Pour Rushdie », n° 10, mai 1993, diffusion Hachette.
Pour Rushdie, Cent intellectuels arabes et musulmans pour la liberté d'expression, Paris, La Découverte, Colibri, 1993.
Ateliers. Numéro spécial consacré à Salman Rushdie dirigé par Chantal Delourme, Université de Lille-III, 1995.
Parameswaran, Uma, *The Perforated Sheet*, Essays on Salman Rushdie's Art, New Delhi, Affiliated East West Press, 1988.

Articles (sélection)

Afzal-Khan, Fowzi, « Postmodernist Strategies of Liberation in the Works of Salman Rushdie », *Journal of South Asian Literature*, n° 23, 1988.
Ali, Agha Shahid, « The Satanic Verses : a secular Muslim's response », *Yale Journal of Criticism* 4 : 1, 1990.
Amanuddin, Syed, « The Novels of Salman Rushdie : Mediated Reality as Fantasy », *World Literature Today* 63, 1989.
Aravamudan, Srinivas, « "Being God's postman is no fun, yaar" : Salman Rushdie's *The Satanic Verses* », *Diacritics* 19, 1989.
Batty, Nancy E., « The Art of Suspense : Rushdie's 1001 (Mid) Nights », *Ariel* 18, n° 3 ; 1987.

Bilgrami, Akeel, « Rushdie, Islam and Postcolonial Defensiveness », *Yale Journal of Criticism* 4 : 1, 1990.
Cardoze, Michel, « Désespoir-Espoir de Salman Rushdie », *La Quinzaine littéraire*, 1-15 avril 1993.
Close, Anthony, « The Empirical Author : Salman Rushdie's *The Satanic Verses* », *Philosophy and Literature* 14, Baltimore, 1990.
Cronin, Richard, « The Indian English Novel : *Kim* and *Midnight's Children* », *Modern Fiction Studies* 33, n° 2, 1987.
Cundy, Catherine, « "Rehearsing Voices" : Salman Rushdie's *Grimus* », *Journal of Commonwealth Literature* 27, 1992.
Gordimer, Nadine, *et al.*, « A Thousand Days of the Fatwa : the Rushdie Affair reconsidered », *Times Literary Supplement*, 8 novembre 1991.
Kanaganayakam, C., « Myth and Fabulosity in *Midnight's Children* », *Dalhousie Review*, 67, 1987.
Kundera, Milan, « Le jour où Panurge ne fera plus rire », *L'Infini*, n° 39, 1992.
Mazrui, Ali, « Is The Satanic Verses a Satanic novel ? : Moral Dilemmas of the Rushdie Affair », *Michigan Quarterly Review* 28 : 3, 1989.
Merivale, Patricia, « Saleem Fathered by Oskar : Intertextual Strategies in *Midnight's Children* and *The Tin Drum* », *Ariel* 21, 1990.
Newell, Stephanie, « The Other God : Salman Rushdie's "New" Aesthetic », *Literature and History*, 1992.
Paraswaran, Uma, « Handcuffed to History : Salman Rushdie's Art », *Ariel* 14, n° 4, 1983.
Péroncel-Hugoz, Jean-Pierre, « Le Dédale de Salman Rushdie », *Le Monde*, 28 juillet 1989.
Sangari, Kumkum, « The Politics of the Possible : The Narrative Modes of Gabriel García Márquez and Salman Rushdie », *Cultural Critique*, n° 7, 1987.
Scarpetta, Guy, « Rushdie écrivain », *La Règle du jeu* n° 10, mai 1993.
Suleiri, Sara, « Contraband Histories : Salman Rushdie and the Embodiment of Blasphemy », *The Yale Review* 78, 1990.
Thomson, Ann, « Et si l'on parlait du livre de Salman Rushdie ? », *Le Monde*, 10 mars 1989.
Wilson, Keith, « *Midnight's Children* and Reader Responsibility », *Critical Quarterly* 26, 1984.

Table

Illustrations

Richard Dumas : 3. – Rapho : 37, 71. – P. Koch/Rapho : 39, 45. – Giraudon/Ministère de la Défense, Service historique de l'armée de terre : 101. – Gilles Peress/Magnum (droits réservés) : 131. – Cahiers du cinéma : 149. – Philippe Lissac/CIRIC : 173. – Stills : 181. – Roger/Viollet : 187. – B. Barbey/Magnum : 193. – Rankin/Cosmos/Colorific : 207.

RÉALISATION : PAO ÉDITIONS DU SEUIL
IMPRESSION : MAME IMPRIMEURS À TOURS
DÉPÔT LÉGAL : OCTOBRE 1996. N° 21517 (13876)